第1王朝、メルネイト王妃の石灰岩の葬祭碑、紀元前2940年頃。
アビドスで発見され、現在はカイロ・エジプト博物館が所蔵する。
(Kenneth Garrett/National Geographic Creative)

メルネイトの治世につくられた墓。
サッカラの第3503号墓の付随墓Aと呼ばれ、ウォルター・B・エメリーが発掘した。
エジプト初期王朝の王墓の周囲につくられた典型的なもの。
(Walter B. Emery, courtesy of the Egyptian Exploration Society)

左／ナルメル王のパレット、紀元前3050年頃。上下エジプト統一を描いているとされ、現在はエジプト博物館にて展示。

(Gianni Dagli Orti/REX/Shutterstock)

下左／パレルモ・ストーン、紀元前2470年頃。玄武岩の石碑で、第1王朝から第5王朝初期までの王名表も刻まれている。イタリア、パレルモにあるアントニーノ・サリナス考古学博物館所蔵。

(DEA Picture Library/Getty)

下右／紀元前3800～紀元前1710年頃の葬祭碑。「蛇の王」であるジェト王が描かれている。

(DEA/G. Dagli Orti/Getty)

第12王朝後期の女王、おそらくセベクネフェルウと思われる彫像。
ベルリン・エジプト博物館が所蔵していたが、
第二次世界大戦中の連合軍の爆撃で破壊され、現在はこの写真が残るのみ。
(From Die Plastik der Ägypter by Hedwig Fechheimer, 1920, Bruno Cassirer Verlag, Berlin)

セベクネフェルウの名が彫られた彫像。
頭部は失われているが、女性の身体に男性的な王権のしるし
——ネメスという頭巾や王のキルト——をまとっていたことがわかる。
(© Musée du Louvre, Dist. RMN-Grand-Palais/Georges Poncet/Art Resource, NY)

上／古代のテーベの近く、カルナクの神殿につくられた
ハトシェプストの赤い祠堂に残る浮き彫り。
儀式を行うハトシェプストとトトメス2世がほぼ同じ姿に描かれている。
(Kenneth Garrett/National Geographic Creative)
下／カルナクのアメン神殿で見つかった石灰岩シェビエ・ブロック
（発見者の名前が付けられた石材）のスケッチ。
ハトシェプストが第18王朝の王に即位した際に、
雄羊の角を着けた女性君主として描かれている。
(Drawing by Deborah Shieh, 2014)

左／ひざまずくハトシェプスト像は、これを含めて少なくとも10体確認されている。キルト、つけ髭、上エジプトの白い王冠という男性の王の姿だ。メトロポリタン美術館所蔵。
(World History Archive/Alamy)

下／両性の特徴を備えた石灰岩のハトシェプスト像。男性の王のように上半身裸だが、乳房に女性らしさがうかがえる。メトロポリタン美術館所蔵。
(Artokoloro Quint Lox Limited/Alamy)

第18王朝で17年在位したファラオ、アクエンアテンの巨大な彫像。
カイロ・エジプト博物館に展示されている。
(Alfredo Dagli Orti/REX/Shutterstock)

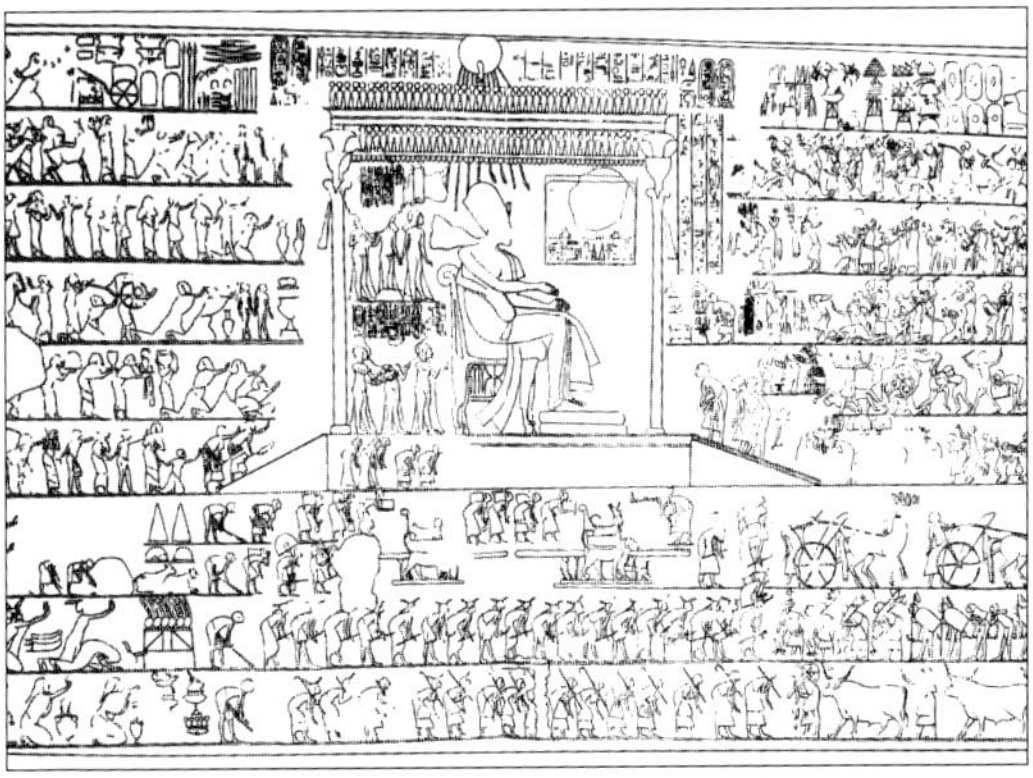

上／家庭用の祭壇だったと思われる小さな石碑。
アクエンアテンとネフェルトイティ、それに年長の娘たちが、
太陽円盤と光線で表現されたアテン神の祝福を受けている。
(Kenneth Garrett)
下／テル・エル＝アマルナにあるメリラー（2世）の墓に残る浮き彫りのスケッチ。
アクエンアテンと共同統治王ネフェルトイティと思われる2人を
まるで1人のように重ねて描いているが、足は4本見え、かろうじて2人だとわかる。
(Drawing by Norman de Garis Davies)

1913年にドイツの考古学者チームが発見したネフェルトイティの胸像。

細い首、片目の入っていない優美な面立ちが目を惹く。

ネフェルトイティの目印にもなっている青い筒形の頭飾りは、彼女独特のものだ。

ベルリンの新美術館には、この胸像目当てに年間50万人以上が訪れる。

(Kenneth Garrett/National Geographic Creative)

タウセレトとセティ2世の墓(王家の谷のKV14墓)に残る、
漆喰を塗って彩色した柱に描かれた女性の王。
王冠からハゲワシとコブラの記章が伸びた女性統治者タウセレトの姿は
それより前の時代に共同統治王になったネフェルトイティにならっている。
(S. Vannini/De Agostini/Getty)

KV14墓から見つかったセトナクト2世の石棺の蓋部分。
碑文が彫りなおされているが、
もとは女性の王タウセレトのためにつくられたと思われる。
(Werner Forman/Universal Images Group/Getty)

上／セティ2世のためにつくられた2個の腕輪。

王妃タウセレトが王に捧げものをしており、左手の腕輪では花瓶を、
右手の腕輪では花を捧げている。セティ2世は盃と葉を持っている。

(Egyptian National Museum, Cairo, Egypt/Bridgeman)

下／カイロ・エジプト博物館が所蔵する、第20王朝の陶片（CG 25.125）。

エジプトの女王が戦車を駆り、小さな子どもを守りながら敵に矢を放っている。

(Drawing by Amber Myers Wells, 2018)

カルナクにあるセティ2世霊廟の浮き彫り。
大蔵大臣バイの姿がセティ・メルエンプタハ王子に置きかえられている。
(Aidan Dodson)

デンデラの神殿の壁に残る浮き彫りの左側はクレオパトラで、
名前まで明記された貴重な肖像のひとつ。
息子で後継者のカエサリオンも描かれている。
(George Steinmetz/National Geographic Creative)

クレオパトラとアントニウスがギリシャ風の統治者として
片面ずつに刻まれた銀貨。
(UtCon Collection/Alamy)

NATIONAL GEOGRAPHIC

王座で新しい
役割を果たした
6人の物語

古代エジプトの女王

KARA COONEY
WHEN WOMEN RULED THE WORLD

カーラ・クーニー　藤井留美 訳　河江肖剰 日本語版監修・解説

WHEN WOMEN RULED THE WORLD
By Kathlyn Cooney

Japanese translation published by Nikkei National Geographic Inc.

Cover Photo:
Metropolitan Museum of Art, New York, USA/Bridgeman Images

古代エジプトの女王
王座で新しい役割を果たした6人の物語

目次

はじめに　なぜ女性が世界を支配しないのか　9
第1章　メルネイト　血の王妃　21
第2章　セベクネフェルウ　第12王朝最後の君主　52
第3章　ハトシェプスト　広報戦略の女王　87
第4章　ネフェルトイティ　美しき共同統治王　140
第5章　タウセレト　野心を貫いた女王　182
第6章　クレオパトラ　歴史的ヒロイン　221

おわりに　なぜ女性が世界を支配すべきなのか　276

謝辞　284
解説　289
原注　323
参考文献　333
索引　341

※本文中の［　］は訳注を、文章脇の数字は巻末に原注があることを示す。

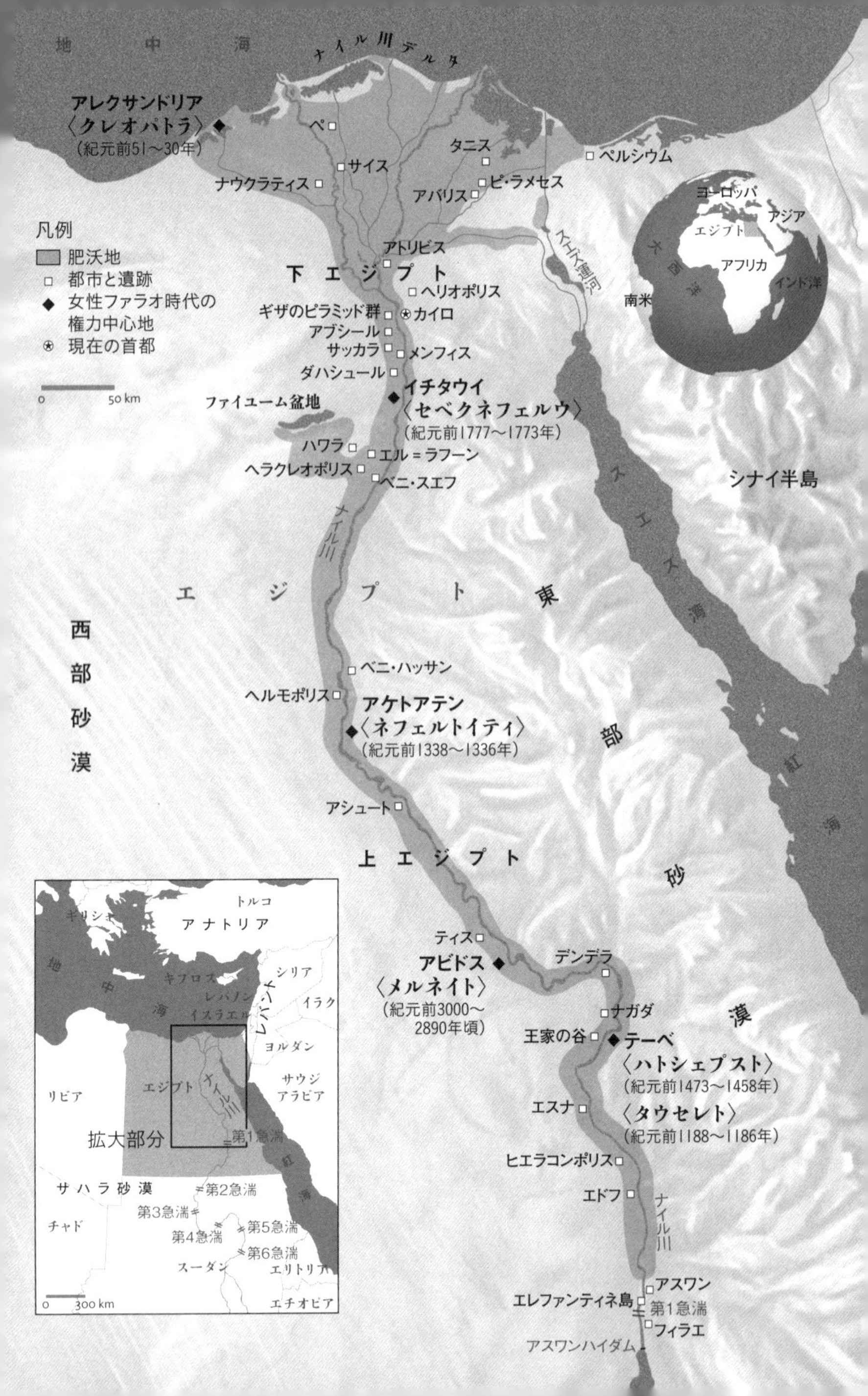
地中海
ナイル川デルタ
アレクサンドリア
〈クレオパトラ〉
（紀元前51～30年）
ペ
サイス
タニス
ペルシウム
ナウクラティス
ピ・ラメセス
アバリス
凡例
肥沃地
都市と遺跡
女性ファラオ時代の権力中心地
現在の首都
0 50 km
アトリビス
下エジプト
ヘリオポリス
ギザのピラミッド群
カイロ
アブシール
サッカラ
メンフィス
ダハシュール
イチタウイ
〈セベクネフェルウ〉
（紀元前1777～1773年）
ファイユーム盆地
ハワラ
エル＝ラフーン
ヘラクレオポリス
ベニ・スエフ
スエズ運河
ヨーロッパ
アジア
エジプト
大西洋
アフリカ
インド洋
南米
シナイ半島
スエズ湾
ナイル川
エジプト東部砂漠
西部砂漠
ベニ・ハッサン
ヘルモポリス
アケトアテン
〈ネフェルトイティ〉
（紀元前1338～1336年）
紅海
アシュート
上エジプト
ティス
アビドス
〈メルネイト〉
（紀元前3000～2890年頃）
デンデラ
ナガダ
王家の谷
テーベ
〈ハトシェプスト〉
（紀元前1473～1458年）
〈タウセレト〉
（紀元前1188～1186年）
エスナ
ヒエラコンポリス
エドフ
アスワン
エレファンティネ島
第1急湍
フィラエ
アスワンハイダム
トルコ
ギリシャ
アナトリア
キプロス
シリア
レバノン
イスラエル
レバント
イラク
ヨルダン
サウジアラビア
リビア
拡大部分
サハラ砂漠
第2急湍
第3急湍
第4急湍
第5急湍
第6急湍
チャド
スーダン
エリトリア
エチオピア
0 300 km

古代エジプト年表

年代	王朝名
紀元前3200〜3000年頃	ナガダ3期／第0王朝
紀元前3000〜2890年頃	第1王朝
紀元前3000〜2890年頃	**メルネイトの治世**
紀元前2890〜2686年頃	第2王朝
紀元前2686〜2613年	第3王朝
紀元前2613〜2494年	第4王朝
紀元前2494〜2345年	第5王朝
紀元前2345〜2181年	第6王朝
紀元前2181〜2160年	第7〜8王朝
紀元前2160〜2055年	第1中間期
紀元前2055〜1985年	第11王朝
紀元前1985〜1773年	第12王朝
紀元前1777〜1773年	**セベクネフェルウの治世**
紀元前1773〜1650年	第13〜14王朝
紀元前1650〜1550年	第15王朝
紀元前1650〜1580年	第16王朝
紀元前1580〜1550年頃	第17王朝
紀元前1550〜1295年	第18王朝
紀元前1473〜1458年	**ハトシェプストの治世**
紀元前1338〜1336年	**ネフェルトイティの治世**
紀元前1295〜1186年	第19王朝
紀元前1188〜1186年	**タウセレトの治世**
紀元前1186〜1069年	第20王朝
紀元前1069〜664年	第21〜25王朝
紀元前664〜343年	第26〜30王朝
紀元前343〜332年	第2次ペルシア統治時代
紀元前332〜305年	マケドニア朝
紀元前305〜30年	プトレマイオス朝
紀元前51〜30年	**クレオパトラ7世フィロパトルの治世**
紀元前30〜紀元395年	ローマ帝国統治時代

はじめに　なぜ女性が世界を支配しないのか

紀元前5世紀に活躍したギリシャの歴史家ヘロドトスは、2000年近くも前に死んだ女王ニトクリスについて書きのこしている。兄弟でもあった夫が謀殺され、若く美しいニトクリスは復讐《ふくしゅう》を誓う。地下に豪華な宴会場をつくり、陰謀者一味を招いて盛大な酒宴を開いた。男たちが酒食で大いに盛りあがっていたそのとき、ニトクリスは水門を開けさせる。秘密の水路からナイル川の水が流れこみ、男たちは全員溺死した。ニトクリスは本懐を遂げ、その死に際しては報復を避けるために自ら火が燃えさかる穴に飛びこんだ（報復を受けるのと大差ない気もするが）。ヘロドトスから2世紀後、古代エジプトの神官で歴史家でもあったマネトが編纂《へんさん》したエジプト通史にも、ニトクリスの記述がある。それによるとニトクリスは肌が白く、頬はばら色で、単独で12年間国を統治し、彼女を称《たた》えるピラミッドが建設されたという。

ニトクリスの逸話にはあらゆる要素が詰まっている——政治的陰謀、近親相姦《そうかん》、いかにもエジプト的な壮大な罠《わな》、知恵と度胸で夫の仇《かたき》を討つ若く美しい女王。報復（おそらく性的な）を受ける前に自ら死を選ぶ結末も、彼女の魅力をいっそう輝かせる。ひとつ問題があるとすれば、ニトクリスが実在した証拠がないことだ。墓もなければ彫像もなく、文書も記念物もない。歴史家の想像の産物かもしれないのである。それでもニトクリスの物語は、充分な裏づけのある古代エジプトの女性統治者の共通点を踏襲している。具体的には、世襲王朝が幕を閉じる最後の支配者であり、実の兄弟と結婚して権力の座に就いた。夫、兄弟、父親に強力に守られながら、敵をあざむき、陥れてのしあがった。自国の民に誤解され、国じゅうの記念物からその姿が抹消された。好色な興味で語られるニトクリスの逸話にしても、核心部分が真実である可能性は高い。空想豊かな文化にからめとられて脚色が加わり、断片となって今日に伝わっているだけかもしれないのだ。

何千年も前、男性優位の社会にありながら、純然たる権力の座に女性が何度も就く場所がこの地球上に存在した。彼女たちもニトクリスと同じで、王座に据えた男の背後から実権を振るうのではなく、自らがエジプトの神であり王として統治を行った。古代エジプトは、国の基盤を固めて秩序を保ち、不和を遠ざけたいとき、とくに危機が進行中のときは、支配者を女性にする稀有《けう》な王国だった。

黄金のマスク、巨大な石像、ワニの頭を持つ神々、奇妙で複雑なヒエログリフ［古代エジプトの象形文字］に代表される豪華絢爛《けんらん》な古代エジプト文化は、絶対的な独裁を背景にしていたことを私たちは忘れがちだ。またピラミッド、王の神格化、オベリスクからわかるように、文化の基調は明らかに男性的だが、それを女性的な権力基盤が支え、実現させていたことも見過ごされている。

妊娠、育児、月単位のホルモン変動、さらに更年期まであり、男性より弱いとされる女性に、古代エジプトが政治と文化の両面で権力をゆだねたのはなぜだろう。男性独裁の伝統を脅かしかねない女性統治者を容認するのは理屈に合わない。古代エジプトの女性は頑強で、よその地域の女性より優れた能力と才覚に恵まれていたのか。土地所有や社会的な自由が男女に等しく認められ、女性から離婚することも可能な社会だったため、女性の政治支配がさほど脅威ではなく、寛容に受けいれられていたとも考えられる。多神教の古代エジプトで、人びとが信奉し、庇護《ひご》を求めていた女神たち——セクメトとムト、バステトとイシス——は残忍な気分屋だったから、現実でも洞察の鋭い女性の意向をうかがう風潮があったのかもしれない。

　女性はホルモンに振りまわされ、嫉妬深く、信頼感に欠け、自分勝手でわが子のことしか眼中になく、また女性的とされるこうした性質ゆえに、女性は実権を持つことができない——これは今日でもさかんに論じられる問題で、２０１６年のアメリカ合衆国大統領選挙で、ヒラリー・クリントンとドナルド・トランプが戦ったときも話題になった。ところが古代エジプトの女性統治者たちは、生きていた時代は遠い昔なのに、圧倒的な存在感と明確な意思、揺るぎない権威が世代を超えて迫ってくる。彼女たちがこれほど影響力を持ち、現代との関わりを保ちつづけている理由を探らずにはいられない。私たちの祖母、母、姉妹、娘たちが、たえず流れに逆らって全力で泳がねばならないのはなぜか。そう問いかけることが求められているのだ。ほかのすべての時代で——むろん現代でも——、多くの試みが失敗に終わっているにもかかわらず、古代エジプトで女性が正式な権力者たりえたのはなぜなのか。[1]

その昔、世界を支配した女性がいた。なかでもメルネイト、セベクネフェルウ、ハトシェプスト、ネフェルトイティ（ネフェルティティ）、タウセレト、クレオパトラの6人は最も高い地位にのぼりつめ、強大な権力をわがものにして、ただ男たちを操るのではなく、国家の長におさまった。それぞれ、王の配偶者にすぎない王妃の立場から出発して、中心的な意思決定者となり、5人は自らが王になった。いずれもその任にふさわしい知性と能力、直観と厳粛さを持っていたことはまちがいないが、彼女たちを必要とし、統治者に押しあげる体制が古代エジプトには存在した。

事実にもとづくこの話には、暗くねじれた側面もある。彼女たちは陰の実力者だった。国の最高位で複雑な任務を果たし、高度な指導力を発揮するための教育を受けていたから、状況をにらみながら盤上の駒を動かすことができた。だが別のレンズで見れば、彼女たちのほうこそ、厳然たる父権制の駒の一個だったともいえる。この制度のなかでは女性は完全に無力で、何の権限も持たず、長期的な変革など望むべくもなかった。実権のある正式な支配者になっても、彼女たちの治世は毎度短い夢で終わった。本来王になるべき男性が高齢だったり、幼かったり、まだ生まれていなかったりした場合の穴埋めだったからだ。次に即位した王によって、王家の神殿が作成する「王名表」から彼女たちの名前が消されたり、省略されたりすることもあった。

結局のところ、女性に対して残酷で、抑圧していた点では、古代エジプトも地球上のほかの複雑な社会と変わらない。そればかりか、一度はうやうやしく差しだした権力という贈り物を奪いとっている。女性統治者を繰りかえし擁立した国家ではあるが、あくまでやむを得ないときだけで、用がすめばすみやかにその存在を抹消した。

最高権力を行使していたにもかかわらず、3000年という時間の浮き沈みのなかで、ほとんど忘られた女性たちがいる——この矛盾した奇妙な物語を理解するために、彼女たちの人間像に迫っていこう。それぞれの人生と、置かれた状況や下した決断をたどり、公私の生活までのぞくことができれば、古代地中海と北アフリカの世界で最も豊かで成功をおさめた国で最高位にのぼりつめ、惜しみなく与えられた権力を手にしたがために、無情な審判を下された経緯が見えてくるはずだ。

メルネイトは、古代エジプトで最初に女性権力者となったひとりだ。時はエジプトが国家として産声をあげたばかりの第1王朝（前3000～前2890）で、王権はまだ新しく、野蛮だった。正式な王になったわけではないが、王座に押しあげられた幼い息子に代わって統治を行ったと王名表に記録されている。

それから11の王朝を経た第12王朝（前1985～前1773）のセベクネフェルウは、メルネイトが近親の男性や男児を通じて行使するだけだった権力を、自らに属すると明示した。彼女は正式なエジプト王の称号を得て、単独で4年のあいだ国を治めた。メルネイトができなかったことをやってのけたのだ。

第18王朝（前1550〜前1295）のハトシェプストは、女性としては最強のエジプト王だった。輝かしい業績、賢明な戦略、帝国建設、そして繁栄がその治世を彩っている。ただし次代の王は彼女の息子ではなかった。男子を産まなかったがゆえに、彼女は王になる必要があったのだ。実子につつがなく王位を継承できなかったハトシェプストの名前は、宗教的、歴史的記録から削除され、レリーフの顔は削られ、彫像は粉々に破壊された。あとに続く男たち、それも彼女自身が権力の座に据えた男たちにとって、その治世は脅威に映ったのだ。

それから1世紀後、同じ第18王朝のネフェルトイティは、大胆不敵だったハトシェプストの話を伝え聞いていたはずだ。そこでネフェルトイティは、女性らしさも自分らしさも犠牲にすることなく権力を手にするため、別の路線を行くことにした。ネフェルトイティが王だったかどうかは、いまなおエジプト学者のあいだで議論されているが、それも無理はない。彼女はそれと悟られぬように王となり、大混乱に陥ったエジプトを回復軌道に乗せたのだ。ネフェルトイティというと、美と官能を感じさせる頭部の彫刻が残っており、絶世の美女として記憶されているが、最近の調査結果が正しければ、それだけの人物ではなかった可能性もある。

第19王朝（前1295〜前1186）のタウセレトも、夫の存在と、血縁のない王位継承者、それに内政の混乱を踏み台にして権力に接近した女性だ。だが王になってからは、ハトシェプストともネフェルトイティともちがう道を進んだ。父親や夫、息子の後ろ盾なしに即位したタウセレトは、素性を隠したり、名前を変えたり、男に扮《ふん》したりすることなく、堂々と君臨した。王家の谷にある彼女の墓を見ても、女性の王であることがわかる。だがこの墓は、タウセレトを王位から追放した男に乗っとられてしまった。

タウセレト以降、エジプトでは女性権力者の不在が1000年続いた。女性が過去に何度も権力の頂点に立っていたエジプトだが、敵対する帝国に敗北したことで、いかなるときもナイルの民を守りつづけてきた女性は力をつけることを許されなかった。そんなときに登場したのがクレオパトラ7世フィロパトルだ。これまでの女性たちの系列とちがい、マケドニア系ギリシャ人の王家に属していた（プトレマイオス朝は前305～前30）。それでもエジプトを支配したことに変わりはなく、過去に王座に就いた偉大な女性たちのことも知っていただろう。彼女が即位したこと自体、国が弱体化すると女性支配に頼る伝統の表れだ。ただし周囲には彼女を押しあげる男性がいた——父親、夫、兄弟、愛人、息子たちである。クレオパトラは一流の策士で、自らの野心とエジプトの国益のために人間関係を操作するすべを熟知していた。しかもこの本で取りあげた女性たちのなかで、遺伝的遺産を残すことができたのは、ユリウス・カエサル、マルクス・アントニウスとのあいだに子をもうけたクレオパトラだけである。自分を魅力的に見せることに執着し、強欲な浪費家で、軍略の才に乏しかったために、歴史上では失敗者に位置づけられているが、エジプトで最も偉大な女性統治者であることは確かだろう。

女性の統治者を容認し、権力の世界に女性を押しこんだ古代エジプトの政治制度をめぐる謎は、各女王・王妃の戦略を考察しながら答えを探っていきたい[2]。

身体の強さや生物学的な経済性（生殖活動が体外ですめば手軽で効率的）で男性が優れていることは

古代エジプト人も認識していたはずだ。しかし同時に、軍人と運命をともにするぐらいなら、女性に国の運営をまかせるほうがよいことも理解していた。この本に登場する女性たちのほとんどは、力ではなく政治的合意のうえで権力を手にしている。その地位が脆弱であることも承知していて、声高な言動で戦意をあおるよりも、権力の安定につねに気を配る必要があると知っていた。だからこそ危難の時代には女性が求められたのだ。血気にはやる男性では、亀裂が広がるだけである。それに女性指導者をよりどころにすることは、歴代王朝を守護してきた女神たちの強烈な逸話とも重なる。イシスは息子ホルスと叔父セトの対決でホルスを助太刀したし、ハトホルは父神ラー・ホルアクティを反逆者から守った。古代エジプト社会が女性を権力の頂点に押しあげたのは、怒りにまかせた侵略や攻撃を行わないことが理由だった。

だからといって彼女たちは性格が温厚だったわけではなく、ハトシェプストはクシュ王国を容赦なく弾圧し、タウセレトはおそらく大蔵大臣のみならず王の暗殺にも加担しているが、国内で戦争を仕掛けるようなことはなかった（クレオパトラ7世は例外だが、彼女が挙兵したのは自分を殺そうとした弟に対してであって、自国民に対してではない）。基本的に、万策尽きたときには女性を王にするというのが、慎重で用心深いエジプトらしい選択肢だった。

女性の持つ力を信じるという点で、古代エジプト人ははるかに先進的だった。現代社会ですら人種差別どころか男女差別さえ克服できていないことを思うと、冷笑的になってしまう。社会構造が固定化していて、女性が社会を変えようにも歯が立たず、女性への偏見はＤＮＡに刷りこまれており、米国社会で大きな力を持った女性たちでさえ伝統的な女性らしい価値観からはみだしたせいで完全に抹消され、忘れられている（たとえばジャネット・レノ元司法長官がそうだ）。大きな野心を打ちだす女性を化け物扱いして（ヒラリー・クリントンがそうだった）、年齢や外見、身長や体重、声音や髪型や化粧を嘲笑するなど、世間は女性に残酷だと嘆きたくもなる。ときには女性が自分の立場を守るために、ほかの女性を徹底的にこきおろすこともある。社会に占める女性の割合は半分でも、与えられた権限は半分に満たない。それもこれも父権制の伝統が続いて、同じ土俵にすら上がらせてもらえなかったせいだ。けれども、世をすねる嘆きの向こうから、古代エジプトの声が聞こえてくる――この地球上に、女性の穏やかで繊細な政治力を評価する社会が存在したと。

なぜ昨今は女性支配者が敵視され、女性の権力欲が憎悪されるのか。その反感はどこから生まれるのか。クレオパトラ7世やネフェルトイティやタウセレトだけの話ではない。その先には、ヒラリー・クリントンやアンゲラ・メルケルがいて、マーガレット・サッチャー、テリーザ・メイ、エリザベス・ウォーレンがいる。すべての女性は、気まぐれで一貫性がなく、芝居じみていて、ずるくて軽はずみ、鈍感で理屈が通じず、邪悪でさえあり、ホットフラッシュと月経に支配されると蔑まれてきた。

私はカリフォルニア大学ロサンゼルス校（UCLA）で、「古代世界における女性と権力」と題した講義を4年間行ってきた。受講する200人の学部生に、男女格差の現状を理解させる必要がなくなったのは2017年のことだ。それまではフォーチュン500の企業や歴代政府の要職に女性が少なく、役員報酬に男女差があること、ユダヤ教とキリスト教、イスラム教、モルモン教では（そして仏教とヒンドゥー教でも）伝統的に女性指導者がほとんどいない状況を何枚ものスライドで示していた。けれども2016年、女性権力者への逆風があからさまだった米大統領選が私に代わってすべてを説明してくれた。

2017年には、米国で立場の強い男性によるセクシャルハラスメントや性加害が次々と明るみに出て、男女の権力格差がさらに浮き彫りになった。特定の人物による卑劣なふるまいが暴かれたことで、女性嫌悪《ミソジニー》がうす汚れた下劣な顔を見せはじめたのだ。けれども私たちは、そこから目をそむける。権威ある男性がセクハラや性加害を行った話は毎日のように報じられるが、私たちはそれ以上立ち入らず、急いで別の話題に転じる。政治スキャンダル、ロシア政府との共謀疑惑、ドナルド・トランプ所有のホテルの利益、話題の福音伝道師……。女性政治家に抱く感情を語らず、アンゲラ、ヒラリー、エリザベスを擁護しなくてすむのであれば、どんなことでもいい。そうすれば、社会のなかで女性がほとんど力を持たず、力を得ようとすると厳しい目にあう現状に正面から向きあわずにすむ。児童買春の拠点とされたピザ店との関わりなど、荒唐無稽な憶測にもとづいた個人攻撃で、ヒラリー・クリントンを引きずりおろした事実を避けて通れるのだ。そのあいだにも、私たちの絶望は深まっていく。ドナルド・トランプは昔もいまも女性関係が派手で、ポルノ女優とも関係があったとされ、さらには彼女たちに口止め料まで払っていたのに、選挙で不利になることはまったくなかった。私たちはいったい何を恐れて、強くて力のある女性に敵意を向けるのだろう？

テリーザ・メイ、アンゲラ・メルケル、ヒラリー・クリントンの写真と、ウラジーミル・プーチン、ドナルド・トランプ、バラク・オバマの写真を並べて眺めれば、自然に湧いてくる感情と、権力に関する（誤った）理解に気づくかもしれない。彼ら、彼女らは若々しい、それとも老けて見える？　セクシーだと感じる？

そんな問いかけにとまどったかもしれない。だが正直に認めるかどうかはともかく、性的価値はそのまま社会的価値につながる。男性は70代でも子どもをつくれる。基本的には生涯最後まで遺伝子を残せるのだ。したがって政治的な権力者は、その気になれば多くの性的パートナーを持てるし、いまも多くの指導者たちがこの社会的ボーナスを享受している。ところが女性は50代、60代、70代になると、社会に対して生殖面で価値を提供することはできない。したがって女性指導者は、権力にものを言わせて性的パートナーをたくさん持つことはない。高齢女性——たとえばマーガレット・サッチャー——がボーイフレンドを何人もはべらせるというのは、笑いを誘うどころか常識はずれの倒錯した行為になってしまう。これがドナルド・トランプであれば、テレビ番組で女性に暴力を振るったことを司会者に自慢しても、「下品な冗談」ですんでしまう——そんな彼は合衆国大統領になったとき歴代最高齢だった。年をとった女性は、用済みで価値のないものとして扱われる。美しくない女性など想像したくもないが、老いた男性の顔や身体はふつうに受けいれる。ドナルド・トランプが、20歳以上年下の美しい女性を妻にするのも当然のこと。ウラジーミル・プーチンも性的魅力を政治に利用するため、上半身裸で四輪バギーを乗りまわし、ジムでトレーニングする様子を公開している。

権力の座に就き、強い信念で業績を上げた女性を誇らしく思う人もいるだろう。だが一般的には、怖い、怒っている、ずる賢い、攻撃的といった印象になりやすい。正直に認めるかどうかはともかく、女性候補者を当選させることにほとんどの米国人は不安を覚え、脅威すら感じるという。その物言いが男性候補者より耳ざわりでけたたましく、威張っていると見られるのだ。このことは社会学の幾多の研究で明らかになっている。[3] ここで厳しい現実が戻ってくる。現代史において、国家の首長になった女性、軍で有力な地位に就いた女性、大企業で最高経営責任者までのぼりつめた女性はほとんどいない。女性のローマ教皇、女性のダライラマともなると想像もできない。

つまり結論はこうなる——男性から決然と（上から見くだすように）指示されるほうが、男女ともに居心地が良い。女性ではなく男性が戦争開始を命じるほうが、安心だし守られていると感じやすい。腕を振りかざし、激しい口調で民衆をあおる演説をしても、男性であれば厳しく批判されたりしない。

要するに現代の女性指導者は、古代エジプトの女王より信用されていないのだ。この本で私が掘りさげたいのはそのこと、すなわち女性の権力の過去の姿と未来の展望である。

いにしえの異境で女性たちが何度も国家運営に携わっていた事実に、歴史研究者は驚き、当惑する。古代エジプトが野心的な女性を排除しなかったのは、国家を慎重かつ着実に運営し、存続させる指導者になることを知っていたからだ。彼女たちが国の頂点にのぼりつめた経緯をこれから見ていこう。

第1章　メルネイト

血の王妃

古代エジプトが世界初の地域国家として産声をあげたころから、女性による統治は認められていたし、むしろ必要とされていた。古代世界のなかでエジプトがほかの地域と一線を画しているのはそこだ。広い砂漠と荒れる海、ナイル川の激流に守られたエジプトは、侵略の危険が少なく、人口の大幅な増減もなかったため、宗教も社会構造も、文化も言語も同一のまま、シャーレで無菌培養するように4000年近く繁栄し、発展を続けた。その結果、王への反逆も革命もほとんどない、徹底的な危機回避型の社会ができあがった。貴族は武力でしのぎを削って国をものにするのではなく、ピラミッド型の社会構造におさまり、王政を維持するためなら、自分やわが子の生命を差しだすこともいとわなかったのである。エジプトは、地中海地域や北アフリカ、近東のどの国とも異なるそのユニークな地理と地形のおかげで、歴史上最も完璧かつ安定した神聖な王権を作りだした。

古代エジプトの王は、地理と文化、そして宗教の面でも揺るぎない存在であり、「ネフェル・ネチェル〈完璧な神〉」と呼ばれていたほどだった。最初の王権はオシリス神［死者の世界を支配する冥界の神。古代エジプト信仰の生死観の中核となる主要な存在］からハヤブサの頭を持つ息子ホルス［天空の神、王権の守護神］に与えられたもので、以後の王はホルスの化身、つまり人間の姿をした神である。王位は父から息子へと永遠に受け継がれていくが、継承が危うくなったときは女性の出番になる。気性が激しく、計略に長《た》け、魔力を持ち、母性愛も性欲も強い女性の特性は、次代の王を守るために必要なのだ。息子と王位を争う母親はいないだろうし、妻や姉妹や娘は身近にいても政治的脅威にはなりにくい。そのためどの時代の王朝でも、王墓を囲むように配された巨大で豪華な墓は、女性のものであることが多かった。第4王朝から第6王朝（前2613～前2181）、および第12王朝（前1985～前1773）では、王妃のピラミッドまで建設されている。王妃は父権制に対抗するのではなく、むしろ強固な基盤として父権制を支える役まわりだった。古代エジプトでは、男らしさと女らしさは権力という硬貨の表と裏であり、王妃は王にとってかけがえのない財産だったのだ。

　国を治めるうえで女性が不可欠な役割を担うようになると、そこから神話や社会観念も形成されていった。ピラミッド・テキストやコフィン・テキスト［ピラミッド内部の壁や棺に書かれた古代エジプトの葬送文書］、私的な祈祷《きとう》書、神話に散見されるオシリス、ホルス、それに女神イシス［エジプト神話で最高位の豊饒の女神。オシリスの妹で妻、ホルスの母］の断片的な物語は、ナイル川に沿って王権支配が確立しつつあった時代に生まれたものだ。王を災厄から守りながら国家を運営し、父から息子への正統かつ正当な王位継承を可能にするために、女性には重要な役目が新たに与えられた。

現王の母は、神聖で繊細な王位継承の仲介役であり、後見人でもあった。女神をまつった王朝末期の神殿や、デンデラにあるハトホル神殿などの聖地には、イシスがオシリスの復活を手助けしている場面が、性的な壮麗さとともに、丁寧かつ細密に描きこまれている。オシリスは自身と交わることで再生するべく、勃起した局部に手を伸ばしている。だがこの自己再生の奇跡をお膳立てし、次世代の王を世に送りだすべくオシリスの種を受けとり、王そのものである神ホルスをはらむのはイシスだ。つまりエジプト王を産みおとしたのはイシスなのである。弟セト［砂漠・暗黒・破壊の神。オリシスとイシスの末弟］に殺され、切りきざまれた夫オシリスをつなぎあわせて、手品のようによみがえらせたのもイシスだ。イシスはエジプト王政の立役者だった。

紀元前3000年ごろにつくられたナルメル王のパレット［化粧や筆記用の顔料等をすりつぶすための石板。ナルメル王のものは儀式用とされる］は、古代エジプトの強大な王権を伝える最古の記録のひとつだが、この石板の上部を飾るのが女神たちの浮き彫りである。湾曲した角を生やした牛の女神は、名前は石板に記されていないが、バトかハトホルだと思われる。名前はどうあれ、ナルメルの力を養い、育てて、王座に据えつけたこの女神は、天からナルメルを見守り、その王政を支えていた。

第5王朝（前2494〜前2345）に端を発するピラミッド・テキストには、女神にまつわる最古の神話が記録されている。女神は母であり、恋人、娘であり、食物をもたらし、守護を与え、死した王を目ざめさせる者であり、王権復活のきっかけになる存在だという。ここでオシリスの後継者ホルスの出番となる。主要な役は男性が演じるし、父権制社会であることはまちがいないが、王としての成功はひとえに女性、つまりイシスやそれに類する女神のおかげだ。敵を鷲《わし》づかみにして打ち倒すというイデオロギー［古代エジプトの神殿の塔門にそれを象徴するレリーフが見られる］が、王による敵への非人間的な公開処刑を正当化したように、イシスのイデオロギーは王（夫、兄弟、息子）の強力な保護者として、また魔術、豊饒《ほうじょう》、さらには君主の側で魔除《まよ》けのために荒ぶる力を提供する者として、王家の女性の地位を高めたのである。死後の王に女性のお供が必要だという発想も、同じところから来ているだろう。そのためおそらく最初期の王朝では、男性に加えて女性も何百人と殉死させられた。王権との関係の強さは、同時に死を意味していた。

皮肉なことに、人身御供《ひとみごくう》を要求するような不平等きわまりない社会制度でしか、女性は支配者になれなかった。全体主義、独裁主義が徹底され、桁はずれに大きな彫像を建立し、敵を残虐な方法で公開処刑し、ほとばしる血と脳を王が自ら浴びるような社会において、王妃は父権制を支え、父から息子へと王位をつなげるためだけに存在した（これが王妃という立場の暗黒面だ。ひとりの男性だけを盛りたてるのが役目であり、ほかの女性を起用したり、統治体制の門戸を広げたりすることはなかった）。王族女性は、排他的な支配階級の権力が保たれるよう尽力した。すなわち自分の父、夫、兄弟、息子の権力が脅かされないように、用心を重ねて安全を保ち、彼らを守ることに心を砕いたのである。

古代エジプトでは、王政が確立したばかりで、国も形成途上だった時代に、女性が権力の舞台に登場する筋書きができた。現王がとつぜん世を去り、息子がまだ幼くて務めを果たせないときは、母親が息子の名のもとで統治した。息子が成長して独り立ちできるようになると、母親は静かに身を引く。若き元首に代わって女性が一時的に采配を振るのは、父権制を維持する最適な方法だった。いわゆる摂政制で、代理を務める女性が摂政だ。摂政制は正式に定められたものではなかったが、跡目争いを引きおこすことなく、王朝を切れ目なく続ける手段として確実に行われていた。

古代世界のほかの地域であれば、対抗者が武力にものをいわせて割りこみ、王の息子や親族を殺して王座を奪取するだろう。だが天然の国境に守られたエジプトは、外から侵略を受けることがほとんどなかったし、国内でのしあがる場合も武力には頼らなかった（国家運営が順調な繁栄の時代はなおさらだった）。夏になるとナイル川が氾濫するおかげで土壌は肥え、手をかけずとも穀物が育つ。古代エジプトは、長い歴史のなかで殺害された王はほんのひと握りという安全で豊かな国になった。

絶対的な神王支配を確立するのに、これ以上適した環境はなかった。上昇志向を持たず、現状に甘んじてさえいれば――充分すぎるほど――報われる。作物がすくすくと育つように富は増えるいっぽうだ。国土は大河が形成する広大なオアシスで、侵略軍が迫ろうにも周囲の砂漠が寄せつけない。王の神格を誰も疑わず、政治的な反発や冷笑も起こらなかった国は、エジプトをおいてほかにない。人びとは満たされていれば、喜んで命令に従った。農業がさかんで、鉱物資源――金、琥珀金《こはくきん》、花崗岩《かこうがん》、トルコ石、紅玉髄《こうぎょくずい》――に恵まれた古代エジプトでは、武力闘争は一般的ではなかった。賢明で慎重な貴族階級は、強大な国をつかさどる神王体制を続けることに3000年間全力を注いだ。それは、王が不慮の死を遂げて幼い息子が残されたときも変わらなかった。

古代エジプト人が女性の統治能力を低く見ていたとしても（それを示唆する証拠はないが）、外部から王座がねらわれることもなく、豊かで安楽な生活を継続できるのであれば、身分が高く、教育のある女性に国をまかせるのは得策だった。侵略を恐れる必要はないので、避けるべきは内部から生じる危険だけだ。経験に乏しく頼りない王でも、王朝が絶えて支配一族が入れかわるよりましだったのだ。王朝が代われば行政部門は総入れかえになり、何千人という官僚、廷臣、神官がそれまでの富と権力を享受できなくなる。おいしい立場をやすやすと手放すわけにいかない。

この道理に従うならば、幼君の代理を叔父が務めることは論外だった。王族の微妙な均衡を崩しかねない内なる脅威だからだ。人間社会では侵略を行うのは圧倒的に男性であり、叔父としては、幼い君主を殺して自分が後釜にすわるほうがいいに決まっている。それよりは、若き王と血のつながった女性を摂政にするのが安全だ――古代エジプト人はそう考え、何度もこの方式を採用した。

メソポタミアやシリアなど北西アジアの都市国家では、幼児ではなく壮健な成人男性を次王として盛りたてるほうが合理的だった。忠誠を誓う相手が複雑な経緯で入れかわり、領土争いが絶えず、武将たちがしのぎを削り、侵略される危険がつねにある。敵を遠ざける天然の国境も存在しない。そんな状況で幼君を守っても勝算がなさすぎる。だがエジプトはちがう。毎年夏になるとナイル川の水があふれ、秋には水が引いて、小麦や大麦、亜麻がよく育つ肥沃な泥を残していく。よその軍勢から襲撃され、略奪を受けるようなことはめったにない。父から息子に流れるように切れ目なく続くことが、完璧で神聖な王位継承だった。

エジプト神話でオシリスが死んだときの息子ホルスがそうだったように、新しい王がまだ若くてひ弱であれば、母親が保護者の役を買ってでる。神話でもイシスはホルスを沼地にかくまい、蛇やサソリにやられた無数の傷を魔術で治してやった。おかげでホルスは父の死を乗りこえて成長し、玉座にふさわしい強さを身につけた。古代エジプトに何度も出現した摂政王妃はイシスの再現だ。息子の王位継承権を守り、王制の微妙な均衡を維持するために母は立ちあがったのである。

メルネイトは第1王朝（前3000～前2890）の王妃である。[1] 幼い息子デンの代理で玉座にのぼった。彼女の墓やデン王の墓所に残る印章や封泥［泥でできた密着剤］には、「王の母」という称号とともにメルネイトの名が刻まれている。王家の血統を保つうえで、最もリスクの少ない存在として選ばれたようだ。息子には遺伝子を受け継がせ、愛情を大いに注いでいたことだろう。王としてホルスの化身になる息子が反抗したとしてもひるむことなく、立派な官僚、領主、戦士になれるよう心身を鍛えてやったにちがいない。成長した息子のために、世継ぎを産んでくれそうな若くて美しい女性もずらりとそろえた。メルネイトの最大の務めは一族の支配を継続することであって、強大な権力を付与されるという前例のない事態もその目的のためだった。

500年という歳月のかなたにメルネイトの存在を見つけるのは容易ではない。残っている証拠は埋葬建築物と、ヒエログリフの碑文ぐらいである。後者に関しては、第1王朝当時はまだ書法が確立しておらず、解読不能な部分も多い。実際この本に登場する女性たちの姿のほとんどは、人物に関する記述ではなく、記念建造物が根拠になっている。メルネイトも出自や人物像は不明で、摂政としてどんな壁に直面したのか、重責を押しつけられたとき何歳だったのかもわからない。未来に不安を抱きながら、手探りで一歩ずつ進んでいたのか、それとも優秀な助言者に支えられて周到に準備を整えたのか。彼女がどのように生涯を終えたかもわかっていない（ミイラは残っておらず、たとえあったとしても王族の死因をめぐっては議論が尽きない）。アビドスとサッカラの墳墓群から見つかった考古学的な証拠を再構築するのが唯一の手段だが、そこから推察するに、現代の私たちには考えられない幾多の困難と悲嘆が彼女に降りかかっていた。

メルネイトが少女だったころ、エジプトは輝かしく新鮮な王国だった。メルネイトの父親と思われるジェル王は、祖父のアハ王から始まった第1王朝の4代目になる。エジプトでは、王座という最高の栄誉を求めて有力者たちが戦い、ナイル川流域とナイル川デルタの領土がまとまって、ついには南北が完全に統一された。時は紀元前4000年紀の始まりからさらに1000年さかのぼったころで、ナイル川流域にはナガダやヒエラコンポリス、ナイル川デルタにはマーディ、テル・エル＝ファラハといった要塞都市が成立していた。

古代エジプト人は、南と北（上エジプトと下エジプト）の対立構造が争いの根底にあると知っていた。戦いに勝利した上エジプトは最初の王朝樹立を宣言する。ひとりの指導者のもとで、諸王がナイル川沿いの町をやすやすと配下に入れていった。北のデルタ地帯は広範囲に町が分散していて、内側から統一することは難しかったが、指導者は南を足がかりに勢力範囲を拡大する。第1王朝に先立つ時代に登場したスコルピオン1世やナルメルは、装飾をほどこした棍棒頭《こんぼうとう》やパレットをつくらせ、エジプト全土を支配したことを後世に伝えている。そこには神殿の行列、戦場に転がる死体、王が石の棍棒で敵の頭を打ちくだく残酷な儀式（実際に行われたと思われる）が描かれている。

地球上に初めて出現した統一地域国家であるエジプトは、南に起源を持ちながらも、上エジプトと下エジプトの接合部分であるメンフィスに砦《とりで》を築き、都に定めた。メンフィスは重要な都市となり、市場が栄え、歴代の王の豪壮な宮殿と巨大な神殿が建設された。現在、エジプト・アラブ共和国の首都カイロがあるのもこの場所だ。

今日では失われているが、メンフィスの王宮は日干しれんがを積みあげた上に塗られた漆喰《しっくい》が、陽光を受けて白く輝いていたはずだ。外壁にずらりと並ぶ縦長の壁龕《へきがん》は内側に向かって小さくなっていて、いちばん内側がちょうど扉のように見え、赤や黄色の黄土、黒い炭粉、青や緑の顔料であざやかに塗られていた。

王に会ったこともなければ、その姿を拝んだこともない民衆は、色彩豊かなこの装飾で新たな王政のよりどころを認識した。君主は高い白壁の向こう、閉じられた何枚もの扉の先で厳重に守られている。王宮ファサードと呼ばれるこの壁龕がいつしか王の象徴となり、壺《つぼ》や扉の封印、目の化粧に使う孔雀《くじゃく》石《いし》を砕くパレット、王の頭上に掲げたり、神官が手にしたりする棍棒頭にその模様が彫られるようになった。また第1王朝の頂点に立つ者として、ハヤブサが上から見おろす長方形の周壁に刻まれた名前が、確認できる最古の王の記録である。

王宮は王そのものであり、そこにあるすべてのものが王の象徴だった――富、官僚政治、課税、土地台帳、各種儀式、謁見室での細かい序列と、そこに属さない者の排除。陽光の射《さ》しこむ中庭、消耗品の保管室、王の子どもと乳母であふれかえる養育所、若い娘たちが肌の手入れと髪型と香水に気を配るハーレム……。

そんな王宮の高い壁の内側でメルネイトは育ったにちがいない。都市の喧騒《けんそう》をよそに、日干しれんがの建物は涼しく清潔で、じゅうたんが敷かれてクッションが置かれていた。農民が見たこともない贅沢《ぜいたく》な品々――レバノンスギ、異国の芳香樹脂、良質な輸入ワイン（エジプトの気候はビール向きだった）、ふわふわのパン、脂の乗った大量の牛肉と鴨肉《かもにく》――が並ぶ。メルネイトがまとうのは、若い亜麻を緻密に織ったやわらかい薄物だ。赤い紅玉髄やシナイ半島で採れる青いトルコ石、遠くアフガニスタンから届いたトワイライトブルーのラピスラズリ、それにエジプト東部の砂漠や南に位置するヌビアで豊富に採れる金の装身具も身につけ、乳香や没薬《もつやく》の香りを漂わせる。濃い緑色をした目の縁どりは、孔雀石をすりつぶしたものだ。その後息子の摂政になったことから、王宮内での地位は高かったことがわかる。母親が王のお気に入りの側室だったか、あるいは貴族の出身だったのか。それとも裕福な家の生まれか、とても美しかったか。だが地位の高さは代償をともなう。メルネイトの母も王宮の養育所やハーレム［日本語では「後宮」と訳されることもあるが本書では「ハーレム」を用いる。第２章の注３を参照］で女性たちにいじめられ、策略にはめられたことだろう。

王が死ぬと、たちまち疑念と心配、不安が渦巻く――王政が成立して日が浅く、王の支配を拒絶する都市や町もあったからなおさらだ。戦いが何百年も続いたあげく、最後の数世代でようやく統一が実現したとあって、血の記憶もいまだ生々しい。だからこそ第1王朝の歴代の王たちは、一点の曇りもない圧倒的な権威を民に示さねばならなかった。そこで何階分もの高さのある白壁の宮殿をつくり、人間の3倍もある神々の石像を建立し、誰も見たことがない巨大な墓所を建設した。さらに王は、かつてひとつの杯を酌みかわし、同じ食卓を囲み、あるいは抱きあって夜を過ごした人間を殺すときも眉ひとつ動かさず、その権力をわかりやすく示したのだった。

一族の人間を人身御供にすることにはいろんな意味があったが、支配階級にとって脅威となる危険な要素を容赦なく排除できることが最も重要だ。[2]古代エジプトの体制は基本的に慎重で、神王の後継ぎが決まると、玉座を脅かしかねない身内を残らず消すのは理にかなっていたと思われる。[3]新しい王が即位して継承が完了したあと、権力の座を争っていた者が生きることを許された例は皆無である。王の墓の周囲に埋められた人身御供の骨を調べると、多くは若い男性のもので、王位を守るための行動が実際にあったことをうかがわせる。[4]

いまの王から次の王へと、潜在的な危険なしに権力を譲渡するには、たくさんの条件を満たす必要がある。王に生殖能力があり、ハーレムと養育所が機能して、健康な息子がたくさんいる。そのなかから次の王を選ぶ過程は謎めいているが、一度決まれば異論の余地はない。そして最後に、王位を争う恐れのある者は殺されるか、姿を消す。時代もかなり後期になると、王族の男子は成人しても「王の息子」という称号を与えられず、一貴族として社会に融《と》けこむことが求められた（もちろんその出自は誰もが知っているが）。けれども第1王朝では、次王の兄弟はあまりに危険な存在と見なされ、神聖な儀式の場を借りて殺されたのかもしれない。

人身御供には女性もいた。女性がどんな脅威になるのかと思うが、大いになったのだろう。息子が選ばれなかった女性は、世継ぎを引きずりおろしたり、殺したりする可能性がある。実際にそういうことがあったのかもしれない。あるいは、死後世界でも使用人や職人と同様、性的パートナーが必要だという単純明快な理由も考えられる。第1王朝では、王のための人身御供は社会的地位に従って配置された──身分の高い女性は王の棺《ひつぎ》に最も近い場所に置かれ、扇持ちか護衛の若い男性がそばにつく。身分が低い者ほど王から遠くなった。第1王朝では、未来の安寧を確かなものにするために、数百人もの人身御供と埋葬された。そこに悪意はなかったが、古代エジプトで王政が確立するにつれて、生かしておくと潜在的な脅威となる者を人身御供にするようになったのは、当然のなりゆきだった。

死んだ先王から玉座を引き継いだ王は、死後世界に旅立った先王を追って、愛する家族が喜んで死におもむくことを求めた。人選や手段がわかっていないのがもどかしいが、血塗られた儀式が終わって残るのが王の息子ひとりだけという可能性を考えると、新王に愛され、親しく接していた者、つまり兄弟姉妹、叔父や叔母、姪《めい》や甥《おい》、王宮の忠臣、友人が死ぬことを強いられたのかもしれない。

第1王朝で新たな王政は、喜びと祝祭ではなく、深い悲しみと喪失で幕を開ける。輝かしい勝利の宣言の代わりに、公の場でむごい人身御供の儀式が数週間、数カ月と続いたことだろう。国内の複数の場所で行われるこうした儀式では、王族の平静さが試される。エジプトの最初の王家の一員であることは、贅沢を満喫できるいっぽうで、ナイフの縁のような不安定な立場だった──頂点に君臨するひとりの男が生きつづけるか、死が迫っているかで運命が決まる。王が死ぬと、数百人が後を追わねばならない——ほとんどは素直に従うが、本能的に生きようとする者もいたはずだ。彼らの尊い生命と引きかえに王は何を約束したのかというと、永遠の生命だった。古代エジプトの深遠な信念体系から判断するに、それは涙を流しつつも喜ばしいことだったにちがいない。

長寿だったジェル王が世を去ったとたん、娘のメルネイトをはじめ王に仕えていた者たちは、悲しみと不安の渦に放りこまれた。次の王を決める手続きがただちに開始されるが、あるいは亡くなる前から始まっていたかもしれない。王位継承者の選定については、第1王朝にかぎらず古代エジプトの歴史全体を通じてほとんどわかっていない。秘密のベールがいちばん厚いのが、王権の譲渡といっていいくらいだ。多くの歴史家が当然と見なしているように、長男を選んで終わりだったのか。[5] 重臣たちが額を寄せあい、さまざまな課題を考慮しながら決めたのか。それとも神聖な秘密の儀式のなかで、神々に選ばせたのか。そうすれば責任を負わなくてすむし、記録文書から政治のなまぐさい痕跡を消すことができる。もちろん、これらすべてが複雑にからみあっていた可能性もある。

メルネイトが人身御供を経験したのは生まれて初めてだっただろうが、これで最後というわけではなかった。最新の考古学研究では、アビドスだけで587人が父王のために殺されたという。メルネイトの祖父が死んだときより500人も多かった。

新しい王のジェトは父の埋葬の準備に余念がなかった。背筋が凍る人身御供の儀式は、上エジプトと下エジプトの少なくとも2カ所で行われた。ジェル王の遺体が実際にどこに埋葬されたかは、いまも意見が分かれている。[6] 第1王朝の歴代の王は、少なくとも2つ墓を築いていたようだ。1つは父祖の地という名目の南のアビドスで、都である北のサッカラにも1つもしくは2つ以上の巨大な墳墓を建設した。どの墓も人身御供が埋葬され、途方もない富と日用品が地下の保管室におさめられた。死後世界で王が使うのだ。

メルネイトは人身御供の列に加わらなかった。（おそらく腹ちがいの）兄であるジェトのハーレムに入る必要があり、果たすべき目的があった。だから彼女は白砂を敷いたサッカラの供犠場に立ち、大切な親族が去っていくのを見ていた。そばに並ぶほかの若い女たちが、乳房もあらわに腕を高く掲げ、髪をひっぱり、胸をかきむしりながら泣きさけんでいる。このときメルネイトは若く、まだ少女と呼べる年齢だったかもしれないが、王である父親だけでなく、愛する人たちまで根こそぎ奪われた経験は、深い心の傷となった。

少女メルネイトは気持ちを立てなおすいとまもなく、旅に出なくてはならなかっただろう。悲嘆と喪失感はまだ癒えないが、人身御供は王を災厄から守り、ひいては国の安寧につながるという強い信念が心の支えだ。宮廷の一行は船で川をさかのぼる。流れに逆らい、平底の帆船で8〜9日かけて南下し、王室のネクロポリス［墓の集まる場所］であるアビドスに到着する。ここでの葬儀では、さらに多くの人間が死ぬことになる。

エジプトが存在できるのは、北東アフリカの広大な乾燥地帯を切りわけて流れるナイル川があればこそ。人が暮らすのは川の両岸だ。川べりで働く農民たちは、沈鬱な船の葬列に気づき、うずくまって両手で顔をおおい、悲痛な声で泣きさけぶ女たちを見て、何があったか瞬時に悟る——王が死んだ。その生命よ永遠なれ。大きい船の最後尾の小さな船室には玉座が置かれ、おびただしい血で足場を固めている最中の新しい君主が、冠をいただき、厳しい表情で座っていただろう。最も大きく、入念な装飾がほどこされているのは先王の遺体を運ぶ船であったか。埋葬に先立って、遺体はすでにミイラづくりの作業を施されはじめていたかもしれない。彫像のように亜麻布で全身が包まれ、おそらく宝飾品や衣装を身につけ、人目に触れぬよう霊廟《れいびょう》のような場所に安置されている。アビドスに到着すると、葬祭周壁の聖域で、王宮のごくかぎられた者だけが遺体を見ることができる。そこでまた、人身御供の儀式が一から始まるのだ。

アビドスの葬祭周壁は2階ないしは3階建ての高さだったと思われる。そこに入れるのは社会のわずか1パーセントだけで、不浄と考えられていた農民は立ち入ることはできない。内部で起きていることは外からは見えないが、悲鳴や嗚咽《おえつ》、音楽、詠唱が聞こえてくる。

600人近い人間を殺すのは大仕事で、半日や1日では終わらなかっただろう。効率化のための銃もギロチンもまだ存在せず、毒を飲ませる、首を絞める、刺す、あるいは失血死させるのが古典的な方法だった。ただ明白な痕跡が残っていないため、具体的な死因は不明だ。遺骨にはもがき苦しんだ形跡もない。だがエジプト学者のフリンダース・ピートリーは、一部の人身御供は両手で口と鼻をおおう姿勢で見つかっており、これは生き埋めにされた証拠だと主張する。縛られた状態の遺骨もわずかにあったが[7]、大多数は胎児のように横向きになった眠りと再生の姿勢を取っていたようで、本人の意志に反して殺されたり、戦いで死んだりしたとは思えない。頭骨に残る傷も、致命傷と結論づけるには小さすぎる。シアン化物のような毒を飲み、愛する人たちに別れを告げて絶命したのではないだろうか[8]。これだけの人間が人身御供になったとすると、支配階級の人間はこの時期に誰かしら身近な人を失ったはずだ。メルネイトの実母も人身御供になった可能性がある。

人身御供の儀式が終わった。ジェトは日干しれんがで周壁を築かせ、その外側に掘った壕《ほり》に少なくとも269の遺体を並べた。王墓の周囲の壕には318体かそれ以上の遺体を安置した[9]。作業に駆りだされた地元民は、その日見たことを一生忘れなかったにちがいない。墓穴には、死者の名前とレリーフを刻んだ石灰岩の小さな石碑《ステラ》がひとつずつ置かれている。隣の穴とは、日干しれんがの壁で区切られているだけだ。人身御供は敬意を払われており、高官であれば円筒印章、優れた工芸職人であれば道具類といったぐあいに、生前の立場にふさわしい副葬品もいっしょに入れてあった[10]。調査では600個近い木棺も見つかっており、犠牲者の数もさることながら、経済的にも莫大《ばくだい》な支出をしていたことがわかる。砂漠の国では木材は希少品だったにもかかわらず、さまざまな種類の輸入高級材が使われていた。

ジェル王の墓所を取りかこむ死者は、石碑や遺骨から判断したところ、およそ85パーセントが女性だった[11]。王の玄室にいちばん近い、ほかより大きな2つの墓穴に埋葬されていたのは、王妃に相当する高位の称号の持ち主だった。そのうちひとつはメルネイトの母親だった可能性が高い。もしかすると母親の遺体が洗われ、亜麻布で包まれてていねいに安置され、副葬品がしかるべき場所に配置されるのを、メルネイトは夜通しそばでずっと手伝っていたかもしれない。こうした女性の墓を発掘すると、丸まった毛髪の塊が見つかって研究者は驚く。かつらの一部だと思われるが、女性の墓ならではの不気味な副葬品だ。

ジェル王の墓のそばに埋葬されるのは、妻や宮廷道化師など親密な関係者だった。発掘調査では、極端に小柄な人間が埋葬されたことを示す石灰岩の石碑が2つ見つかっており、遺骨はたしかに小人症の徴候を示していた。[12] 彼らは幸運の象徴として、また道化師として王の覚えがめでたかったのだろう。

王の遺体と宝物をすべておさめたアビドスの墓所は、清潔な白砂を注いで隙間を埋め、いまはもう失われているが、その上に塚を築いたと思われる。広大な周壁も解体される。日干しれんがの壁は最初の数段のみを残して壊され、れんがは取っておいたのではないか。いずれすぐ隣に、次王のための供犠場をつくることになるからだ。跡地はきれいな白砂が敷かれ、数週間にわたる戦慄の儀式の痕跡は見えなくなった――5000年後に考古学者が掘りだすまでは。[13]

人身御供の埋葬は、誕生まもない王政による力の誇示だった。権力構造の内部にいて、脅威になりかねない貴族たちに見せつけ、気力をくじくことがねらいだ。なるほど効果は絶大で、王の権威への畏敬と、父権制の現状を続ける意向が深く根づいた。そこで注目すべきは、人身御供は捕虜や奴隷ではなく、支配階級の若くて健康で価値ある男女だということだ。なぜ老人や虚弱者にしないのか。彼らは王の役に立たないではないか。だが、どこの馬の骨ともわからない者を殺したところで、敬愛する先王を心から悼む声はあがらないだろう。そうではなく、両親の目の前で若者や子どもを殺し、子どもの見ているところで母親を殺し、ほかの兄弟の前で兄や弟を殺す。かけがえのない生命をむだに散らすからこそ、記憶に強く焼きつけられるのだ。

第1王朝が終わり、第2王朝（前2890〜前2686）を開いた新しい一族の支配が始まると、人身御供の埋葬は廃止された。民の血を吸うよりも、慈愛に満ちた指導者になるほうが有利だという政治的な動機が働いたのだろう。そのような儀式はもう必要なくなっていた。エジプトの神聖な王権はしっかりと確立され、権威主義と父権制の体制ももはやくつがえされる恐れはなかった。第2王朝からは、牛などの動物、仕事をする召使いの小像、食べ物を捧《ささ》げもつ官能的な女性の像などが身代わりとなって、死者とともに埋葬されるようになる。

メルネイトはジェト王の大勢の妻のひとりになった。父王の葬儀のあとは、君主であり、主であり、神と王を兼ねる主人であるジェトとともにメンフィスやヘリオポリスの宮廷で過ごし、必要に迫られて、あるいは楽しみのためにナイル川を移動していたのだろう。ジェト王についてはほとんどわかっていないが、パリのルーブル美術館に展示されているアビドスの石碑からは、第1王朝4代目の王であること、ジェトという名前はコブラを意味すること、敵を攻撃して殺す力を持っていたことが読みとれる。[14]

ジェト王の治世が何年続いたにせよ、終わりはとつぜんで、息子たちはまだ成人していなかった。やりのこしたこともたくさんあるが、後継者候補の幼すぎる息子たちと貴族が引き受けるしかない。これが記録で確認できる最初の継承危機だ。地域国家エジプトはまだ揺籃《ようらん》期だった。次王に選ばれたデンが自ら統治はできないとあって、デンの母親であるメルネイトが駆りだされて具体的な判断を下すことになったのだろう。時間と保護が必要な息子の代理で統治を行う摂政王妃は、メルネイトに始まり、その系譜は長く続いた。

古代エジプトの摂政王妃はすべてそうだが、メルネイトの摂政としての活動も状況証拠しかない。王の母親が采配を振ったことは、直接触れたくない事実だったのか。メルネイトに関しては、さまざまな王名表に名前が入っていることがいちばん確かな証拠だ。たとえば、シチリア島のパレルモにある博物館が所蔵するパレルモ・ストーンは、第1から第5王朝まで（前3000～前2345）の全エジプト王の名が刻まれたであろう石碑だが、そのなかに王の母としてメルネイトの名前がある。[15] 息子のデンが後継者に選ばれた過程は、当然のことながら謎のベールに包まれているが、デンが王位に就いたことでメルネイトは権力者に押しあげられた。というよりも、身分が高く、おそらく教養があって意志の強い女性が母親だったから、デンが次王候補として浮上したのかもしれない。デンが成人するまでの期間限定で、メルネイトに王国の舵《かじ》取りをまかせてもよいと意見が一致したのだろう。

摂政になったメルネイトの最初の仕事は、夫ジェト王の埋葬だった。膨大な数の人身御供と莫大な出費をまた繰りかえすのだ。だがそれによって、息子デンが無事に玉座におさまり、恐れ多い最高権力者になったことを民に示すことができる。つい10年ほど前に目にした恐ろしい供犠の記憶はまだ鮮烈だったはずだが、儀式は遂行せねばならない。ことにデン王とメルネイトにとっては、たんなる王国の決まりごとというより、次王が幼い男児であるがゆえに、神々の加護もいっそう大きいのだと広く訴える重要な手段だった。同情心を起こして気おくれすることは許されない。メルネイトが夫の埋葬に際して指示した人身御供の数は、父である偉大なジェル王の約600人に少し足りないだけだった。[16] 王位継承に必要とあれば、無慈悲な行いもためらってはいられなかった。

　王家の家臣の人身御供において、メルネイトはいくつか重要な変更を加えた。石碑に刻まれた肩書きからわかるように、彼女はより重要な人物、より地位の高い人物、そしてより多くの男性を埋葬したと思われる。これについてエジプト学者エレン・モリスは、ジェト王の葬儀では人身御供が「量より質」になったとまがまがしい説明をしている。[17] 偉大な王であるジェトとともに死におもむく名誉を誰に与えるか。それを選ぶのはメルネイトの仕事だったと思われる。死んだ神王は人身御供を糧として力を保ち、この世にいる現役君主、すなわちメルネイトの息子を支えることになる。新しい王の権力基盤を血で固めるといってもいいだろう。継承危機のときに貴族たちを従順にさせるには、衝撃と畏怖で締めつけるよりも、死後世界の宮廷に直行できる約束を与えるのがいちばんだ。それは息子を守り、玉座を脅かす要素を排除するまたとない機会でもあった。

ではメルネイトと息子にとっては、誰が最大の脅威だったのだろう。申し分のない血統の兄弟はたくさんいたし、年齢が上の者もいただろう。それでもメルネイトが王（ジェル）の娘であり、もうひとりの王（ジェト）の姉妹であり妻であったとすると、これだけ高位の母親から生まれた息子の王位継承順位は1位だったはずだ。メルネイトより身分が低い母親が産んだ男子は、自ら統治できる年齢だったとしても候補からはずされた。いずれにしても、メルネイトとしては息子からあらゆる脅威を遠ざけておきたい。ほかの王族や貴族への疑念もふくらんだことだろう。王が若く未熟であれば、反乱、謀反《むほん》、政変、暗殺の絶好の機会が生まれる。王座が脆弱《ぜいじゃく》であるだけに、支配階級のすべての一族に主君は誰か釘《くぎ》を刺し、脅威の芽を摘んでおく必要があった。

息子が即位したことで、メルネイト自身が死をまぬがれたことも大きかっただろう。ほかの少年が選ばれていたら、彼女は配偶者、保護者、性的な伴侶として、王の後を追っていたかもしれない。だが、ホルスの化身である新しい王のために果たすべき役目があった。王の母は宮廷の中心的存在として、王が成人に達したあとも、ハーレムのにぎわいを保ち、王族の子どもたちの養育を監督し、宮廷内の動向に目を光らせなくてはならない。メルネイトの場合は、若すぎる王に代わってすべてを判断する必要があるため、役割がいっそう大きかった。

ジェト王をあの世に送りだす弔いの旅が最初に立ち寄ったのは、サッカラだったと思われる。ここは国の重要な立場にある者が暮らす場所だった。メルネイトと息子が見守るなか、何十人という貴族たちが人身御供になり、先王のものと思われる巨大な日干しれんがの墓の周囲に埋葬されていく。若きデン王が初めて見る陰惨な儀式だった。この経験が彼の性格形成にどんな影を落としたのか、友だちや親族が死んでいく前で、メルネイトが少年の繊細な心を守るために、あるいは心を強くするために言葉をかけたり、行動で示したりしたのか、それは想像するしかない。だがデン王も自らの手を血で染めなくてはならなかったようだ。当初は木材と金箔《きんぱく》が張られていた玄室には、日干しれんがを積んだ台の上に、子どものガゼル2頭の骨が残っていた。野生の動物は混沌《こんとん》を象徴し、ジェト王の遺体の前でのどを切られたものと思われる。これは玉座を継ぐ者の務めであり、幼いデン王が摂政である母親の助けを借りてやりとげたのだろう。

ジェト王の墓には、来世で必要になりそうなものがすべておさめられた。象牙の杖《つえ》、調度品、道具類、サンダル、金器などで、最後の仕上げが人間だった。これで王の持ち物はすべてそろったことになる。サッカラのジェト王の墓には少なくとも62人の人身御供が埋められ、主人のお供として犬も犠牲になった。[18]

人身御供のほとんどは若い男性だが、母子の人身御供も少なくなかった。息子のハーレムに加わったかもしれない若い女性を犠牲にして、何の意味があったのか。実は、彼女たちは先王のほかの妻とその息子、つまり後継者になってもおかしくなかったデンの異母兄弟だったようだ。メルネイトもデンも、もし君主に指名されていなければ、死ぬのは自分たちだったことを痛感していたにちがいない。メルネイトは一連の残酷な継承劇に自らの名前を残している。サッカラにあるジェト王の墓所で、「セマネブウイ・メルネイト〈2人の君主と結束したメルネイト〉」と刻まれた石器が見つかっているのだ[19]——死んだ王と生きている王をつなぐ鎖であることの表明だと思われる。アビドスでは人身御供の数はさらに増え、メルネイトの監督のもと、ジェト王の葬祭周壁に154人、墓所の周囲に少なくとも174人、合わせて328人が埋葬された。[20]

メルネイトが父王のときより人身御供の数を減らしたのには、どんな意図があったのだろう？　人身御供の選定にはどんな傾向が見られるのか。ジェト王のための人身御供は、大多数が成人男性だった（少なくとも考古学的調査では、アビドスで子どもの人身御供は見つかっていない）。玉座を脅かしそうな男性を排除する計算が働いていたようだ（ただし第1王朝の研究で判明しているかぎりでは、人身御供の男性たちは喜んで死におもむいたとされる。野次馬の目を避けるため、儀式はおそらく宮殿を模した白亜の葬祭周壁内で行われた）。このとき響きわたったのは、女たちの泣き声だった。息子を悼む母、兄弟を送る姉妹たち、父の死を悲しむ娘たち。支配階級の男たちを先王の従者として死後世界に追いやり、自分と息子の視野から消すのがメルネイトの意図だった。

権力と継承の意味をよく理解していたメルネイトは、こうした儀式を通じて、神聖な王家の系譜がとぎれることなくわが息子に引き継がれたことを示した。メルネイト自身、上エジプトと下エジプトを支配した最初の王のひとり、ナルメルのひ孫にあたると考えられる。だからジェト王の埋葬では、王家の始祖であり、アビドス初期の王であるナルメルの名前が入ったエジプト・アラバスターの壺もいっしょに入れている。[21]

父王の葬儀では心に傷を負ったメルネイトだが、夫の葬儀では心が強く鍛えられたにちがいない。息子のために、自らの意思で恐怖の政治力を容赦なく発揮した。宮廷で贅をきわめた生活を送りながら、血と死と公開供犠で自らの権威を固めていったのだ。南にあるヒエラコンポリスのホルス神殿におもむき、ナルメル王のパレットをその目で見たにちがいない。パレットには公衆の面前で殺された男たちが、切りおとされた首を脚のあいだにはさみ、ずらりと並んでいる様子が描かれている。またメルネイト自身も、父や夫の治世に敵兵の頭骨を割る儀式を目撃していたはずだ。それが敵国の人間であれ、大切な人であれ、死は彼女の人生の一部だった。王族や貴族といえども消費や交換が可能であり、神王に随行する名誉を与えられたら、死ぬ以外に選択肢はないことを、メルネイトは子どものときから知っていた。息子を盛りたててくれそうな者のなかから誰を人身御供にするか、その人選は彼女の腕の見せどころだった。

　メルネイトはデン王が16、7歳になるまでのあいだ、6〜8年間国を治めたと考えられる。統治者になれる年齢が何歳だったかわからないが、伝染病がたえず流行し、事故や寄生虫、感染症など危険が満載で、寿命も短かったことを考えると、ことに王は低年齢で成人になったにちがいない。パレルモ・ストーンの王名表にもデン王の記載があるが、その業績は漠然とした不思議な内容だ。たとえば4年目は「1回目の金《きん》の勘定」、5年目は「2回目の畜牛頭数調査」を行っているが、どちらも王の莫大な富を正式に披露するもので、メルネイトが摂政のときに行われた。[22]富はすなわち政治力だから、経済基盤の底上げを図ったのだろう。メルネイトが何歳で死んだかパレルモ・ストーンに記載されていないが、デン王が独り立ちしたあとも長く影響力を持ち、息子の統治にそれとなく指示を出していたことだろう。

メルネイトの墓は、１９００年に英国の考古学者Ｗ・Ｍ・フリンダース・ピートリーが発見した。ただし最初は王の墓だと思われていた。王族のネクロポリスであるアビドスで、第１および第２王朝の偉大な君主たちと並ぶ形で埋葬されており、墓の大きさも、建築技術と材料も、前後の王たちとまったく同じだったからだ。しかし石碑が見つかったのをきっかけに、この墓の持ち主はただならぬ人物ではないかと研究者は考えはじめた。石碑には、「メルネイト〈ネイト女神に愛されし者〉」と浮き彫りで記されているだけだ。[23] だがメルネイトの名前の上にハヤブサのヒエログリフがない。石碑に王の名前を記すなら、ホルス神とその化身を意味するこのヒエログリフが不可欠だ。隣接する墓から短い王名表が発見されて、ようやくメルネイトは女性であり、王妃であるらしいことが判明した。この王名表はメルネイトの死後まもなくつくられたもので、彼女の名前はジェト王とデン王のあいだに刻まれ、「王の母」という肩書きが添えられていた。ではなぜ、王の母がまるで王であるかのように埋葬されているのだろう。それは、デン王の摂政だったからだ——研究者たちはそう理解した。誰の目にも明らかな権力者だったから、王と同じ名誉に値するとデン王は判断したのだろう。

メルネイトの墓はていねいにつくられていた。地面を掘りさげ、日干しれんがを積んで壁を築き、土の上から白く塗られていた。遺体の痕跡はないが、入念に処置をほどこして墓所中央の玄室に安置されていたと思われる。玄室の内側は外国産の貴重な板材を全面に張っていた。周囲に配された日干しれんがの部屋は副葬品が満載で、ビールやワイン、オリーブ油を満たした陶器の壺、香りをつけた軟膏《なんこう》、蜂蜜などの食品が並び、5000年前に置かれたままのところもあった。副葬品にメルネイトではなく息子デンの名前が記されていたのは、王家のネクロポリスに埋葬される名誉を与えたのはデン王だったからだろう。

メルネイトの墓所には、財宝のほかに恐ろしいものもあった。まわりを囲む壕にたくさんの死体が並んでいたのだ。壕は内側を日干しれんがで固め、死後にも自分だけの空間を持てるよう、日干しれんがを一段だけ並べて隣と区切っていた。この人身御供がいったい誰だったのか、名前も肩書きもないのでわからないが、女性は召使いとして働き、男性は書記として課税台帳や外交文書、歴史記録の作成にいそしんでいたのかもしれない。護衛を務めた若い戦士、食堂の給仕、カバやワニを狩る沼地の狩猟番もいたことだろう。メルネイトの埋葬場所からは、彼女を守るように取りかこむ41体の遺骨が見つかり、さらに79体が葬祭周壁に埋葬されていた。[24] 白く輝く大きな周壁のなかで、不安そうに見守る貴族たちの前で葬儀が行われたのだろう。

息子のデン王にとって、ほかの王族にとって、さらにはその気になれば武力で母子を引きずりおろすこともできた貴族たちにとって、メルネイトがどんな存在だったか。それを物語るのがこの墓だ。メルネイトを埋葬したとき、デン王は何歳だったのか。40年ほど王座にあったとしたら、30〜40代ぐらいだろうか。メルネイトは何歳で死んだのか。当時としては標準的な50歳だったかもしれない。デン王は母親にどんな感情を抱いていただろう。尊敬していたことはまちがいない。愛情もあっただろう。憎しみを抱いていたかもしれない。いずれにしても、摂政王妃という非公式な立場で幼い息子の玉座を守りぬいた彼女に、エジプト人は王と同じ埋葬で報いたのだった。

墓所の計画にはメルネイト自身も関わっていただろう。墓のことになると、古代エジプト人は準備が早い。王墓に匹敵する大規模な墓の建設は、メルネイトが摂政だったときに当人の意向を汲《く》んで始まり、その後デン王も許可と支援を与えたものと思われる。古代エジプトは摂政制に頼ることが多かったが、この方式にはやっかいな側面があった。摂政の権限は正式に与えられたものでないため、正規の手続きでその権限を奪うことができないのだ。デン王が自分で意思決定できる年齢になったところで、メルネイトは一歩下がった立場になっただろう。それでもデン王は母をつねに畏怖し、母の希望や意見を取りいれたにちがいない。メルネイトが生きているかぎり、おそらく実質的な共同統治体制は続いた。それについてデン王自身が内心どう思っていたかはわからないが。メルネイトは死が迫ってもなお絶大な権力を持ち、自分の墓に莫大な出費を命じることができた。完成した墓所は神王にのみ許される大きさと豪華さだったために、5000年後の考古学者は混乱したのである。

メルネイトの物語は死との関わりが深い。死者たちは、生前仕えていた主人の上下関係も教えてくれる。サッカラにあるメルネイトのもうひとつの墓所は、[25] 人身御供の墓が数十しかない。ただしここでは太陽船［王墓の副葬品］が埋葬されている。死者はこれに乗って天の川を北に進み、王たちの不滅の星々をめざす。もしくは東から西へと太陽がめぐる軌道に乗る。いずれにせよ、摂政王妃としては過分な名誉である。ネクロポリスでほかの男性統治者と同等の扱いにしたのは、まちがいなく息子のデン王の指示だろう。アビドスの墓で埋葬された人身御供は120人で、それ以前にくらべるとかなり少ない。[26] いったいなぜ？　それはメルネイトが女性だったからというより、王座が安泰だったので、多くの血を流す必要がなかったのだ。すでにデン王の治世になって久しく、メルネイトが死んでも継承をめぐる争いは起こらないから、王座を脅かす若い男性を排除するにはおよばない。王位交代が不安定であれば、それだけ多くの人身御供を必要とする。だからメルネイトの父と夫、そしてのちに息子が死んだときは、いずれもメルネイトより人身御供の数が上回っていた。

　メルネイトには道連れにするハーレムもなければ、側室もいなかった。生かしておくと王座をねらいかねない男児もいなかった。したがってメルネイトのために人身御供となったのは、社会階層からもはじかれた身分の低い使用人たちだったかもしれない。当然のことながら人選は行わないし、政治的な意思表示も必要ない。その結果、人身御供の数は少なくなり、とくに社会に貢献できる若くて有能な者が死なずにすんだ。女性が国を統治すれば、王家が危機に陥っても血統は守られるし、残酷な人身御供が民に与える衝撃も小さいのだ。

　息子の代理で国を支配した女性は、メルネイトが最初というわけではなさそうだ。メルネイトが生まれる数世代前の第1王朝の最初のころ、ナガダという王家直轄の町にネイトヘテプという王妃がいて、偉大な王の死後に摂政を務めたようである。偉大な王はナルメル王かアハ王だったようだが、定かではない。ネイトヘテプは王の息子が自分で権力を行使できるようになるまで、摂政として活動した[27]。ネイトヘテプの名は王宮正面に彫られているが、そこはふつうなら王の名が入るところだ[28]。この名誉に浴している王妃は、ほかにはメルネイトだけである。ネイトヘテプの墓はナガダで発掘されているが、発見当初はやはり王墓と思われていた。

メルネイトは、自分の道を明るく照らす偉大な王妃の存在を知っていたはずだ。奇《く》しくも2人はエジプト最古にして猛烈な女神、ネイトの名前をいただいている。ネイト神は北部［下エジプト］の赤い冠の象徴であり、女性が持つ邪悪な力を表している。王位と王家の血統を守護する狂暴な女神で、血に飢えると酒で渇きを癒やす。王家の血筋を絶やさないために行動したメルネイトとネイトヘテプは、どちらもうってつけの名前だった。

ネイトヘテプがエジプト最初の王朝の女家長だったとしたら、メルネイトは息子のデンを王朝の頂点に押しあげた女性だった。デン王こそがメルネイト最大の遺産だ。優美にして有能な王に成長したデンは、「上下エジプトの王」という称号を初めて採用し、その後すべての王がこれにならった。デン王の墓には、レバント［地中海の東部沿岸地域］遠征と思われる場面で西アジアの敵を打ちまかす様子が描かれており、「最初の東方攻撃」と題がついている[29]。後代の王たちもデン王に続けとばかりに東方遠征を敢行しているが、そのひとりトトメス3世は、やはり幼少期は女性が摂政を務めていた。

デン王は遊牧民を支配下に置くために、エジプト王として初めてシナイ半島に遠征し、そこに多くの石碑を残した。[30] その治世はメルネイトの摂政時代を含めて実に42年間におよぶ。そのあいだに、エジプト国外にかつてないほど勢力範囲を広げた。パレルモ・ストーンにはデン王時代の重要なできごとが年代順に細かく記されており、たとえば18年は「ウェレト＝ウァジェトの像を建立」し、19年は「セチェト族［アジア人］を襲撃」した年だったとわかる。[31] 他部族の攻撃や、神像や聖地の建設はほかにも数多く行われており、デン王は武将であると同時に敬虔《けいけん》な大司祭として、繁栄するエジプトを治めていた。

優れた神王を玉座に据え、外からの攻撃にも内からの競争にも揺るがない権力基盤を整えるには、女性を重要な意思決定者にすることが欠かせない。古代エジプト人はそのことを理解していた。弱体化して不安定な国を立てなおすことができるのは女性だけなのだ。

メルネイトは後世に何を残しただろう。私たち、とくにエジプトの人びとは彼女のことを記憶しているだろうか。予想どおり、その答えは残念ながらノーだ。メルネイトは女性らしい慎重さで古代エジプトの王政を救ったが、絶対的な父権制のなかで彼女の存在は歴史からすぐに消えた。その名前が王名表に登場するのは息子デン王の墓所だけで、数代下った第1王朝最後のカア王の墓になると、もうメルネイトの名は見つからない。[32] 王名が一覧できる後世の石碑やパピルス［ナイル河畔に茂る草からつくられた筆記用紙］――王位の継承がとぎれることなく記録されている――にも、メルネイトの名は見当たらない。数千年後のラメセス朝の王たちが初期王朝とのつながりを示す目的で権力の系譜を記録に残したときも、第1王朝の父系がとぎれるのを阻止し、2000年後の王権に道を開いたメルネイトの名前は省かれた。意思決定者の立場にのぼった王族女性の例に漏れず、メルネイトも都合よく使われたのだ。王の娘であり、妻であり、母である立場では慎重に行動せざるをえなかった。王国と民を率いることを強いられ、役目が終わったら歴史から削除された。それでも彼女が統治を行っていた事実は変わりない。

家族や親族の血と引きかえに立場が正式に承認され、その状況が定着してからは、王妃は目に見える権力者となった。もう非公式の立場に甘んじたりしない。メルネイト以降の王妃は、堂々と王の称号を名のることになる。

第2章　セベクネフェルウ

第12王朝最後の君主

　メルネイトは先駆者だったが、その後も権力のマントを自らまとう女性たちが登場する。第4、5王朝では王の母として玉座の背後から影響力を発揮した女性、第6王朝でも幼いわが子に代わって采配を振る女性がいた。冒頭で紹介した、兄弟であり夫であった王が殺されたあと、その復讐を遂げて王位をわがものにしたニトクリスも第6王朝だ。もっとも、2000年近い時を隔てたギリシャの文献以外に証拠がないため、残念ながら歴史というより神話に近いが。[1]

　しかしエジプト第12王朝に出現した女性は、その人物と生涯のほか、権力を獲得して保持するための斬新な手段まではっきり証拠が残っている。しかも彼女は、男性をひとりもともなっていなかった。父も夫も兄弟も世を去り、消滅が避けられない王朝の最後の君主だったのである。

　この時代にはフェミニズムの概念など存在していなかったし、支配者となった女性たちも、これで父権制が変わるかもしれないとは夢にも思っていなかった。男系継承の王朝を救ってしまうと、女性の政治的な立場はこの先も弱いままだという考えもなかったにちがいない。わずか数十の裕福な一族が直系継承で支配を続け、不平等きわまりなかった古代エジプトで、そんな過激な発想が生まれるはずもない。にもかかわらず、女性が単独で統治者になることを容認し、王朝を終了させる状況がときおり生まれる。そこで期待されるのは、男性とちがうやりかただ。競争を諌《いさ》めて合意を形成し、焦土作戦を回避して国を守る方向に舵を切る。血縁のない軍人に王座を奪われようものなら、その後何世代も激しい闘争が続くことは必至だ。女性の統治者を容認することは、国の崩壊を防ぐ手段でもあった。

伴侶、愛人、共同統治者——呼びかたはどうあれ、生きた男性がそばにいない（少なくとも記録に残っていない）女性の単独統治は、わずか1年、せいぜい5年で終わっている。そもそも彼女たちは男子を産んでおらず、だからこのような立場に置かれることになった。ただ最終的に王朝を救済できた例はなく、その死をもって一族は消滅し、新しい王家に代わっている。古代エジプト文明の成熟とともに、第6王朝のニトクリス（後世の記述を信じるならば）、第12王朝のセベクネフェルウ、第19王朝のタウセレトと同じパターンが繰りかえされる。いずれも単独で統治を行い、わが子を次の玉座に据えることはなかった。

それゆえ彼女たちは謎に包まれている。実際、新しい王朝が先代の支配者一族を祝うことはほとんどない。ニトクリスの存在も完全に消されている。彼女たちが統治者になったこと自体いぶかしく思われるかもしれないが、おかげで数年の平和と安全が実現し、次のゲームのためにボードに駒を置きなおす時間ができた。それでも結末が避けられないことは、全員が承知のうえだったとしても。

古代エジプトの女性統治者というパズルには、もうひとつ別のピースがある。それは戦略と論理ではなく、熱烈な信仰心から来るものだ。アフリカ大陸北東部のこの地で女性の王が容認されたことは、ある意味当然の結果だった。なぜなら、王は身体も精神も神聖な存在だという信念が、はるか昔から深く根をおろしていたからだ。神である君主の娘は、男子の後継者と同等の社会的地位を得て、同じくらい敬意を払われるべきだ。王家の人びとには超自然の存在が宿っているのだから、最後の最後まで血筋をつなげることが、敬虔な人びとにとっては重要だったのだろう。それが男だろうと女だろうと、大した問題ではなかった。それだけ神王は崇敬されていたのである。

だが、そこにはもちろん政治的な思惑が働く。王朝終末期に女性が即位すれば、そのあいだにエリート層は政治力、経済力をたくわえて、自分たちが玉座にのしあがる足場を築くことができる。第12、18、19王朝では、王の娘や妻が継承危機を回避し、支配階級の不安をやわらげ、国が機能停止に陥らないために自ら火中に入っていった。おそらくもう若くはなく、配偶者もいなければ、実子もいない彼女たちを、人びとは統治者として受けいれた。ただしあくまでその場しのぎであり、いずれ起こる（軍事的もしくは政治的な）王座争いまでの時間稼ぎである。

それにしても意外なのは、王族に少しでも縁があり、子どもをもうけることができる男性ではなく、子どもを産めない年齢の女性を王に選ぶ場合が多かったことだ。[2] 万事に用心深く慎重な古代エジプト人は直系を重視して、たとえ本人は家系をつなぐことができなくても、王の娘を統治者に選んだ。子孫を残せない個人をあえて世襲君主に選んだ古代国家は、エジプトぐらいのものだ。実に奇妙な判断である。
　そもそも古代エジプトの王朝が、男子の世継ぎがいないがために存続の危機に直面するのもおかしな話だ。ひとりの男性の血を引く子をたくさんつくるために、女性たちを集めたハーレムを、ときにはいくつも設けているのに。第1王朝のハーレムには数十人の女性がいたという。第6〜12王朝になると数百人、さらに時代が下ると1000人規模に達し、性的な刺激や奉仕を行いながら、神王のための生殖活動に励んでいた。[3]
　ハーレムがどこにあり、どんな様子の場所だったのかほとんどわかっていない。確認されているのはわずか数カ所だ。[4] 利便性を考慮して王宮に隣接しており、日干しれんがを積んだ建物の壁は白く塗られ、多彩色で華やかな装飾がほどこされていた。日あたりの良い中庭にはナツメヤシやイチジクの木が木陰をつくり、鳥や猿が飼われて、池には魚が泳いでいたことだろう。ハーレムには養育所があって、王の子どもたちの養育と教育にあたっていたであろう。ハーレムには男性の役人が管理する農地もあり、古代世界の通貨である穀物や亜麻などを栽培して歳入を確保していた。ハーレムの女性たちは工房での作業にも従事して、なかには最高品質の亜麻布を織りあげる者もいた。ほかにもさまざまな仕事があり、王とセックスして子どもを産むことは、そのひとつにすぎなかった。古代エジプトのハーレムは経済的自立が求められていたようだ。[5]
　ハーレム自体の目的は、「黄金のホルス」、「二国の玉座の主」、「スゲとミツバチの者（上下エジプト王）」、「エジプトの雄牛」と称されるひとりの男性の子孫を残すことだ。したがって足しげくハーレムに通い、できるだけたくさんの女性をはらませて、国の将来を確かなものにすることが王の重要な責務だった。それは政治的な戦略ではなく、神聖な務めだったのである。エジプトが繁栄を続けるためには、ナイル川が氾濫し、畑に小麦や大麦をまくのと同じくらい、王に男子が生まれることが重要だった。とはいえ豪勢な王宮があり、富があふれ、子どもを産める女性がいくらでもいたのだから、世継ぎの心配など無用だったはずだ。

けれども、現実にはさまざまな事情があった。たとえば女性に興味がなく、むしろ男性と寝床をともにしたい王がいたことは想像に難くない。その場合（当然記録には残っていない）、王自身も子どもをもうける努力をしたはずだ。何しろ一族の未来がかかっている。それに父権制社会の制約をやりすごしたホモセクシャルの王は、ご先祖にもいたはずだ。いっぽう王が性的に不能だった場合、それはたぶん秘密ではなかった。ハーレムの女性たちはあの手この手で王を誘惑し、高ぶらせて、子どもを身ごもろうとがんばったにちがいない――王の母親など、宮中の人間が有益な助言を与えることもあっただろう。

性的志向と身体機能に問題がないとしても、種自体がだめなこともある。王には若く健康な男性が選ばれることがほとんどで、噂《うわさ》好きの宮廷では王の外見や欠点、性的傾向、異常な性癖、過去に子どもをもうけたかどうかが取り沙汰される。ところが、まだ性的成熟に達しておらず、子どもをつくれない年齢で即位する王もいる。それでも神聖な存在であることに変わりはないが、成長してハーレムを訪れるようになり、その成果を家臣が直接確かめるまで性的能力は完全に未知数だ。宮廷ではそこかしこで憶測がささやかれ、効果があるという魔術や医術（古代世界では医者と魔術師のちがいはほとんどなかった）、あるいは政治的な解決策が検討される。男子後継者の不在は、国家の安全保障を揺るがすからだ。

古代エジプトのハーレムは、王家の血統に別の問題ももたらした――近親婚である。父と娘、兄弟と姉妹のあいだに生まれた子どもは生存率が低く、人目を引く魅力に欠け、病気が多いことが知られている。世界のどの文化や民族でも、宗教、道徳、経済の側面から近親婚を禁じている。生物学では動物の近親交配も自然に反することが確認されている。[6]

しかし、地中海から近東、アフリカにおよぶ強大な王国の君主になってみれば、近親婚への見かたが変わるはずだ。古代エジプトの王たちは、オシリスとイシスという、兄妹でありながら夫婦でもある神聖な関係を模倣していると思われる。この兄弟婚で誕生したのがハヤブサの神であり、地上の全能の王を象徴するホルスだ。伝説によると、イシスとオシリスが性的関係を結んだのは、世界がまだ新しく、地上には大地の神ゲブと天空の女神ヌトの4人の子どもしかいなかったからだという。それがセト、ネフティス、イシス、オシリスである。古代エジプトの王家は、この神話があったから近親婚を実践したのだろうか。とんでもない。神話は社会的な必要があって形成されるものであり、それに先立つ人間の行動がかならずある。

人間の領域では、近親婚には政治と経済の点で強力な理由があった。結束した血縁集団のなかだけで富と権力を維持できるのだ。生まれた子どもが女子ならば、近隣の有力な一族から婿の候補を探し、持参金――土地、調度品、衣装も――を持たせて嫁がせることになる。そうなると婿をわが一族に迎えいれ、娘と孫を介して財産を分配し、意思決定の権利も与えなくてはならない。生物学的な弊害はまぬがれても、経済的、社会的な損失があり、政治的な主導権も失われるのだ。

そこで古代エジプトの王家は別の路線を選択した。やんごとなき生まれの王女は、身分の高い外部の男性を婿にするのではなく、王に即位した兄弟と結婚して、富と影響力を一族内に確保する。これならば面倒な義理の息子を説きふせたり、おだてたりする必要がない。王の娘が産んだ子は、王の息子の子でもあるので、子育ても管理しやすい。こうして古代エジプトの王女は、外に嫁いで自分だけの家族をつくることなく、王宮に生涯とどまることも多かった。

自己保身と権力温存のためのこの慣習から、王家の娘たちに特別な地位が用意されることになった。王になった兄弟(母親が異なる場合もある)と結婚すると、王妃の最高位である「王の偉大なる妻」という称号を与えられたのだ。王族の娘は、父や兄弟の権力の延長として高位の神官も務め、神殿で行われる複雑な儀式では王につきそい、王の仰せのままに役目を果たしていた。王の娘、姉妹、そして母は宮廷でも存在感を発揮しており、神殿の石灰岩や砂岩にその名前やレリーフがたくさん彫られている。女性だから王の脅威にはなりえない。男系王制を支え、自分が属する王家を守るために行動する彼女たちは、王権の基盤でもあった。

近親婚で生まれた子どもが王になった例が実際にどれぐらいあったかというと、よくあることだった。近親婚の子を即位させることは、王族の価値を強固にするだけでなく、貴族や廷臣のあいだの関係に不均衡を生じさせないためにも賢い戦略だった。王家外の娘が世継ぎを産んだとなると、出身家の地位と富は一気に上昇し、きめこまかく維持してきた制度が揺らいでしまう。

だが近親婚の子を王に選ぶと、健康状態と不妊という別の問題が出てくる。古代エジプト人はそのこともわかっていて、実際に王家が難しい選択を迫られる状況が生じた。向こう10年から20年は王殺しや謀反を遠ざけ、貴族たちの地位と富が安泰でいられる者を選ぶか。あるいはもっと先を見すえ、生物学的な健全さを優先させて、地方の有力家の娘に世継ぎを産ませるか——娘の父親（次王の祖父になる）が宮廷での重職と、大幅な収入増を要求する事態を織りこんだうえだ。娘の兄弟（新王の伯父や叔父になる）も、宮廷で大きな顔をするようになり、富と影響力をほしがるかもしれない——いとこや遠縁の者も、この婚姻でうまい汁を吸おうと群がるはずだ。

人間の本質が4000年ぐらいでは変わらないとすれば、権力を手にした者はそれを持ちつづけようとするはずで、古代エジプト人もとりあえず権力を確保できる方法を選ぶ。それが近親婚だ。毎回ではないが、不都合がなければ近親婚を選ぶ。人口学の研究によると、当時の平均寿命は25～30歳で、50歳は長寿の部類に入るから、[7] 支障はなかったのかもしれない。平均寿命が80～90歳の今日では、近親婚の制度化は自己破壊と見えるだろうが、それは人生があまりに短く、政治的な行動に用心深かった古代エジプト人でないから言えることだ。

もっとも、長期的な思考が得意でないのは、古代人も現代人も同じだろう。人間が引きおこした気候変動によって海岸線が消失し、都市部の気温が上昇して洪水が頻発し、日照りによる水不足で社会の緊張が高まり、戦乱による大量の難民発生で環境資源がますます枯渇しているにもかかわらず、いまの流れを変える意思決定を私たちは先延ばしにしている。将来を見すえて決断するには、共同体の総意のもと、世代を超えて行動を継続しなくてはならない。それは経済、地理、軍事、宗教といった各方面で混乱を引きおこしかねず、政治的な運営が難しい仕事だ。

それゆえ古代エジプトでは、近親婚を頼みの綱として3000年間繰りかえしてきた。だが近親婚に不妊はつきもので、10~20年おきに継承危機が浮上する。もっとも廷臣の多くは、そんなことはとっくの昔にわかっていただろう。高い教育を受けていた彼らは自国の歴史にもくわしく、過去の王朝が終わりを告げた経緯も知っていたうえに、王宮で成長していく子どもたちの健康や外見を日々その目で見ていた。とりわけ王の姉妹は心臓が弱く、口唇裂だったり、顔が奇妙な形をしていたりして、歯の嚙《か》みあわせもおかしかっただろう。頭が極端に大きく、内反足のような手足の変形があり、知的障害がある者もいたかもしれない。いっぽうハーレムで王が好むのは、非近親婚で生まれた美しく均整のとれた女性だ。元気な子どもを産める女性と、そうでない女性は廷臣にはお見通しだった。上エジプトの有力な長官や地主の娘が産んだ男子は、五体満足で野心的で、自由になる莫大な財産を持ち、軍を組織することさえできる。対して王の姉妹が産んだ男子は奇妙な風貌で存在感が薄い。母親は宮廷内のことにしか関心がなく、現状をくつがえすような不穏な家族もいない。結局どちらを王にするかとなると、虚弱な男子に票が集まったのではないか。

第6王朝は、ある意味近親婚が原因で終焉《しゅうえん》を迎えたのかもしれない。第12王朝もたぶん同様だ。第18王朝のツタンカーメンは内反足で、DNAから近親婚で生まれたことが確認されている。さらにその墓からは、死産した2体の胎児のミイラも見つかっており、生命力と強靭《きょうじん》さを外に求めるのではなく、内向きの保身策として近親婚が踏襲されたことがうかがえる。第18王朝は完全な兄弟姉妹婚から始まり、2代目のアメンヘテプ1世に子どもができなかったために、さっそく存続の危機に陥った。その後ハトシェプストが軌道修正したものの、すぐに近親婚に戻ってしまい、おそらくそれもあって王朝は幕を閉じた。[8]

古代エジプトで女性の力が最も強くなったのは、近親婚がさかんなときでもあった。王の娘や姉妹が王と結婚して、影響力の強い王妃になるからだ。近親婚を重ねれば重ねるほど、王族の女性の力は増大する——関係する者にとっては好ましくない状況だった。王族の近親婚が法的、道徳的に禁止された時代があったという主張もある。しかし紀元前4世紀のエジプトで支配を開始したマケドニア朝ギリシャでも、近親婚が主要な戦略だったし、プトレマイオス朝では、古代エジプトとは比較にならないぐらい兄弟姉妹婚が徹底され、記録に残されている。

セベクネフェルウ王妃が物語の舞台に登場するのは第12王朝末期、近親婚の影響が露骨に現れはじめたころだった。第12王朝はメンフィスの南、ナイル川の支流が豊かな緑をつくりだすファイユーム盆地に、一から都をつくった。新しい都は美しく穏やかなオアシスで、集約農業が莫大な富を生みだし、裕福な貴族たちが変わらず暮らすメンフィスにほど近く、それでいて独立した権力基盤を築ける距離があった。この都が象徴するように、第12王朝の歴代君主は隔絶し、奥に引きこもっていた。そこは雄々しいワニの姿をしたナイル川の神セベクの領域でもあり、セベクネフェルウの名はこの神にちなんでいる。新都はファイユーム・オアシスの入口にあり、イチタウイと名づけられた。〈二国を掌握する者〉という意味である。都を築いたのは第12王朝初代のアメンエムハト1世で、セベクネフェルウにとっては祖先にあたる。そのころは一族の血もまだ新鮮だった。

アメンエムハト1世はテーベの第11王朝に仕える高官だったようだが、完璧であるはずの王権に泥を塗るような事実は封印されるのが常であるため、どうやって権力を掌握していったかはわからない。それがどんな手段だったにせよ、アメンエムハトは玉座をわがものにして、ファイユーム・オアシスに都を移した。しかしその治世は長くは続かず、名前は残っていないが信頼する廷臣に新しい王宮で殺害された。家臣が引きおこした予想外の事態に、体制は大混乱に陥る。誰もが疑心暗鬼になって、怪しいとされる者の名前が飛び交い、なかには姿をくらます者もいた。王の暗殺後に何が起きたのか。記録では、王の一族が尋問を開始し、貴族たちは逃走し、男たちとその家族が追放されたというあいまいな表現にとどまっている。どちらの側につくべきか、誰もが決断を迫られた。

こうして第12王朝は、脅威にさらされた無防備な状態で幕を開けた。それから約200年後、セベクネフェルウ女王が王朝の終焉に立ちあうころ、王族はたがいに依存しながら保身を図っていた。第1王朝のメルネイトの墓がアビドスとサッカラに建立されてからすでに1000年が過ぎ、人身御供は遠い昔の慣行としてほとんど忘れられていた。セベクネフェルウがメルネイトの存在をどこまで意識していたかわからないが、ほんの数キロ北に行けば、第4、5、6王朝で力を発揮した王妃たちの墓に詣でて、霊感を得ることができた。セベクネフェルウにはそれが必要だった。

危機は迫っていた。ほかの王朝が少しずつ勢いを失い、退廃して、崩壊していったのに対し、第12王朝は突如として機能不全に陥った。それまでひときわ強固だった王権が前ぶれもなく真空状態になり、セベクネフェルウを擁立せざるをえなくなった。セベクネフェルウ自身を含め、政治的な駆け引きに関わってきた支配階級の人間には衝撃的な展開だったはずだ。権威主義的な支配が高みに達したあとの、とつぜんの転落だった。

セベクネフェルウの祖父であるセンウセレト3世は、地方の有力地主たちと対決し、勝利をおさめた。さらに北はレバント、南はスーダンまで国境を押しひろげ、かつてない範囲まで版図を拡大している。またナイル川を強力なよりどころとして、王家の財源をかつてないほど潤沢なものにした。センウセレト3世が行った対外遠征は、その激しさで伝説となった。知識人たちは王が忌まわしい敵を打ちやぶり、手脚がもげた血まみれの肉塊しか残さなかったさまを、美しく独創的に表現する詩作に励んだ。

センウセレト3世の息子でセベクネフェルウの父であるアメンエムハト3世は、紀元前1860年に王位を引き継いだが、そのころのエジプトは安全かつ盤石で、桁はずれに豊かで、黄金と貴石に埋もれているといっても過言ではなかった。王は貴族たちを力で抑えこみ、王家の穀物庫を満たす。収入源探しもかつてないほど熱心で、シナイ半島ではトルコ石や銅やアメシスト、東部砂漠やヌビアでは金の採掘が行われた。むろん穀物栽培も手は抜かない。地方の土地所有者を倒し、私設の軍隊を差しおさえてからは、そこでの収穫は王宮に直接入ってきて、王の覚えのめでたい貴族や神殿に分配された。アメンエムハト3世の治世は45年も続き、不動の支配力で安定したエジプトを実現した。けれども、王がぎりぎりまで玉座に踏みとどまり、記録になく、言及もされない近親婚の子が養育所にひしめきあっていると、王位継承が怪しくなってくるのは当然のなりゆきだ。

セベクネフェルウが生まれたとき、父王の治世はすでに終盤だったと思われる。姉のネフェルプタハ〈プタハ神の美しさ〉を意味する）は実父と結婚し、王の妻の地位に昇格した。王の娘は父と結婚するために待機させられることを、セベクネフェルウは早くに学んだことだろう。アメンエムハト3世のように王が長寿に恵まれると、充分な年齢に達した娘たちは父と寝床をともにすることがある。姉と同じく自分もいずれ父と結婚し、「王の妻」という称号を与えられる――セベクネフェルウはそう思っていたのではないか。

セベクネフェルウはすべてがありあまる世界に誕生した。王宮のハーレムで生まれ、養育された王の娘だ。母親はアメンエムハト3世に性的に奉仕する何百人という女性のひとりで、もしかすると彼女も王の娘だったかもしれないが記録はない。物質的には不自由なく、贅沢三昧でありながら、目的がなく、有意義な活動もできない女性たちが何事かたくらむやりかたを、その目で見てきた。ハーレムの絶望的なまでの退屈さもわかっていたはずだ。隣の女よりも巧みに王を誘惑し、世継ぎを産んで王の母になるための政治的な術数も目の当たりにしたことだろう。そうすれば、国を支配するとまではいかずとも、ハーレム全体を仕切れるプラチナチケットが手に入る。

ハーレムには、王をふるいたたせて種を引きだすために、エジプト全土から若い娘が集められていた。子どもを身ごもっても、出産に至らないこともある。分娩《ぶんべん》中に息を引きとる女の断末魔、子どもを産みおとそうといきむ女のうめき声が、セベクネフェルウの耳にこびりつく。死産だった息子を腕に抱く女の慟哭《どうこく》は、王宮全体をやりきれない空気で満たしたことだろう。セベクネフェルウ自身も少女のころは、言葉づかいをまちがったり、禁じられた場所に行ったりして、厳しく叱られたにちがいない。王族の男子と女子では、授乳やしつけ、衣服の布地の質、教育などすべてが雲泥の差であることも実感しただろう。ハーレムでは女子の誕生は失望で迎えられ、すぐに次の妊娠をめざす。いっぽう男子が生まれると大喜びで、赤ん坊を元気に成長させることに母親は全力を注ぐ。セベクネフェルウの叔母たちもハーレムで父王に奉仕していたことだろう。その結果生まれた子どもは、たとえ奇形で成長が遅くても、王家の血を引いているというだけで優遇されるのだ。

セベクネフェルウがどうやって権力を積みあげ、強化していったのか。その経緯はわからないことだらけだが、ハーレムが出発点だった可能性は充分にある。ハーレムは王家の正しき血統を切れ目なくつなぐための場所だが、同時にセベクネフェルウのような王の娘たちが一目置かれる場でもあった。ハーレムの女性たちが、神殿の浮き彫りやパピルスの文書に登場することはない。王の世継ぎとなる男子を産めば公式に言及されるが、その可能性はきわめて低い。王の妻が重要な神殿で神官となれば、観念的な部分で存在感を出せただろうが、それは王族の高位の女性にしか許されることではなかったと思われる。
王の求めに応じて身体を提供できるよう、女性たちを管理するのがハーレムというところだ。したがって王の子どもを産めば高い地位を獲得し、権力を手にすることができる。そんな女性たちがハーレムの規則を定め、地方出身の美しい娘が王に睦言《むつごと》を吹きこんで陰に陽に動かす事態を防いだのかもしれない。ハーレムでは、そうやって特定の娘と親しい高官の収入を横流ししたり、神官や魔術師に頼んで魔法や呪いをかけたり、さらには記録にはほとんど残っていないが、毒殺などのひそやかな手段で競争相手を殺害したりすることもあっただろう。

ハーレムという場所がつくられたのは、王の母、姉妹、娘に圧倒的に有利な立場を与えるためだったとさえ思える。地方からハーレムに加わったばかりの娘が、なぜか有力な王女を敵にまわしてしまった。そのことを知った故郷の父母の恐怖はいかばかりか。王族の女性の怒りを買えば、本人のみならず家族も根絶やしにされ、果てはその地方まで消滅の憂き目にあうかもしれないのだ。ハーレムはつねに秘密のベールにおおわれ、下世話な好奇の視線から守られているので、そうした事例が正式な歴史書に記されることはほとんどない。ハーレムの人間が陰謀や殺人の罪で裁きを受けた証拠から、背後にあった事件がかいま見えるだけだ——少なくとも第6、20王朝にはその記録がある。

古代エジプトのハーレムで不思議なのは、宦官《かんがん》がいないことだ。高い壁に囲まれたハーレムでは親密な営みが行われ、秘密主義で、つねに空気が張りつめている。王の脅威にならないよう、性的能力を奪われた男性たちが管理しないのは驚きだ[9]。古代中国、オスマン帝国など、歴史のなかで存在したほかのハーレムでは、去勢した男性が運営と監視にあたっていた。ところが古代エジプトには、人間を去勢した証拠自体が残っていない。エジプトほど権威主義が強力かつ階級制が徹底していた国で、体制維持のために宦官を採用した証拠がないとはいったいどういうことだろう？　考えられるのは、地理的、文化的に閉じた社会だったということだ。無数の制度で貴族間の競争が最小限に抑えられていたため、たぶんハーレムの男たちをわざわざ去勢する必要がなかったのである。

セベクネフェルウは特権に恵まれながらも孤独で、陰謀が渦巻く世界でひたすら待つ日々を送っていた。〈セベク神の美しさ〉という意味を持つ名前の由来は、ナイル川に氾濫を起こす猛々《たけだけ》しい女神で、攻撃的、激情的な性欲と生殖能力の持ち主だ。人生の目的、すなわち老いた父親と結婚するか、父親が世を去れば後継者である兄弟と結婚して、王家の直系として最も位の高い「王の偉大なる妻」になる日を何年も待ちつづけた。だが結局父の妻にはならず、その理由は隠されたままだ。兄弟もとっくに成人して、それぞれの家族を持っていた。というより45年におよぶ父の治世が終わりを迎えたときには、兄弟の多くはすでに世を去っていたのだ。長生きしすぎて、後継者がみんな先に死ぬという奇妙な状況が生まれた（王の息子は、後継者になることが確定して初めて存在が公のものになる。そのため父より早く死んだ息子が何人なのかわからず、研究者をいらだたせる）。

王の息子に関する記録が欠けているせいで、次王、つまりアメンエムハト4世の正体をめぐってはエジプト学者のあいだで激しい議論になっている。彼がアメンエムハト3世を父と呼んだ記録は残っているものの、母親であるヘテプティに「王の偉大なる妻」の称号がついたことは一度もない。そのためヘテプティはハーレムの一員ではなく、アメンエムハト4世も王の息子を自称していたが、実は王家の人間ではなかったと考える研究者もいる。セベクネフェルウと結婚したのは、第12王朝の家系につながるために彼女を利用したというのだ[10]。

反対にアメンエムハト4世がほんとうに王の息子だったと仮定すると、即位に際して実の姉妹もしくは異母姉妹であるセベクネフェルウと結婚したことになる。セベクネフェルウの地位は一気に上がり、権限も拡大した。古代エジプトでは、王族女性の称号は、「王の娘」、「王の妻」、「王の姉妹」、「王の母」といったぐあいに、かならず王との関係が示される。ただし称号によって威力や実用性に差があることは、ハーレムの女性なら常識だった。絶対的な強さを誇るのは娘か母で、父権制を下から支える役割と認識されていた。妻や姉妹は王と立場が近いだけに、王の権威を損ねる危険があった。いまやセベクネフェルウは王妃のなかでも筆頭であり、王の娘という強みも兼ねそなえていた。

夫を踏み台にして権力に接近すると、不信と不和を招きやすい。これは古代エジプトにかぎらず、父権制社会ではどこでもそうだ。父である王の血を受け継ぐことこそ、王権を手にする最も純粋かつ高貴な手段だった。娘であれば、父親には目上の者として敬意を払い、その意に従おうとするだろう。だが姉妹や妻にはそこまでの忠誠は期待できない。

それを物語る現代の実例がある。クリントン大統領のファーストレディだったときのヒラリー・クリントンは、ホワイトハウスに自分の執務室を持ち、選挙で選ばれた立場でもないにもかかわらず、米国の医療制度改革を主導した。その結果、「出すぎたまねをする」妻と見なされ、自分を何様だと思っているのか、玉座の陰で糸を引いて何がしたいのかと激しい批判を浴びた。トランプ大統領の娘イバンカ・トランプも、秘密情報への接触を暫定的に認められ、重要な政策会合に出席したにもかかわらず、こちらはヒラリーほどの批判を受けなかった。なぜなら、あくまで補助的な役まわりで父親を支えていたからだ。ファーストレディのメラニア・トランプも、権力を行使できる正当な立場ではなかった。それをよく理解していた彼女は、ファッションやホワイトハウスの内装、インターネット上のいじめ反対キャンペーンなどに力を入れ、政治からは距離を置いた。

権威主義体制は、重職に家族を配置することが成功の鍵だ。ただし家族は統治者と対立するのではなく、あくまで支える側でなくてはならない。ハワード・スターンのラジオ番組に出演したトランプが、イバンカの性的魅力を大っぴらに語り、娘でなければつきあっていたと話しても、世間の反発はほとんどなかった。自己愛の入った父権制の型にぴったりはまっていたからだ。権威主義のそんな力学をセベクネフェルウも理解していて、王妃として権力の座をうかがうような動きは見せていない。時期尚早と知っていたのだろう。

アメンエムハト4世が即位して姉妹のセベクネフェルウと結婚したとき、貴族たちはさぞ胸をなでおろしたことだろう。これで少なくとも数十年は現状が維持できて、次の世継ぎも出てくるだろう。姉妹

（異母かもしれないが）のセベクネフェルウとの結婚は、心強いことこのうえない。エジプトは強さと繁栄を誇り、地方の有力者にも反乱の気配はない。北はシリア、南はスーダンまで版図が広がり、海外から潤沢な富が流れこんでいる。問題がどこにあるというのか？

問題はあらゆるところにあった。即位から9年後、アメンエムハト4世が世継ぎを残さないまま死ぬ。王子の存在はひとりも記録されていない。セベクネフェルウとアメンエムハト4世が実のきょうだいだったとしよう。王朝も代を重ね、近親婚が繰りかえされてきたから、2人とも不妊だったとしてもおかしくない。では王宮のハーレムにいる身分の卑しい妻たちは何をしていたのか。なかには王の子どもを産んだ者もいただろうが、ハーレムに生まれた男子については記録がない。王族の血統を守り、外部の脅威を遠ざけて、富と権力を集中させるための近親婚が、種のない王をつくりだし、王族を消滅の危機に追いやったのではないか。

新王の治世は短期で終わってしまった。これまで同様、貴族たちの力関係を崩さず、富も減らさず、歳入も維持するにはどうすればいいか。だが最高位の王族は女性しか残っていない。第12王朝は最大の継承危機に直面していた。セベクネフェルウには息子がいないので摂政になれない。そこで偉大なアメンエムハト3世の娘であることを根拠に、自身が王として即位した。こうして人類の歴史で初めて、王族の女性が国の最高位に就くことになった――ほかに男性がいないという理由で。子どもを産めず、ハーレムで世継ぎをつくることもできない女性が統治者に選ばれることは、異例中の異例だ。古代エジプトでは、世襲王朝の継続は、父から息子への神聖な継承を繰りかえすだけの話ではなかった。貴族間の勢力を均衡させ、交易や鉱業、農業を柱とする経済を運営し、神々と人間の契約を維持して、神聖な王権それ自体も守らなくてはならない。ひとりの女性が自らの野心だけで権力の座に就くことは不可能で、そこには集団の総意があった。セベクネフェルウの即位は、必要に迫られた周囲の同意で実現したのである。

揺るぎない王権が中央に集中し、外からの影響を寄せつけない状況は、勢いのある有力な貴族たちにとっても願ったりかなったりだっただろう。力の均衡が保たれていれば、たがいに衝突したり、私兵を組織してほかの貴族の領地を侵略したりする必要もないからだ。強力な王権で保たれるエジプトの繁栄こそが、すべての裕福な地主の望むところだった（政治的な発言力を持たない何百万という農民はいうまでもない）。権威主義的な父権制社会のくさびとなるのはやはり王の存在であり、それは万難を排して守るべきものだった。王朝が崩壊したらすべては終了する。王家が独占していた事業は停止するだろう。東部砂漠にある金鉱も、花崗岩や珪岩《けいがん》、トルコ石、紅玉髄、ナトロンの鉱床も閉鎖だ。レバントやシリア、地中海北部との交易は停止し、金と琥珀金が採れるヌビアの開発も頓挫する。王政のおかげで財をたくわえてきた以上、王朝が平和に続くことが貴族たちの望みだった。近親婚のせいで王家が危うくなったいま、愛するナイル渓谷が大混乱に陥るぐらいなら、女性による統治を認めることもやぶさかではなかった。

アメンエムハト3世は55歳ないしは60歳で死去している。年齢はもっと上だったかもしれない。娘のセベクネフェルウは妊娠適齢期を過ぎてから兄弟と結婚したと思われる。そしてアメンエムハト4世は在位わずか9年で世を去った。したがってセベクネフェルウが即位したのは30代ぐらいだったと推測される。血統を継続するのに生物学的には適していないにしても、分別のある落ちついた女性だったにちがいない。夫とのあいだに世継ぎをもうけることはできなかったが、それはハーレムの女性たちも同じだった。セベクネフェルウが王になるにあたって、貴族たちを脅かしたり、衝突や摩擦が起きたりした気配はない。古代エジプトの記録に初めて登場した女性の王は、教養と分別があり、経験と世知が豊かな人物だった。ただし玉座に長くとどまっても得るものはなく、心血を注いで育てあげる息子はおらず、権力のよりどころとなる夫もない。全員が次の一手を考えつくまでのあいだ、エジプトの安定を維持する手段がセベクネフェルウだった。

この時代に生きるのだけはごめんだ――人類の歴史にはそんな場面がいくつかある。紀元前13世紀の青銅器時代の終焉。紀元前663年のアッシリアによるテーベ占領。5世紀のローマ帝国滅亡。14世紀の黒死病流行。当時の記録を読むにつけ、自分がその渦中にいたらどうするか考えをめぐらせる。セベクネフェルウも人生の新たな局面を迎えるとき、ためらいを覚えなかっただろうか。エジプト王国の将来は急速に不透明になり、先の見えない恐怖とともに、国の強さが容赦なく試される時代がもうすぐ幕を開ける。地平線にその徴候は現れていた。アメンエムハト3世の治世の終わりごろから、ナイル川の氾濫水位が低い不作の年が続き、その傾向はアメンエムハト4世の時代になっても続いた。飢饉《ききん》と旱魃《かんばつ》は、近親婚や長期治世とはくらべものにならないほど深刻な困窮と社会不穏を招く。

自分の新しい立場を本人がどうとらえていたにせよ、セベクネフェルウはエジプト王国初の女性の王になった。エジプト人は彼女と運命をともにするしかない。かつてないこの状況に裏づけを与えるために、セベクネフェルウは神殿で数々の儀式をこなし熟考を重ね、式典を開いて、神聖なる王の地位を正式なものにしていった（その権利を生まれたときから持っていたことは誰もが認めるところだ）。もはやセベクネフェルウは「王妃」と呼ばれる存在ではない。この称号は君主に従属する女性にのみ使われる。アメンエムハト4世が死去し、男子の後継者がいない以上、セベクネフェルウが王朝を守るしかなかった。王に使われる称号も、「スゲとミツバチの女」、「二国の女主人」、「太陽神ラーの娘」といったぐあいに、女性化された表現で碑文に刻まれている。セベクネフェルウはまぎれもなく王であり、それ以外の何物でもなかった。

王という新しい役目に就いて、セベクネフェルウは忙しくなった。まずエジプト全土の神殿にレリーフを飾らせる。テル・エル＝ダバア遺跡では第12王朝時代の神殿部分に3体の彫像が見つかっている。[11] ただし顔はすべて削られている。そのひとつをルーブル美術館で見ることができる。頭部は失われているものの、ネメスと呼ばれる頭巾の布が両肩に垂れているのがわかる。時代はずいぶんあとになるが、ツタンカーメンの黄金のマスクに見られる頭巾と同じ縞《しま》模様だ。この頭巾は王のしるしだが、ルーブルの彫像は肩紐《かたひも》のついた衣服を身につけているため、女性だとわかる。即位後につくらせた彫像も女性らしい姿のまま、だが伝統的な王の要素も取りいれたのだろう。まとっているのは王妃の衣装で、その上からキルトを巻いているが、結び目はへそと乳房のあいだで男性よりずっと高い。首からさげているのは第12王朝の強さを象徴する心臓形の護符で、祖父と父も同じものを着けていたから、偉大なる過去の王たちの直系であることを示している。セベクネフェルウは民にも神々にも自らの性を偽らなかった。誰が見ても女性とわかる姿のまま、新しい役割を象徴する男らしい要素を上に重ねたのである。[12]

権威を誇示するために、男の王と同じ格好をして、男のようにふるまう必要があるのだろうか。そう疑問に感じる人もいるだろう。現代女性のファッションの選択の幅は広いが、権力のある立場をめざすとなるとさまざまな制約が加わって、選択肢が極端に少なくなる。野心的な女性が着るパワースーツにしても、下にはくのはパンツかスカートか迷うところだ。男性のようにタイを締めるかというと、ふつうはそこまでやらない。胸の谷間を出すのはためらわれるが、それも年齢しだいだろう。仕上げは足元だが、ハイヒールをはけば身長が上乗せされて周囲の男性たちと差が縮まる。でもヒールが高すぎると、その界隈《かいわい》の女に見られる。そして権力を手にした女性は、服装以外も男性的にする必要がある。たとえば話すときの声も、低くしなくてはならない。ヒラリー・クリントンが初めて大統領選に挑戦した2008年と、二度目に出馬した2016年の動画を比較すると、女性らしい話しかたをやめたことがよくわかる。もっとも、女性が自分をねじまげなくてはならない状況は現代に始まったことではない。セベクネフェルウの彫像がそれを教えてくれる。

セベクネフェルウは服装だけでなく顔つきも男に近づけたようだ。ベルリン・エジプト博物館が所蔵していた彫像の一部（第二次世界大戦中の連合軍の爆撃で破壊された）はセベクネフェルウのものとされるが、そうだとすれば顔つきは威厳にあふれ、見ることさえ恐れ多い。祖父センウセレト3世、父アメンエムハト3世のいかめしい彫像を模倣して、頬骨は高く、顔には憂慮の影が差し、深くくぼんだ目は高官のどんな隠しごとも見抜き、大きな耳は反逆を企てるかすかなささやきも聞きつける。額は高く張りだし、低い眉弓に強い意志が表れ、固く結んだ口は笑みの気配もない――荒々しいというより陰鬱だ。刻印も銘もない彫像だが、女王もしくは王であるセベクネフェルウとおぼしき有力な証拠がある。[13]

男女両性にまたがる状況はほかにもあった。玉座にのぼったセベクネフェルウが授かる称号は、男性後継者の不在と女性の即位という、過去に例のない（おそらく）不安な状況を反映するものだった。古代エジプトにおいて、5つの称号［古代エジプトでは、王の称号は5つの王名で構成され、通称「五重称号」と呼ばれる］がすべてそろった女性の王はセベクネフェルウが最初で、仕事は男性らしくこなすが、人物は女性であることを伝えるために、神官たちと協力して王名を工夫したことが推察される。

まず1番目の「ホルス名」［最も古い時代から用いられている王の称号。ハヤブサで表される］は、そもそもホルスがHerではなくHeretとなっており、これはハヤブサの女性形である［ホルスは古代エジプト語でHerまたはHorと表記する。接尾辞のtがつくと女性形になる］。第1王朝のメルネイトからは隔世の感がある。メルネイトは王権を主張できる立場になく、自分の名前を記した石碑と、王専用のネクロポリスに墓はあっても、墓を飾るホルス神の称号はなかった。しかしセベクネフェルウは、はるか遠くまで見わたす全能の神ホルスの名を、しかも女性形で与えられたのだ。セベクネフェルウのホルス名は「メリト・ラー〈ラー神に愛されし者〉」だ。第12王朝の女神官の称号と似ているのは、支配者に宗教的な側面を持たせるためである。この名前によって、太陽神の愛を得ており、即位前の神官就任が権力基盤のひとつだと主張することができた。

2番目の「二女神（ネブティ）名」［2人の女神で表され、上下エジプトの統一を意味する］は、〈力のある者の娘が（いまは）二国の女主人〉という意味で、セベクネフェルウの王権を父王アメンエムハト3世に直接結びつける役割を持っている。[14]女性が王になって先行きを案じる者に対し、父王の血を引いているから王になる資格があるという単純明快な主張で不安をやわらげる。歴史上最も成功した王の娘が、血統をつなぐために王座に就く。それだけの話だから安心せよと呼びかけているのだ。

3番目の「黄金のホルス名」［金を意味するヒエログリフの上にいる鷹の姿で描かれる。永遠の王権を表すといわれる］は、〈容姿が安定した者〉だ。あいまいで秘密めいているが、安定の神オシリスと結びつけ、しかも女性化している。セベクネフェルウがオシリス再生譚《たん》の女性版を演じ、強大で栄光に輝く王権を復興させると主張しているようにも思える。

4番目の「即位名」［植物のスゲとミツバチで表される。王に即位した際につけられる称号］はカルトゥーシュ［王の名前などを囲った楕円形の枠］内に「ラー・カー・セベク」と刻まれており、〈セベク神のカー（生命力）は太陽なり〉という意味だ。名前と神殿での活動によって、セベクネフェルウはワニの姿をしたセベク神と結びついており、太陽をのぼらせ、沈める力さえ持っていることを示唆している。

最後の「誕生名」［生まれたときにつけられる、即位前から持つ唯一の名前］は、当然セベクネフェルウということになる。意味は〈（ファイユームの）セベク神の美しさ〉で、第12王朝の経済的、政治的な本拠地とのつながりを表している。[15]

本来は男性が持つべき王位と五重称号を引き受けたセベクネフェルウは、それが自分個人ではなく全エジプトのものであることを広く伝えたいと考えた。私利私欲のためではなく、良き娘として父の王朝を支えるために王になったからだ。それを証明するには、古典期に迷宮とも呼ばれた先端的なハワラの神殿施設を完成させるしかない。ハワラは都イチタウイのすぐ隣に位置していたので、支配階級に対して自らの王権を認めさせることにもなる。こうして父王のピラミッドが完成し、セベクネフェルウは自らの名前もそこに刻んだ。いまも残る柱には、父の名が記されたホルスが、セベクネフェルウの名があるホルスに王笏《おうしゃく》を渡す場面が描かれており、父から娘への王権移譲をそれとなく伝えている。[16] あくまで父王を立てる控えめな姿勢は、自らの治世を正当化するための方便だった。

ハワラのピラミッド施設完成を命じたセベクネフェルウは、そこで父王を神格化するという前代未聞の決定を下す。そもそも古代エジプトの王は神聖な存在であり、死んだあとはさらに大きな神性を帯びて歴代の王の列に加わる。だがセベクネフェルウは、ハワラ神殿を神となった父を信仰する特別な場所に定めた。広大な土地を確保して、そこから得られる穀物や亜麻、家畜の収入をすべて神殿の運営費用にあてるとともに、父王の像に奉納を絶やさないよう神官に年額で報酬を支払った。すべては女性の王としての立場を神授として正当化するためだ。そしてセベクネフェルウ自身は父のハワラ神殿の大神官を務める——理想的な権力譲渡だった。

セベクネフェルウの夫だったアメンエムハト4世は、なぜ自分の治世に父王のピラミッド施設を完成させなかったのか。何らかの重大事が起きてそれどころではなかったか、父をまつることに興味を失ったか。だが王位の系譜に自分がいることを示すうえで、これほど重要な作業はなかったはずだ。答えは簡単で、父王の息子であり、男であり、誰もが認める後継者だったアメンエムハト4世には、そんなことをする必要がなかった。貴重な資材や時間を父の栄光のために費やすぐらいなら、自分の葬祭施設の建設を命じただろう。

だがセベクネフェルウは女性だ。死んだ父王とのつながりを知らしめなくてはならない。注目したいのは、セベクネフェルウが夫であり兄弟だった前王アメンエムハト4世の葬祭施設を完成させていないことだ。少なくとも完成させたという証拠はない。国を治めるうえで亡夫の存在は希薄であり、価値が低かった。[17]短命に終わった前王の姉妹で妻であることよりも、長寿をまっとうした偉大な父王の娘という看板こそが、前例のない女性統治者の立場を華々しく正当化するものだった。

ハワラ遺跡の発掘調査では、父王のピラミッド施設に残されたセベクネフェルウの名前の数が、アメンエムハト3世の名前の数にほぼ匹敵していたことが判明している。[18]父娘の結びつきを際だたせ、夫であり兄弟である者の存在を消し去ろうとするセベクネフェルウの現実的な戦略的思考がそこにはあった。父王はまだ存命だった10年前に娘との共同統治を望み、さらに自分のあとはそのまま娘が即位することを希望していた――そんな話をセベクネフェルウは喧伝《けんでん》した。この宣伝工作に説得力があったせいで、後世の歴史家たちはセベクネフェルウが最初は父アメンエムハト3世の、続いて夫であり兄弟であるアメンエムハト4世の共同統治者として国を治めたと考えていたほどだ。

女性が権力の座にふさわしいことを証明するには、人一倍働かなくてはならない。これは世の常だ。

頼りになるのは、足をひっぱるのではなく、支えてくれる男性たち――それは夫や恋人ではなく、父や家長だ。半信半疑の民には、自分は強欲でも邪悪でもなく、権力に目がくらんでいるわけでもなく、社会全体の繁栄を願っていることを示す必要がある。自らの野心は奥にひっこめ、男性の権威を借りることもあれば、重要な会議で発言を妨害されても甘受し、男性よりたくさん謝罪することもあるだろう。自分に向いていなそうな役職や昇進にはむろん手を出さない。より多くを望み、より高いところをめざす女性が祝福されることはめったにない。野心的な女性への風あたりを身にしみて知っているからこそ、攻撃的で脅威を感じさせるような言葉遣いはせず、髪を染め、ときに母性的なやさしいまなざしで、まぶしい笑みを浮かべる。頭を必要以上に高く上げることも、低く下げることもしない。現代の女性たちが政治家になりたがらないのも当然だろう。容姿、態度、年齢、体重、性的な経歴を徹底的に分析されるのに耐え、男性らしさを求める無言の圧力に慎重に対応しなくてはならないのだから。

セベクネフェルウは生涯のどこかで姉ネフェルプタハを失っている。年代も死因も不明だが、ハワラにあるアメンエムハト3世の葬祭施設のなかに彼女の小さなピラミッドがあり、「王の娘」としてそこに埋葬されている。[19] 王であるセベクネフェルウは、父のための神殿にいっしょにまつることで、姉に名誉を与えたのだろう――それはネフェルプタハが実在したことを物語るたったひとつの証拠で、古代エジプトの歴史に欠けている人間らしい情愛も伝わってくる。姉を亡くしたセベクネフェルウは、第12王朝の王家がいよいよ自分ひとりになったことを痛感したにちがいない。

だが悲しんでばかりもいられない。ファイユーム盆地全域にセベク神をまつる神殿や彫像を建立し、なかでもシェドティの町には豪華なセベク神殿をつくって王権とのつながりを強調した。[20]〈セベク神の美しさ〉という名前自体がファイユームと深いゆかりがあり、都イチタウイが置かれ、祖先のピラミッド施設もあるのだから、ある意味当然のことだった。ファイユームはエジプト王国の新しい富の集積地となった。高位の貴族は全員この地に居を構え、国内のほかの場所から採れた鉱物資源の収入も、すべてここに流れこんできた。セベクネフェルウがファイユームにセベク神の記念物をいくつも残しているのは、王としての自らの人格とセベクの創造力を重ねあわせるだけでなく、[21]おそらくエジプトの強さが復活したことを廷臣にわかりやすく伝えようとしたのだ。セベクが引きおこすナイル川の氾濫が新しい生命を生みだすように、エジプトはふたたび繁栄のときを迎えるだろう。

男勝りの精力を誇るセベク神に多くの建造物を捧げたにもかかわらず、古代エジプトで最も栄えた王朝が、ハーレムをもってしても男子の後継者を残すことができず、明らかに妊娠適齢期を過ぎた女性が王になって国を治めた。なんと皮肉な話だろう。それでも古代エジプトでは、オシリスが生きかえったように死から新しい生命が誕生する。セベクネフェルウも、再生と力を循環させるセベク神、ナイル川と太陽をつかさどるラー神の威光を借りながら、エジプトがふたたび強さを取りもどすことを身をもって示した。全エジプトの母なる王となったセベクネフェルウは、国を治めるやりかたも男性の王とはちがっていた。戦争や社会統制への支出を減らし、力ずくではなく合意を重視し、自分の立場を押しつけるのではなく、受けいれられるよう心を砕いた。治世を終えたあとにエジプトが再生すれば、それがセベクネフェルウの最大の遺産となるだろう。セベクネフェルウが死んだあと、別の一族が新たな王朝を開くことは、彼女自身も周囲の貴族たちもわかっていた。
明白な結末を待つあいだも、国を運営する仕事は続けなくてはならない。ヌビアに残る碑文からは、セベクネフェルウが南部でも存在感を示しており、金鉱や交易路がまだ機能していたことがうかがえる。いっぽうで暗雲も垂れこめていた。在位3年目、ナイル川の氾濫水位が極端に低くなったのだ[22]。水位が足りない年が長く続いてきたこともあり、もはやエジプトは衰退に転じる瀬戸際だった。このままでは不作が飢饉を招き、民が疲弊する。乏しい食料をめぐって地主間の武力衝突が起きかねない。エジプトを元の軌道に戻すのは自分の責任だとセベクネフェルウは思っていただろう。

ナイル川は古代エジプトの生命力であり、人びとが安楽な生活を送れていたのも、偉大な野性の川のおかげだった。水といえばナイル川であり、紅海でも地中海でもなかった。毎年冬になると、中央アジア南部で発生するモンスーンがエチオピア高原に大量の雨を降らせる。その水がいくつもの川を経て青ナイル川に集まり、北西に流れて、現在のスーダンのハルトゥームで白ナイル川と合流する。エジプトで氾濫が始まるのは晩春で、盛夏を迎えるころには勢いが最大になる。氾濫が続くあいだは働くことができない。わずかな蓄えを食いつなぎ、空腹と酷暑とハエに悩まされながら、ひたすら昼寝をして過ごす。合間にセックスもしただろう。水が引いて肥沃な黒い沈泥が残り、乾いてすきを入れられるようになるまでは、ひたすら待つだけだ。だがそこからはめざましい。作物は太い茎を高く伸ばし、中身の詰まった大きな粒を豊かに実らせる。

ところが、まるで魔法のようなこの営みがときおり大崩壊する。神々が民を顧みず、強大な力で混沌を引きおこすのだ。氾濫水位が低下して、作物が実らず、飢饉が発生し、病気が広がる。エチオピアとエリトリアにモンスーンの雨が降らないと、エジプトに水が届かない。反対に雨が多すぎると、ナイル川の氾濫が家々や村を押し流す。それだけではない。水がなかなか引かずに作物の栽培時期を逃がしてしまい、結果的に富と生命が壊滅的に失われる。

安泰な治世はセベクネフェルウの運命ではなかった。男子の世継ぎを得られなかったがために王座に就いただけの立場だが、それでも深刻な飢饉には対処せねばならない。満杯の穀物庫と、国が管理する貯蔵所を開いて、豊かだったころの蓄積を飢えた民に放出したことだろう。教養のあるセベクネフェルウは、強い政府の不在がもたらす苦しみの詩を子どものころに読んだことがあるはずだ。悲嘆、飢饉、水位の低いナイル川、内部抗争、疑念……詩にうたわれたことが、いま現実になろうとしていた。

そのいっぽう、国内ではもはや不可避となった王朝交代の話でもちきりで、誰もが何かしらの策を練っていたにちがいない。セベクネフェルウが一族の最後の人間であることは周知の事実だ。愛人ぐらいはいるかもしれない。可能性が低いとはいえまだ妊娠できる年齢で、世継ぎを自ら産もうとしているかもしれない。男性の王であれば、王妃が性的パートナーであることが神殿の碑文に記されているものだが、セベクネフェルウに関してそうした記述はないし、王朝を存続させてくれる息子ないしは娘がいた証拠もない。統治する側とされる側がかわしたと思われる、個人的かつ人間的で遠慮のないやりとりは、後世の私たちには見えてこない。夜ふけにセベクネフェルウの魂は何を求めてさまよったのか。賭けに出て失敗に終わった戦略もあったことだろう。国の秩序が失われていくなかで、保身に必死な廷臣や地方の土地所有者と手を組んだり、利権を取りあったりしたかもしれない。

その日が来たのは思ったより早かった。トリノ王名表によると、セベクネフェルウの治世はわずか3年10カ月と24日でとつぜん終わりとなった。古代エジプトで最も偉大な王家のひとつが消滅したことになる。

セベクネフェルウの死の詳細はいまだに謎である。アラン・ガーディナー、ニコラス・グリマルといった大御所を筆頭に、本来ふさわしくない女性が王座に就いたために殺されたと主張するエジプト学者もいる。[23]だが即位に際しても、その後の治世のあいだも抵抗があった形跡はなく、父王の神殿まで完成させていることを考えると、むしろ逆だろう。暗黒の時間に入ったエジプト王国は、女性であるセベクネフェルウを必要としていたのだ。

セベクネフェルウは自分の葬祭施設に着工する余裕もあった。場所はマズグーナと思われ、未完成のピラミッド2基が見つかっている。ダハシュールにも、父の葬祭施設があるハワラにも近い。[24]ピラミッドはハワラにあるアメンエムハトの神殿とよく似た形をしており、南側はアメンエムハト4世、北側がセベクネフェルウのものだと考える研究者もいるが、両者との関係を決定づける証拠はまだ見つかっていない。

セベクネフェルウはここに埋葬されたのだろうか。墓所があったという手がかりはないが[25]、墓の有無は重要ではないのかもしれない。興味深いのは、セベクネフェルウをまつる儀式が行われたことを示す石碑が出土していることだ。死後のセベクネフェルウが、父王同様に神として信仰されていたことを意味する[26]。さらにハラガで見つかったパピルスには、セケム・ネフェルという場所の記載がある。これは〈美の力〉というような意味で、未完成に終わったセベクネフェルウのピラミッドの名称だと考えられる[27]。乏しい証拠ではあるが、セベクネフェルウは殺されたのでも、王座を追われたのでもなく、敬意をもって埋葬されていたことが想像できる。変化と混乱が目前に迫っていたエジプトで、国への貢献が感謝され、死後の世界に丁重に送りだしてもらえるほど、人びとはセベクネフェルウに好意的だったということだ。

短い治世に終止符を打ったできごとはいったい何だったのか。見たところ大事件があったようには思えない。セベクネフェルウの死後、武力衝突が起きた記録も様子もなく、玉座は次の第13王朝に移った。古代エジプトでは、意外なことに王朝の入れかわりに戦闘があった証拠はほとんどなく、このときもそうだった。エジプト全土での農業不振が災いして第13王朝は困窮し、どの王も短命で在位はせいぜい1～2年だった。埋葬施設も石を積みあげただけの粗末なものだった。切りだした巨石を無数の労働者が整然と運び、壁という壁を美しいヒエログリフで埋めつくした時代は遠く、訓練不足で、能力にばらつきのある者が作業に従事して、石も埋葬の材料も再利用だった。

王朝が続かなかったのはセベクネフェルウの責任だろうか。それとも一族の最後の代表として、王朝の危機と終焉に立ちあい、見届けたということか。これまで多くの歴史家がそうしてきたように、古代エジプト社会が凋落《ちょうらく》した原因をひとりの女性に押しつけるのは簡単だ。女性が統治者になったのをこれ幸いと、貴族たちがセベクネフェルウの弱点につけこみ、協力の見返りを要求したにちがいない。あるいはセベクネフェルウでは手に負えない深刻な脅威や危機があったのか。いずれにしても、本質的な疑問はつねにつきまとう——女性が指導者になったから危機が起きたのか、破滅への道を進んでいるときしか女性は指導者になれないのか。

第12王朝の末に絶頂に達していなければ、支配者一族の交代はあったにせよ、中央集権的な王制は続いていたかもしれない。第13王朝は歴代の王がそろって能力が低く、領土はどんどん削られていった。飢饉のせいで国は分裂し、ナイル川のデルタも渓谷も複数の統治者が立つありさまだった。シナイ半島から流入する外国人も社会不安に拍車をかける。第13王朝は権力と富が共有され、王が頻繁に交代するという、古代エジプトの歴史でほかに例のない奇妙な時代になった。研究者の指摘は皆無だが、それでも平和が続いたのはセベクネフェルウの遺産にほかならない。彼女は本来自分に属さない権力を力で奪ったわけではない。たとえ数年でも貴族たちの承認のもとで国を治め、最も望ましい次の一歩を見極める時間と空間を確保した。自分の一族が消滅することは避けられなくとも、王権の移転を少しでも先に延ばすことができれば、たぶん悲惨なことにはならずにすむ——それを理解していたであろうセベクネフェルウは、古代エジプト人らしい慎重さと賢明さをもって行動したのだ。

男子を産むことはできなかったセベクネフェルウだが、権力の空白に対処するメカニズムとして役目を果たした――なぜなら女性の統治は男性と根本的に異なるからだ。王名表のほとんどに名前が残っているることから、人びとは彼女の尽力に感謝したのだろう。女性だから異端だとか力不足だという評価にはならず、むしろ苦難の時代に国を守った王として敬意を集めたのである。

第3章　ハトシェプスト

広報戦略の女王

ハトシェプストは規則をことごとく破った。王位に就いたのは第18王朝（前1550〜前1295）で、当時エジプトは発展期にあり、乱世でも経済不振でも内戦状態でもなかった。そんな時代にハトシェプストが王になったこと自体、規則からはずれている。異論はあるものの、古代エジプトが繁栄と拡大を続けていたときに即位した唯一の女性である。それゆえ多くの歴史研究者が、野心に燃えて手段を選ばず王座をつかんだと解釈している（メルネイトとセベクネフェルウは危機的状況を軽減するため、私心抜きで王座を引き受けた）。ハトシェプストが破った規則はもうひとつある。実子ではない男子の摂政になったのだ。さらには20年以上の長きにわたって国を統治した。古代エジプト史の女性統治者では最長の在位である。

ハトシェプストは規則こそ破ったが、王としてすべてを模範的にこなした——国境を守り、領土を広げ、貴族たちを富ませ、全土に石造りの神殿を建造し、遠方との危険な交易も敢行した。おかげでエジプトは繁栄をきわめる。ハトシェプストは神々が男性の王に期待する以上のことをやってのけた。先代から引き継いだ危機を乗りこえるばかりか、さらに良い状態にした女性の王は、後にも先にもハトシェプストだけだ。だが実のところ、女性統治者に関心が集まるのは彼女たちが失敗したからだろう。歴史学者たちが嬉々《きき》として脚色し、だから女を指導者にするのは危険だという教訓にするのである。

ハトシェプストも痛感していたはずだが、成功を手にすることは容易ではない。統治の良い悪いは抽象的なものだし、神々が望むとおり伝統にだけ従っていると、別の指導者に手柄を横取りされるだろう。事実、ハトシェプストの共同統治王［co-king：本書の原文で著者が用いる独特な用語］であった甥は、後年ハトシェプストの彫像を破壊し、記録を消して、その業績の多くを自分の父親や祖父につけかえたとされる。

ハトシェプストは古代エジプトの女王のなかで最も権勢を誇ったが、いまではその名を発音できる者もほとんどいない。後代の男性たちの独断で姿を消されたハトシェプストをよみがえらせるために、発掘作業を進めるのがエジプト学の課題だろう。

ここから登場する女性の王たちは、先人である偉大な王妃たちの肩に乗っている。セベクネフェルウの治世から100年後、第13王朝は体制を立てなおすためにファイユーム盆地のイチタウイを放棄し、テーベに戻っていた。南部のナイル渓谷はエジプト人支配をやりなおすのにうってつけの土地だったし、実際ここから新しい王家が誕生している——第17王朝だ。この王朝に出現したテティシェリは、長寿をまっとうしたのみならず、神聖な基盤を持つ王家を開いた恐るべき王妃で、夫のセナクトエンラー王よりはるかに大きな名を残した。大英博物館にある彫像を信じるならば、テティシェリは陽気そうな細身の美人で、たくさん子どもを産んだ。息子のひとりはのちに即位してセケンエンラー・タアア王になり、娘はイアフヘテプ1世として兄弟と結婚し、「王の偉大なる妻」になった。

第17王朝は弱さを自覚していたのか、家族内に力を集めておくために兄弟姉妹婚に頼った。それでうまくいった時期もある。セケンエンラー・タアアがレバント＝ヌビア連合と戦っていたあいだ、王の妻イアフヘテプは暗黙の了解でテーベ統治をまかされた。イアフヘテプは自分の軍隊を組織し、迫ってきた反逆者を追いはらい、逃亡者を罰する。圧倒的な権威でテーベ一帯を支配したイアフヘテプの政治的、軍事的手腕は長く語り継がれた。だがこのころの系譜は不確かなことが多い。セケンエンラー・タアア王はまもなく戦死するが（カイロのエジプト考古学博物館が所蔵する王のミイラには、頭部に斧《おの》で割られたような穴が開いており、それが致命傷だったことは明白だ）、兄弟姉妹婚による確実な継承者——のちに即位するイアフメス1世と、その妹で王妃のイアフメス・ネフェルトイリ［日本語表記ではこれまでネフェルタリとされる傾向があったが、最近では原音に近いネフェルトイリ（ネフェルト＝美しい女性＋イリ＝似合う、あるいは連れ合い）となっている］——には直接引き継げなかったようだ[1]。

第17王朝の一族は、第15、16王朝と続けてエジプトを支配した北方の異民族ヒクソスと、そのころヒクソスと手を組んでいた南のヌビア王国に対立する立場を明確にしていた。異民族への反感を背景にしたエジプト復興運動も起きて、ナイル渓谷とデルタを取りもどし、ヒクソスを本来の土地に追いかえすことが第17王朝の悲願となる。統一エジプト支配への長い戦いが始まっていた。

新しい女性統治者の時代が出現したのは、そんな争いのさなかだった。第17王朝の王たちはレバントの敵国を相手に戦うことに忙しく、テーベを中心とする上エジプトでの権力維持を女性にまかせたのだ。そのひとりテティシェリは自らの王朝を創始したし、娘のイアフヘテプ1世は、その墓から金めっきの戦斧《いくさおの》と、死んだ敵を祝うように群がる黄金のハエの首飾りが見つかっている。[2] 敵の排除と再統一をめざして戦う緊迫した時代に、父権制の世襲王朝を支えるために女性が駆りだされたことは容易に想像がつく。ただ第17王朝および第18王朝初期の女性たちは、王に即位することはなかった。勇猛な息子がたくさんいて、父王が倒れたらすぐに代わりを務めるからだ。それでもテーベの女性たちは、やがて来る偉大な女性の王の前ぶれとなった。

セケンエンラー・タアア王の戦死後に即位したカーメス王は、弟イアフメス1世に王位を引き継いだ。エジプト学ではこれをもって第17王朝が終わり、近親婚と血統維持の傾向がより強まった形で第18王朝が始まったと解釈する。第18王朝初代の王イアフメス1世の妻は実の妹イアフメス・ネフェルトイリで、ここから始まった新しい家系は、女性の強い権威に支えられていた。イアフメス1世は駆け足で世を去り、息子のアメンヘテプ1世はまだ若すぎた。そこで母親のイアフメス・ネフェルトイリが摂政になって、王宮と神殿と国家に関することをすべて決定した。エジプト新王国は、あらゆる面において実質的に女性が統治する形で幕を開けたのである。

イアフメス・ネフェルトイリは未熟な息子を守りつつ、神聖な王になるための教育を授けた。けれども息子の不妊だけはどうしようもない。もとはといえば、自分が兄と交わった結果なのだが。このことは触れてはいけない話題だったが、アメンヘテプ1世に子どもがいた記録は出てこない。つまり後継者がいないということだ。後世の記録や神殿の文書でさぞ嘲笑され、悪者にされたと思いきや、若き王は特別な扱いだった——母親の権力と配慮のなせるわざだろう。母と息子は死後もいっしょに語られることが多く、家系をつなぐことよりも、エジプトをより良い国にするべく尽力したことが評価され、テーベの守護神として神格化された。

だが深刻な問題はまだくすぶっていた。好戦的な異民族を放逐し、上下エジプトを再統一したばかりの王国に、世継ぎがいないのだ。トトメスという名の成人男性が、どのような経緯で次王として王家に加わったのかわからないが、イアフメス・ネフェルトイリが一枚嚙んでいたことはまちがいない。

トトメスも王家の人間と同じくテーベ出身で、ヒクソスと戦った軍人だったと思われる。もしかすると先王の兄弟か姉妹の息子として、王家と血縁があった可能性も高い。王位が自分にまわってきて驚いたかもしれないが、記録には残っていない。ともかく指名を受けいれてトトメス1世として即位する。トトメスとは〈トト神から生まれし者〉という意味で、同じ名前の王はその後もたくさん現れる。トトメス1世は王朝内の立場を確かなものにするため、イアフメスという名の王女と結婚した。先王アメンヘテプ1世とその母イアフメス・ネフェルトイリの血縁者だったと思われる。

こうして継承危機は解決した——第12王朝のように一族最後の女性が王になったのではない。壮健な男性を選択して、不妊の宿命を回避したのだ。血なまぐさい衝突や抗争が起きた様子はないから、廷臣、神官、地方の地主たちは、本筋ではない成人男子に王位を継がせることに同意したのだろう。少なくとも意見の対立を匂わせる証拠はない。両親が兄弟姉妹どうしの結婚を二代続けて、ようやく近親婚の弊害を悟ったのかもしれない。最後の当事者である偉大なイアフメス・ネフェルトイリが、これまでの慣習どおり王になることもできたのに、あえて玉座から距離を置いた。そのおかげでトトメスが王に任命されたのだが、結果としてこの選択は大正解だった。トトメス1世は生まれながらの武人で、第17王朝のどの王よりも領土をレバントに押しひろげた。ヌビア王国とクシュ王国から金の産地を奪い、かつてない莫大な収益をエジプトにもたらす。ハーレムではたくさんの子どもをもうけた――新しい血が入ったおかげで、息子も娘も近親婚の特徴を持たず、王家の血統が強化されたにちがいない。

ハトシェプストはトトメス1世の第一王女だった。母親はトトメス1世の第一王妃だ。彼女は正統な第18王朝の血統を引いていることがわかっており、エジプトの最も高貴な女神官の称号を受ける（しかもおそらくかなり幼い年齢で）にふさわしい由緒正しい血筋の持ち主だ。ハトシェプストは祭文を学び、アメン神に直接関わる神聖な秘儀を行ったと思われるが、詳細は不明だ。神殿でどんな責任を負っていたにせよ、神官職の影響力は絶大で、そのイデオロギーの力により統治者の命運は左右されることを実感したはずだ。ハトシェプストはこのときの経験と知識をもとに、自ら王位獲《と》りに動くことになる。

高位神官になったハトシェプストは、その地位に付随するあらゆる富を手にした。いまや「アメンの神妻」であるハトシェプスト[3]は、専用の宮殿を持ち、収益を生む地所と宝物庫を与えられ、使用人は神官から簿記係、土地を耕す農民まで数百人になった。ハトシェプストはアメン神が毎朝自らをつくりなおすのを助け、宇宙の営みを維持するための儀式を行うことができた。[4] 自分が宇宙をつかさどる重要な立場であり、同時に世俗の権力と影響力も持っていることを若いなりに理解していた。[5] 教育を受け、意思決定の訓練も積み、宮殿と地所を所有し、国で最も発言力がある神官たちと直接やりとりできる。しかも父親は王であるトトメス1世その人だ。王と神々と民にとって、自分がいかに価値ある存在かということを、ハトシェプストは肌で感じながら成長していった。

その後新たな道を切りひらき、ガラスの天井［女性やマイノリティーの昇進を阻む組織内の障壁］を破るハトシェプストだが、エジプトの父権制を支える従順な娘でもあったようだ。父王がメンフィスやヘリオポリスといった貴族の中心地に出向いたり、夏になってレバントやリビュア、ヌビアへ遠征に出発したりすると、テーベで王家の代表を務める。宗教の拠点であり、多くの王が生まれた場所でもあるテーベでは、父王の権威の延長として活動していた。エジプトで最も有力で大きな富を持つ神殿機構の内部に深く関わり、なおかつ現王を政治的に脅かす心配がないという点で、血統正しき女性であるハトシェプストにはうってつけの役割だった。父王の立場をしっかり支えることが、ハトシェプストにとっても最善の選択だったのだ。誰とも結婚しておらず、身体を張って守りながら、世継ぎとして押しあげてやる子どももいない。自分の利益で動く心配のない娘を神殿の重職に置くことは、王の威光をさらに高める効果もあっただろう。

けれども、地平線のかなたに暗雲が湧いてくる。次王の最有力候補である兄弟のひとり、もしくは2人以上が急死した知らせがハトシェプストのもとに届いた。現王も衝撃を受けたようで、神殿の壁画に彼らのことを刻み、異例の形で追悼の意を表した。[6] 継承順位の高い王子たちが世を去ったことで、王宮は大騒ぎになったにちがいない。王の息子を産んだ母親とその親族、側近は、わが子を世継ぎの候補者に押しこもうとにわかに色めきたつ。だが後継者の指名は行われなかった。少なくとも記録には残っていない。やがてトトメス1世までもが、10年の治世のあと死去する――成人男性の自然死だったと思われる。ハトシェプストをめぐる状況は一変した。

父王が死んだことで、ハトシェプストの「王の娘」という称号は形だけになった。兄弟のひとりの妻となり、王妃として立場を確保しなくてはならない。もちろんそれは最初から予定に入っていたことだろう。結婚相手に選ばれた兄弟は、後世の研究者からトトメス2世と呼ばれた。考古学者がそのミイラを調べたところ、心臓が肥大し、皮膚に瘢痕《あばた》が見られたことから、健康に問題を抱えていながら白羽の矢を立てられたようだ。[7] それでもホルスの化身として、また黄金のハヤブサとして王杖と殻竿《からざお》［ともに王権を表す持ち物として絵に描かれる］を持ち、務めを立派に果たしたというのが今日の評価だ。そして「王の偉大なる妻」はというと、地上の最高位神官であり、トトメス1世の第一王女であるハトシェプストなので、何の問題もない。父王の権威に箔《はく》をつけてきた「アメンの神妻」という立場は、夫であり異母兄弟であるトトメス2世を支えるためにも必要だった。それにハトシェプストはおそらく夫よりかなり年齢が上だった。

トトメス2世にしてみれば、この即位はとつぜん降って湧いた話だったはずだ。王の息子といっても長男や次男ではなく、三男や四男だったと思われる。世界に名だたる大国の王はいかにも荷が重すぎた。短い在位期間にこれといった足跡は残していない。具体的な在位年数は、何しろ3500年前のことでもあり、3年、9年、10年と意見が分かれる。[8] もし9年ないしは10年だったとしたら、古代エジプトの王としてはあまりに残念な存在だ——敵国に遠征した記録はないし、その名前が冠された神殿も、埋葬施設らしきものも建立していない。それではしのびないので、多くの王名表と現存する考古学的証拠に従って、在位はわずか3年だったという説を支持するとしよう。そのほうが、関連する遺物があまりに少ないこと、死後にハトシェプストが強大な権力を手にしたこととの説明がつきやすい。

トトメス2世はハトシェプストとのあいだに娘ネフェルウラーをもうけている。またハーレムにも、2歳を筆頭に、よちよち歩きでまた乳離れもしていない王子や王女がたくさんいた。この子たちが大きくなるのはまだ先のことだ（世話をするのは実母だが、実母が王の寵愛《ちょうあい》を受けていれば乳母が担当した）。そんな幼児のうち誰かが王になれるものだろうか？

第18王朝は前途多難な始まりで、トトメス1世の息子はひとり残らず早死にした。それでも強い権威主義が復活する星のめぐりだったようだ。ナイル川が健全な氾濫を繰りかえす時代が長く続いたおかげで、作物は決まった季節に豊かに実るようになり、鉱床や採石場からも大きな収益が入ってきた。軍事侵攻も成功して各地から貢物が大量に届き、北はレバノンから南はクシュまでの交易路もふたたび開通した。舵取り役が不在などとは言っていられない。エジプトに与えられたすべての天恵を活用する絶好の機会だった。

あなたは莫大な資産を有する会社の役員だ。この会社は最高経営責任者が2歳の男児で、規定によりクビにはできない。となれば男児を指導する摂政役を任命する必要がある。ほかの役員や株主の脅威にならない人物となれば、男児の母親が理想的な選択だ。わが子が良い人間になるよう教育して、わが子の意思を自分の意思としてその成功を誇りに思う。出しゃばって自分の野心を追求するようなことはせず、わが子が充分な年齢に達したら静かに身を引く。だが不思議なことに、トトメス2世の後継者――トトメス3世――が決まっても、その母親は摂政としてふるまわなかった。規則が破られようとしていたのだ。一族の力を集中させるため、不妊になるまで近親婚を繰りかえしたテーベの王家が、未来の王に代わってよそ者に統治をまかせるはずがない。第17王朝の流れを汲むイアフメス1世と、第18王朝の新しい血統であるトトメス1世、その両方の血を引くハトシェプスト以外に、幼い王に代わって統治を許される者はいなかった。こうしてハトシェプストは王権への第一歩を踏みだした。

古代エジプトにおいて、次代の王を決める儀式は秘儀中の秘儀であり、王権委譲のなかで最も見えない部分だ。それでもトトメス3世という名称からは、意外なほど多くの情報がわかる。現存する文書には、王子たちのなかから次の王を選ぶのに神託を用いたと書かれている。神託を得るには、アメン像を本殿から出し、高位の神官たちが捧げもつ聖船に安置する。これを神官たちが操作し、彫像の動きで問いの答えを出したり、将来の選択に指示を与えたりした。

神託がどういう仕組みで出されるのか、くわしいことはわかっていない。アメン像を運ぶ神官たちが、あらかじめ動きを決めていたのか。幻覚物質のようなものを摂取して、自分たちの意向を神の希望という形で表に出したのか。ともかくアメン神がトトメス3世を王に選んだことが文書に残っている。[9]王が建立する神殿には、プロパガンダも兼ねてそうした逸話が記録されている。若い王子たち――ひな鳥と呼ばれた――が神殿の大広間に集められ、そこで託宣という形でアメン神が次の王を選ぶのだ。アメン神は考えをめぐらせるように王子たちのあいだを動きまわり、トトメスに決めたという。トトメス3世の治世にこの記録がつくられた意図は明白だ――神がトトメス3世をお選びになった。国の一大事であるこの決定は、良くも悪くも人間ごときに帰するものではない。実のところ神託は、重要な判断を人間が手放し、身も蓋もない政治論争や責任問題を避けるための便利な道具だった。さらにトトメス3世の場合は、自分の即位にハトシェプストは無関係だと主張する根拠でもあった。自分が選ばれたのは神々の意向であって、ほかの誰も関与していないのだと。

王は神が自らの息子として選んだというのが、王宮の公式見解だ。だがその決定に至るまでには、土地を所有する富裕な貴族たちからの面倒な要求もあれば、上級廷臣による密室での協議もあり、さらには王選びレースにわが子を出走させているハーレムの母親たちのささやきも、話をややこしくしていたはずだ。若き王が世を去り、ミイラ化するための処理を施して埋葬する作業が始まるまでの少なくとも数日間は、公式にも非公式にも最も重要な話題として、議論がかわされたことだろう。王子の健康状態をはじめ、重大な決定を左右する要因はいろいろあるが、やはり鍵を握っていたのは母親の人脈や、現在および将来の影響力だったと思われる（神像を掲げ、神の決定を告げる神官の身元や血統が重要なのはいうまでもない）。

理由はどうあれ、影響力もない外部の女性の息子がアメン神のお告げで王に決まった。神官たちが捧げもつ神像がこの男児の前でぴたりと止まったのは、むろん神の意向である。それにしてもなぜ？　おそらくほかの王子たちは、近親婚の影響で候補になりえなかったのだろう（アメンヘテプ1世に子どもができなかったこともまだ記憶に新しい）。トトメス3世の母方がどこのどんな家系だったにせよ、とつぜん権力の新しい扉が開かれた。王宮に新たに加わる義理の親族は、いろいろと問題になるにちがいない。それでもハトシェプストが異母兄弟であるトトメス2世とのあいだに男子をもうけなかったので、近親婚で王家の血統保護に固執するのではなく、遺伝的な健全さを優先させる決定になったのだ。しかし同時に、この男子を選んだことで、王家の純粋な血を引く者——ハトシェプスト——が裏ですべての糸を操ることも可能になった。お見事としかいいようがない。

古代エジプト史の危うい一面はそこにある——ナイフの刃の上で繁栄と平和が継続していたのだ。今こそは有力地主や廷臣の経済的、政治的利益に反するような、説得力に欠ける選択を押しとおすのではなく、合意でことを進めるべきだ。いきりたって危険を冒すのではなく、豊かな富を背景に、慎重かつ注意深く平和を築かなくてはならない。トトメスという名の2歳児で合意が成立したが、それはたんなる記号であって、ハトシェプストが明確な方向性で手堅く国を率いるための道具にすぎなかった。

トトメス3世の即位名はメンケペルラー・トトメス、〈ラー神の顕現は堅固である〉という意味だ。戴冠式典はテーベ、メンフィス、ヘリオポリスなどエジプト全土で開催されたはずだが、長時間にわたる複雑な儀式のあいだ、2歳の男児がおとなしくしているのは難しかっただろう。どこに立ち、何を持って、何を発言し、どうふるまうか。指示どおりに行動することが彼の新しい人生だった。外で走りまわることなど許されない。幼児には酷な仕打ちだが、この経験で早くも自制することを学んだだろう。いっぽう高位神官であり摂政でもあるハトシェプストも、詠唱や秘密の承認式あり、徹夜の断食行あり、貴族や神官たちとの議論ありと、これまでとは比較にならない数の神秘的な儀式をこなさねばならなかった。だが覚悟はできている。こうした通過儀礼を通じて、エジプトを率いる準備が整っていった。

王位の継承には流血も争いもなかったが、心配は続いた――新王はまだ幼児だったからだ。王室の関係者はみんなそれぞれ家族があり、子どもをもうけているが、その半数が5歳になる前に死んでいたようだ。子どもの死亡率は50パーセントと高かった。[10] マラリア、腸疾患、寄生虫、事故――子どもが死ぬ理由はいくらでもあった。多くの人が繁栄と安定が続く希望を尊い2歳児にかけたが、この子が10歳になり、さらに12歳、15歳と年齢を重ねて成人し、自身の後継ぎまで残す未来は、もはや笑い話の域だった。ハーレムの養育所には王の息子がまだ大勢いるとはいえ、いまの幼王が生きているあいだは支えていく。それが万事に慎重で敬虔な古代エジプト人の唯一の選択肢だった。

生殖年齢に達するまで生きる男子は半数に満たないにもかかわらず、神王の観念がいささかも揺らがなかったのは古代エジプトだけである。王が死に、王家から新たな代表者が選出されるにあたっては、それまでの体制や希望はすべてご破算となる。対立する派閥のあいだで見苦しい政治論争が展開され、ときには武力衝突まで起きる。レバント、メソポタミア、ギリシャ、ローマで幼児を王に即位させようものなら、1週間もしないうちに殺されただろう（まだ血も乾かない剣を持ったまま、成人の武将が代わって王座に就き、幼王の血縁者はことごとく殺される）。エジプトでも、王家の直系ではないが近縁の成人男子をかつぎあげる動きがあってもよかったはずだ。トトメス2世が死去したとき、同じ血を引く兄弟たちが存命だった可能性もある。多くの世襲制君主国は、そのなかから後継者を選んでいたが、古代エジプトはちがった。

古代エジプトには、こうした王位継承の問題に対処するために、複雑にからみあう神話が用意されていた。エジプト最初の王であるオシリスは、王位に就く前に弟セトに一度殺されている。オシリスの息子ホルスはまだ小さかったので、セトは自分が王になると主張する。ホルス暗殺の動きが出てきたため、母親イシスは息子を沼地に隠した。成長したホルスはいよいよ玉座争いに名のりを上げ、セトを相手に伝説の戦いを繰りひろげるいっぽう、神々に裁定を願いでた。神々は、どんなに幼くとも父のあとを継ぐのは息子であり、叔父ではないと明快な決定を下す。[11] 死んだ先王の息子ではなく兄弟を優先させれば、かならず内輪もめが起きる。何百人とまではいかずとも、何十人もいる「王の息子」が離合集散、忠誠と離反を繰りかえしながら延々と争うだろう。

古代エジプトにおいて、神聖な男系の血統は尊重するというより、崇敬すべきものだった。その点に関しては、廷臣たちの意見は全員一致していたし、土地所有者をはじめ国の制度の影響を受ける者たちも、王位が次の世代にすみやかに引き継がれ、収入が確保されることを期待していた。武力を振りかざしても見返りはない。危険を承知でクーデターを起こしたり、秘密同盟を結成したりするのは、百害あって一利なし。軋轢《あつれき》を生んで国が崩壊に向かうだけだ。こうして、世界最大の版図を誇る大国で幼児を統治者に据えるという無謀な選択肢も、権力が血統に沿って一直線に受け継がれるのであれば、つねに容認された。古代エジプトでは、誰もが自分の立場をわきまえることが求められた。王でない者は謙虚であるべし。だから2歳児にもへりくだらねばならなかった。

もっとも玉座の背後で実権を握っていたのは、最高位の女神官であるハトシェプストだった。彼女は国の意思決定者として全幅の信頼を受けていたようだ。「アメンの神妻」であるハトシェプストには、以前から多くの貴族が世話になり、恩恵を受けていた。だから宗教という謎めいたベールに隠れながらも、実際には現実的な政治判断も働いていた。ハトシェプストが摂政になることで、次王になる男子もおのずと決まってくるということだ（もちろん決めるのはアメン神だが）。有力な貴族の出身といった、影響力を持つ母親の子どもは除外される。母親は教育を受けていないか、自ら統治者になる適性を持たないか、あるいはその両方でなくてはならない。指導者として求められていたのは摂政ハトシェプストで、それありきで次王が選択されたのであって、逆ではなかったのだ。

あなたはテーベに強力かつ広範囲な血縁を持つ、位の高い神官だ。ハトシェプストが世継ぎであるトメス3世の伯母であり、摂政を務めるつもりであることは知っている。エジプト王国最大の神殿組織でともに仕事をしてきたから、彼女が「アメンの神妻」としての務めを立派に果たす姿も近くで見てきた。異母兄弟のトトメス2世と結婚したときも、王妃である彼女が若く経験不足な夫に代わって意思決定者になった。そして訪れた今回の継承危機である。エジプト王国の支配者としてあなたが未来を託すのは、ハトシェプスト以外にないだろう。彼女なら慎重に国をまとめあげ、新旧体制の橋渡しをしてくれるにちがいない。

イネニという廷臣は自分の墓で、ハトシェプストの名こそ明示しないまでも、忠誠の証《あかし》として摂政の存在を堂々と記録している。こうした高官はイネニだけではなかった。その記述を見ると、ハトシェプストは貴族たちを支えただけでなく、急場に自ら手を差しのべ、さまざまな命令を発し、それが実行されていることを見届けるという有能な指導者ぶりだったことがうかがえる。ハトシェプストの年齢はいまも議論が続いているが、摂政に迎えられた、いや、かつぎだされたときはまだ16歳だったという説もある。イネニの墓に彫られたヒエログリフはこんな内容だ。

> 彼（トトメス2世）は天にのぼり、神々の列に加わった。その息子は二国の王として育てられた。そして彼を子としてもうけた者の玉座から統治を行った。その姉妹で（アメンの）神妻であるハトシェプストは国の必要を満たし、二国は彼女の言葉を守った。彼女は務めを果たし、エジプトは従順だった。神聖な穀物庫はあふれんばかりに満たされ、上エジプトのへさきの綱は南にしっかりつながれた。この綱は下エジプトの恩恵である。神の意志と言葉をつかさどる女主人、その勧告は効力がある。2つの川岸は彼女の発する言葉に満足する。陛下は私を称え、愛してくださった。王宮での私の優れた能力を理解し、さまざまなものを与え、私を偉大にした。[12]

これを読むと、ハトシェプスト礼賛の形をとっていながら、同時に自己賛美にもなっている。ハトシェプストは自分の仕事をよくこなした――何をどうすべきかという判断も伝えかたも巧みだった。立場を濫用せず、扱いにくいところも見せないハトシェプストに仕えることは、貴族たちにとって大きな喜びだった。肝腎なのは、ハトシェプストがイネニの能力をよく見極めて、「さまざまなもの」を褒美として与え、イネニを「偉大」にしたことだ。すべての者に物質的な恩恵をもたらす女性摂政が嫌われるはずがない。

実はそこが重要なところだ。脆弱な王政は、富を大きく増やす絶好の機会だった。どんな人間にも相応の値段がついている。とくに高官たちは、王宮への協力と引きかえに経済的な見返りを得ることができた。

証拠はどこにでも転がっている。記念神殿、墓所、彫像、石のブロック、それにエジプトの地面に散らばっていたり、世界各地の博物館が所蔵していたりする断片の数々――エジプト学のかなりの部分は、こうした物質文化が対象だ。現代の私たちでも大変なのに、当時それらをすべて銘記することは途方もない作業だった。第18王朝でもハトシェプストが実権を握る以前、貴族たちは彫像や石碑といったものはあまり所有しておらず、それをつくらせるだけの政治力もなかった。ところがトトメス3世の治世になると、貴族が文字どおり爆発的に記念物――神殿型の墓、彫像、浮き彫り、贅沢品――をつくりはじめる。[13] 第12王朝以降には見られなかった傾向だ。それだけの収入源が新たにできたうえに、豪勢なものをつくることが許されるようになったのだ。

その数たるや驚くほどで、エジプト王国の富と勢力が拡大している証拠でもあった。もちろん王の建造物もそれまで以上に数が増えている。ただ細かく分析すると、背景にあるのが経済状況の改善だけではないこともわかる。王族以外の記念物が増えたのは、王と貴族の力関係が変容し、貴族の立場が急上昇したからだ――注目すべきは、それが摂政ハトシェプストの時代に起きたということ。アメンヘテプ1世やトトメス1世の治世に、貴族はこれほど多くの墓や彫像を立てたりしなかったし、やりたくてもできなかった。ところがトトメス3世の時代になり、摂政のハトシェプストが舵をしっかり握るようになると[14]、影響力の配分が変わってきた。実際にシナリオを描いたのは貴族たちで、ハトシェプストに統治させれば、自分たちも大いに潤うと確信を得たと考えるのが順当だろう。

ここで謎のベールが少しだけはずれて、ハトシェプストが権力を獲得した手段が見えてくる。ハトシェプストを統治者の座にひっぱりあげたのは、影響力が増してきた強欲な貴族たちだった。王家の直系で、重責を担うことができて、なおかつ御しやすい者として、ハトシェプストが選ばれたのだ。だとすれば王になるのは、必然的に王家から遠い血筋の男児となる。貴族たちはハトシェプストを踏み台にして、前例のない立場に一気に飛び乗った。ハトシェプストはただの道具だったのだろうか？ 頂点に立つ者は、実質的な権力者の隠れみのに使われることがままある。米国ではジョージ・W・ブッシュ大統領の在任中、この無頓着な指導者の陰でディック・チェイニーらがあれこれ画策していた。ミャンマーで所属政党に政権をとらせたアウン・サン・スー・チーも、少数民族ロヒンギャの虐殺が続くなかで、形ばかりの首相のような役まわりを押しつけられた。欧州に目を向ければ、多くの女王の名が挙がるだろう。イングランドのエリザベス1世、スコットランドのメアリー1世、ロシアのエカチェリーナ2世、オーストリアのマリア・テレジア、カスティーリャのイサベル1世——いずれも政治というチェスの歩兵《ポーン》として陰の実力者たちに使われながら、ゲームの規則を自ら学び、名実ともにクイーンとなった。

ハトシェプストは自らの野望を果たすために実権を握ったのではないか——エジプト学でハトシェプストの統治を考えるとき、かならずこの話題が登場する。その背景にあるのが、突如として表舞台に登場し、周囲が認めていなくても権威を勝ちとる人物がいるという「英雄崇拝論」だ。その結果、有用な進言をしてくれる部下も持たないまま、たったひとりで国を破滅させたり、戦争に突入させたりする事態も起こりうる。この説は昔からあるが、すでに時代遅れだろう。そればかりか、人類の悲惨な歴史をすべてひとりの野心と気まぐれに押しつけるのは誤りだ。いきなり世界に飛びだして、ほしいものを手に入れる人間がいったいどれほどいるのか。ひとりもいない。ドナルド・トランプも、バラク・オバマも、ヒラリー・クリントンも、KGBの元諜報員《ちょうほういん》で政治に辣腕を振るうウラジーミル・プーチンでさえ、既存の社会制度と無縁ではいられないし、支持基盤とのあいだで力を均衡させなくてはならない。そうやって初めて軍事力を掌握し、経済を順調に動かし、神殿などの信仰の場でも心理的な支持を集めることができる。
　では摂政から王に移行する過程において、ハトシェプスト本人の意志はどこまで関与していたのか。すべてではないだろうが、多少はあったはずだ。ハトシェプストは貴族どうしの力が均衡した状態をつくろうとしていたし、王家の純血を引く恐れ多い存在でもあった。それでもイネニの碑文（および記念物の記録）が物語るように、貴族はハトシェプストの権力を支えながらも、貴族と王の安定した関係を破壊し、微妙な状況を利用してどこまでも財を増やし、影響力を強めようとしていた。[15]
　20歳にもならないうちに新しい役割を与えられたハトシェプストが、そんな貴族たちにどこまで操られ――もちろん礼節を守ってさりげなくだが――、未経験にもかかわらずどこまでやりかえすことができたのか。最初のころは交渉でも言いなりだっただろう。けれども年齢とともに世知に長けてくるし、使えるカードも増える。同盟関係を結び、社会的な恩義をちらつかせることも覚える。国の制度に精通し、自分だけが手を出せる新たな収入源も増えてきた。時間と努力を積みかさねた結果、ハトシェプストは国土の全域で、すべての神官と土地持ちの貴族に影響力を及ぼせるようになった。
　形勢は変わるときがかならず来る。だがハトシェプストの場合、周囲の貴族は支持はするがそれ以上のものを奪っていくというような、チェスでいうならポーンのような不利なところから出発したと考えられる。実際のところがどうだったにせよ、ハトシェプストが激しく逆襲した証拠は残っていない。彼女も伝統を重んじ、現状維持を選ぶ人間だったのだ。強いエジプトが継続して、甥が成長して王座に就き、王朝が繁栄するのを見届けることが彼女の務めだった。

伝統主義者が伝統に最も反する状況に置かれている——ハトシェプストは図らずもそんな奇妙な立場にあった。父王トトメス1世に「アメンの神妻」として仕えていたときは「王の娘」だった。夫トトメス2世にもやはり「アメンの神妻」として仕えたが、そのときは「王の姉妹」だった。けれどもいまは、新王トトメス3世に高位神官として仕えてはいるが、王の伯母でしかない——王から3親等も離れている。トトメス3世はハトシェプストの実子ではなく、成長すると摂政と思惑が嚙みあわなくなるかもしれない。王宮の廷臣たちは伯母と甥との関係をそこまで長期的に考えて、戦略を立てていただろうか。それとも現体制が大過なく続くことを望み、王位継承の危機をめったにない機会ととらえて、生き残りと蓄財に励んでいたのか。問題が表面化するとしても、即位から2、3年たってからだろう。

新王はそんな事情を知る由もない。これからの10年間、政治力をどう均衡させ、どう操っていくかという考えなど微塵《みじん》もなかったにちがいない。トトメス3世は、治世を支えるハトシェプストあっての王だった。ハトシェプストも折に触れてそう言いきかせていたはずだ。そしてハトシェプストが国を統治できるのも、トトメス3世がまだ幼いからだった。王宮外から利益をねらう動きに対抗するためには、女性摂政が必要だったのだ。思春期を迎えたトトメス3世は、やはり年齢を重ねたハトシェプストにその現実を突きつけることはあっただろうか。トトメス3世の実母はイシスという物々しい名前の女性だが、息子が幼かったころの母の様子はまったく伝わっていない。もしイシスを王の摂政にという政治的な動きがあったとしても、ハトシェプスト支持派に徹底的につぶされていたはずだ。

ハトシェプストは、まさに自分が置かれたような難しい立場で、いかに立ちまわるべきか訓練を受けていた。おそらく第1王朝のメルネイト、第12王朝のセベクネフェルウといった先人に学び、一族の女性たちから直接教えを受けることもあっただろう。イアフメス・ネフェルトイリは、長老格として少女のハトシェプストに神官としての責務を説いたかもしれない。母イアフメスが、トトメス2世に代わって采配を振っていたところもその目で見ていたはずだ。政治力の使いかた（むろん女性としての）を理想的な形で身につけたハトシェプストは、その路線からはずれたり、枠からはみだしたりすることはなく、周囲の誰もをできるかぎり満足させようとした。

そのいっぽうで、ハトシェプストはじっと機会をうかがっていたのだろう。自分は母とちがって「アメンの神妻」だ。政治や経済だけでなく信仰面の基盤があり、神官たちの支援もある。王の娘だったときに培った王宮や神殿、軍上層部とのつながりは健在だし、財務部門にも強力な人脈を持っている。代理を務める王はまだ小さいから、あと数年で摂政引退ということもないだろう。少なく見ても、ゆうに10年はやりたいようにできるはずだ。

すべては人材にかかっていることを、ハトシェプストは早くから理解していたようだ。貴族を味方につけるか、敵にまわすかで、試合運びが変わってくる。そこでハトシェプストがとった方法は、野心を抱く高官を側近にして、自分の利益のためだけに働かせることだった。人脈豊富な貴族の取りこみも画策し、だめならほかの貴族と競わざるをえない役職に置いた。ハトシェプストが、特定の貴族とつながりを持たないセンエンムウトを財務官に指名したのも、こうした重要な計略をまかせるためだった。しかし同時に、名門貴族の出身であるイアフメス・ペンネクベトも財務官に指名している。2人はまったく同じ役職で並び立つことになった。もし本分をはずれて自分を食い物にする気配があれば、両者を競わせて有利にことを運べるとハトシェプストはわかっていたのだろう。

ハトシェプストは影響力を強めるために神々も利用した。政治的な野心を信仰のベールで隠すことは得意中の得意で、権力掌握という露骨な行為を自分から切りはなして、これは神々のご意志であり、自分に課せられた神聖なる責務なのだと訴えた。ヌビア、エレファンティネ島、テーベと各地の神殿には、神々と直接交信するハトシェプストの姿が描かれた——摂政や「アメンの神妻」がそんなことをした例はかつてなかった。[16] 神々のすぐそばに大きく描かれた「アメンの神妻」が、王だけが行える儀式を堂々と挙行する場面を貴族たちは見せつけられたのだ。

こうした宗教的な演出で、信仰心を前面に押しだすのがハトシェプストの手法だった。エレファンティネ島のクヌム神殿に亡き夫トトメス2世の像をいくつも建立し、「わが兄弟のために」という碑文を入れたのも、若くして死んだ王を敬う自分こそが、権力を持つにふさわしいという自己正当化だった。テーベにあるカルナク神殿でもトトメス2世の浮き彫りをつくるよう指示しており、[17] 似たようなことは国内の主要神殿すべてでやったと考えられる。亡夫・前王であり現君主の父である人物とのつながりを通して、摂政としての権力の切符を手にしたことを貴族たちに示したのだ。イシスがホルスを見守ったように、前王の息子が無事に玉座を占めていることが、信仰心の証だった。自分が統治を続けていれば、幼王も順調に成長し、ひいてはすべての民が着実に前進するという、いわば宗教も政治も経済もひっくるめた宣言だった。ハトシェプストがトトメス3世の産みの親でないことは周知の事実であっても、自分は聖なる母親なのだと広く伝えたのである。

だがこのゲームはなかなか手ごわい。ハトシェプストはすぐに路線変更を迫られた。伝統に従うならば、「アメンの神妻」という立場は王の直系親族の女性――トトメス3世の母親、姉妹、妻、娘――に譲らなくてはならない。敵対勢力が実母イシスを神妻にかつぎだそうものなら、自分が摂政になる根拠が薄れるとハトシェプストは心配したことだろう。血筋でいうなら王の母であるイシスが神妻にふさわしいことは、王宮の誰もがわかっているはずだ。しかしハトシェプストには奥の手があった――実の娘で、トトメス3世には異母妹にあたるネフェルウラーだ。「アメンの神妻」の称号を受けるのに理想的だが、いかんせんまだ幼児だ。ハトシェプストが摂政になったとき、3〜5歳だったと思われる。そこで現在「アメンの神妻」であり、適切に役目を果たすことができるハトシェプストがそのまま称号を保持し、周囲もそれを容認した。

つまりハトシェプストは、次世代の2人の子どもに代わって2つの役割を引き受けたことになる――トトメス3世のために国家元首となり、ネフェルウラーのために「アメンの神妻」でありつづけた。身も蓋もない言いかたをすれば、この段階でのハトシェプストは彼らが成長するまでの穴埋めにすぎなかった。それは本人だけでなく周囲もわかっていたはずだ。彼らは自分の地位と収入を維持するために、女主人の実質的かつ正統な権力の根拠がぜひとも必要だった。

均衡を保ちながら時機をうかがう奇妙なゲームを、ハトシェプスト自身がどう考えていたかわからない。トトメス3世が成人した暁には、すべてを明けわたすことが求められるはずだが、その心中を知る手がかりはない。古代のギリシャやローマは権力が分散しており、公開の場で指導者の人物評価や政治家としての立場が否定されることがあった。ただその場合は、記録を残す側の視点で話が歪曲《わいきょく》されているとはいえ、当人がどんな人柄で、どんな欲望や思考の持ち主だったか知ることができる。ところが絶対的な権威主義だった古代エジプトでは、事実を表沙汰にしたり、噂を流したりすると投獄されるか、処刑されるか、あるいは両方の罰を受ける。記録のうえではすべての王は完璧な存在として描かれ、ありのままの姿や弱点は省かれる。だからベールをはがしてもはがしても、古代エジプト人が選択した理想化された物語しか出てこないのだ。真実はその奥のどこかに隠れている。

ただ注意深く観察すれば、ハトシェプストとその助言者たちが、躊躇《ちゆうちよ》なく足場固めを進めていた様子が見えてくる。トトメス3世の治世開始から5年間に、ハトシェプストは最も信頼する高官センエンムウトをアスワンに派遣した。そして幼王のためという名目で、10階建ての建物に匹敵する赤色花崗岩の巨大オベリスクを2本切りだした。センエンムウトはナイル川の急湍《きゆうたん》の岩石に、ハトシェプストのレリーフを彫らせている。2本の羽根をあしらった頭飾りは「アメンの神妻」のしるしだ。これは帆船で航行する有力貴族に見せるための広告看板だった。そこに刻まれた碑文のなかで、センエンムウトはこの任務は自分だけに託されたと豪語している（賢明な高官は実績を売りにしてのしあがる）。さらに「女王陛下を通じて」命じられたという記述で、ハトシェプストがいずれ王座に就くことを匂わせ、ハトシェプストを「ラー神が王権を与えし者」とまで表現している。[18]アスワンの急湍を進む者に、この女性はまだ王と呼ぶことはできないが、すでに王の役割を果たしていることをゆめ忘れるべからずと伝えているのだ。将来の王権掌握に向けて、少しずつ地ならしを始めるようハトシェプストが命じたのだろうか。

アスワン急湍の浮き彫りは、ハトシェプストと側近の考えがうかがえる貴重な例だ。大胆にも王位獲りをねらうことを念頭に、エジプト全土を支配下に置くことをあらかじめ正当化していたのだ。ほかにも、ふつうは王のみに許された神聖な儀式を挙行する様子や、神殿で神の正面に立つ光景、王の装束をまとった姿を公の場所に描かせ、貴族しか読めない説明書きで大胆きわまりない主張を展開して、反応をうかがっていた節がある。王国の最高権力者に正式に就任する意志を、あらかじめ慎重かつ直截《ちょくせつ》に表明していたのだ。これだけ布石を整えておけば、テーベで行われた公開度の高い宗教的な祝祭でアメンの有名な神託が示され、ハトシェプストが王になることを決定づけたとき、驚く者などいなかった。

ハトシェプストは実際にファラオになる前から、即位名を受けていた可能性がある。それは〈真理はラー神のカー（生命力）である〉を意味するマアトカーラーで、王にのみ与えられる名前だ。即位後のハトシェプストに大いに期待を寄せていたのが、ほかならぬ神官たちだったことがうかがえる。この即位名は王たちだけが持つ2つめのカルトゥーシュに記され、偉大な神々の神殿で長時間にわたる儀式の末に授けられたと考えられる。

ハトシェプストは権力に通じる道筋を着々と整えていく。甥のトトメス3世のために切りだしを命じたはずの2本のオベリスクも、実際はハトシェプストのレリーフと、王としての彼女の名前を彫らせていた。もっともテーベに集まった廷臣たちは、意外とも思わなかっただろう。カルナク神殿の初期のブロックからも、ハトシェプストが戴冠式典の準備として神殿を建造させ、彫刻を入れさせたことがわかる。[19] ハトシェプストの計画は、裕福な階級よりも石工たちに先に知られていたのかもしれない。

エジプトの君主として初めて姿を見せたとき、ハトシェプストは女性のいでたちだった。セベクネフェルウと同様、性別をごまかして男性の振りはしていない。その必要がどこにある？　文字史料が示すように、王権にまつわる言葉は簡単に女性形にできる。ハヤブサをかたどったホルスのヒエログリフも、tを最後につけるだけで神聖なメスのハヤブサになるのだ。ハトシェプストは、性の区別が柔軟である特徴を、女性の王がありうる理由にして言葉をうまく操作した。ハヤブサや昆虫や棍棒頭の図柄を使って、そんな芸当ができる言葉がほかにあるだろうか？

カルナク神殿のブロックに描かれた最初のレリーフで、ハトシェプストはぴったりした衣装を着て、女性らしい腰と太ももの線を見せると同時に、頭には男性的な短いかつらをかぶり、雄羊の角の上にダチョウの長い羽根を2本立てている。雄羊の角をあしらうのは男性的な頭飾りの最たるものだ。ハトシェプストもセベクネフェルウと同じく、人間としては女性のまま、その上に男性の王権を重ねた。そしてついに、「スゲとミツバチの者」、「上下エジプトの王」、「マアトカーラー」、「ハトシェプスト」という正式な王の称号を名のることになった。

女性が権力の座に就くと、いやでも男性的な要素をまとわなくてはならないことがある。女性士官は男性と同じ軍服を着て、髪をうしろできっちり束ねる。女性判事は黒い法服と白いかつらを着用する。プロの女子バスケットボール選手が着るのはＮＢＡっぽいウェアで、コートの脇で指示を出す監督もユニセックスなスーツ姿だ。英国国教会の女性牧師も男性と同じ祭服を着る。いずれも女性用の服装が用意されているわけではない。現代の私たちと同じで、ハトシェプストもそのことを知っていたはずだ。

ハトシェプストを女性の王として描いたブロックは、テーベのカルナク神殿で見つかっているが、テーベは「アメンの神妻」であるハトシェプストの力のよりどころだ。アメン神の座所としてその神殿がいくつもあり、妻である女神ムト、息子の月神コンスもまつられている。またテーベは、北方のヒクソスを追放して新王国を始めた第17王朝、国を内乱と不和から救った第11王朝の多くの王の誕生の地でもあった。そしていま、初の偉大な女王を送りだそうとしていた。

南部諸地域の統合を終えたハトシェプストは、勢力範囲の拡大に乗りだした。はるか北のナイル川デルタをはじめ、メンフィスやヘリオポリスといった大都市、金鉱の入口であるアスワン、さらに南に下がって鉱物資源が豊富なヌビアまで、王という新しい立場の自分をナイル川全域に見せつけなくてはならない。[20]

ハトシェプストの戴冠はトトメス3世の統治7年目かその前だったとされる。研究者によって意見は異なり、[21] 2年目説もあれば、4年目ないしは5年目という説もある。正確な日付は重要ではない。王座の高みには少しずつのぼっていくもので、またそれがハトシェプストの重要な戦略でもあった。摂政の立場で時間をかけて王権の足場を固め、最後に王国全域で何カ月にもわたる祝祭を挙行した。テーベでは10階建てに相当する高さのオベリスクを2本立てて、王としての自分の名前とレリーフを彫らせた。建立を命じたのは5、6年も前のことで、完成はまさに奇跡だった。高度な土木技術を誇った往年のエジプトの復活に人びとは歓喜し、王が神の化身であることを強く印象づけた。勢いに乗ったハトシェプストは、各地の国営の神殿を訪れては神託を授かったようだ。自分が天と地の両方で神々に守られ、力を与えられている敬虔な女性支配者であることを、各地の貴族に直接見せるためだ。

ハトシェプストが人間の観念的な側面に鋭い洞察を働かせていたことは、過小評価すべきではないだろう。テーベの遺跡で見つかったものは多くが保存されており、カルナク神殿に残るハトシェプストの碑文からは、アメンが彼女を選び、自らの手でその頭に王冠を授けたという神託について知ることができる。ハトシェプストが女性の王であることを民に明かしたときは、「人びとは不朽の王の姿と、万物の君主その人の行いをその目で見て地面にひれふし、心がよみがえるのを覚えた」という。[22]

同じような儀式は、王国のほかの場所のほかの神殿でも行われたはずだ。テーベでは集まった貴族たちを前に、自分が新たに得た神性をためらうことなく開陳した。「私は慈悲に満ちた王であり、私が法となって万事を裁定する……私は角を生やした野生の雄牛であり、天から下って女の形となった。私は空を悠然と飛び、地上におりて境界を定めるハヤブサである。私は一瞬にして土地を囲いこむすばしこいジャッカルである。私は秀でた心の持ち主であり、父を賛美し、父に正義を与えることに心を砕く」[23]

そのあとに続く、父神であるアメンに命じられたがゆえにこの王権を引き受けたという告白は、正直だが自己弁護の気配も漂う。父王トトメス1世は、死去する前に自分を王として貴族たちに紹介しており、自分が王になることは全員の希望であったと。[24] 野心を大っぴらにする女性には敵意が向けられることを理解していたから、それを匂わせるような言動を徹底的に避けたのだ。英国のエリザベス1世も即位に際してこう述べている。「自分にのしかかる重責にはおののくばかりですが、自分が神の創造物として、その命に従う定めであることを考えれば、自分に託されたこの立場で、神の恩寵《おんちょう》に支えられながらその尊い意志を果たしていく所存です[25]」。パキスタンの政治家ベナジル・ブットも、自分は父の遺志を受け継いでいるだけで、「私自身の目的や意向が何であれ、権力を求めたことはありません」と語っている[26]。

ヒラリー・クリントンも、政治に関わる女性の常套句《じょうとうく》として個人的な野望や権力欲をはっきり否定したほうがよかったのかもしれないが、実際には微妙な表現でこう語った。「自分にその資格があるかどうかはともかく、私は女性にまつわるさまざまな思いこみに異議を唱えます。それが一部の人を不快にしていることは百も承知ですが、それでも女性が自分の足で立ちあがることは、人類の歴史でまだ達成されていない重要な課題だと思っています[27]」

ハトシェプストはヒラリーの言葉に強くうなずいただろう。だがエジプト王国の女王は、個人的な野心をもっと周到に隠していたはずだ。あとで建立した2本組オベリスクに彫られた碑文からは、複雑な心境がうかがえる。「私の言葉を聞く者は、『それは嘘《うそ》だ』とは言うまい。『父王に献身したとはいかにも彼女らしい!』と言うだろう。神はそのことをよくご存じだ。二国の玉座の主であるアメンによって、私は見返りとして黒と赤の土地［ナイル川流域の肥沃な地ケメト（黒い大地）とその周囲の砂漠地帯デシェレト（赤い大地）を指す］を支配している。どこであろうと私に反逆する者はいない[28]」

自分が王を務めるのは、神々に王としての命を吹きこまれたからであり、自分は神々の心を読みとることができるのだ――ハトシェプストはそう訴えた。「私は彼（アメン）のいかなる思惑も忘れたことはない。王たる自分は、彼が神聖であることを知っており、その命令に従って行動してきた。私を導き、指示を与えるのは彼であり、それがなければ務めを思い描くことすらできない」。ハトシェプストは、テーベの貴族たちに読ませるためにこう記している。「私の心臓は父に代わって知覚する。父の心にたくわえられた知識を引きだすことができる」[29]

ハトシェプストが王座にのぼることは、もはや既定路線になっていた。すべての神殿と神官が、すべての神託、つまりすべての神々が、ハトシェプストによる統治継続に賛成している以上、誰が反対などできよう？　宗教面の権威を構築し、維持するやりかたを知りつくしているハトシェプストは、非の打ちどころがなく、いかなる反論も寄せつけない正当化を完成させた。彼女を王座から引きはがそうとすれば、神々への冒瀆《ぼうとく》、異端のそしりはまぬがれない。

ハトシェプストの王権要求の背後では、どんな政治的駆け引きがあったのか。宗教を足がかりに玉座めざして突きすすむハトシェプストの陰で忘れられがちだが、そこにはいま9歳ないしは10歳の少年が座っている。これもまた前代未聞の状況だった。第12王朝のセベクネフェルウは、ほかに誰もいないという名目で統治者になった。第19王朝のタウセレトも同様だ。ところが繁栄と潤沢のさなかにあるこの第18王朝の場合、すでにトトメス3世がいた。血統維持のためにハトシェプストが自ら守り、強大な政治力で支えてきた王座を要求しているのだ。

それにしても、なぜハトシェプストは正式な王になったのだろう？　トトメス3世は何度もマラリアに罹患《りかん》したり、戦車に乗っていて脚を骨折したりしたとかで、健康に不安があったのか。それとも貴族の一派を味方につけた人物が、王座をねらう動きでもあったのか。いや、こういうときはもっと単純明快な説明を探したほうがいい。トトメス3世は、即位当初は王と呼ぶにはおぼつかなかったが、成長するにつれて側近ともども力をつけてきた。いつの日かハトシェプストを押しのけようとするだろうと、彼女と側近たちは心配したのではないか。トトメス3世支持派が拡大し、ハトシェプスト派と対立する気配があったとしたら、トトメス3世が9歳ないしは10歳になる前に、神官職であることを武器にしてただちに王権を獲る必要がある。一度神王になった者は、たとえそれが女性でも退位することはありえないのだから。

影の薄いトトメス3世は、身のまわりに起きている変化にどう対応したのか。摂政の椅子に座ってすべての決定を行っていた女性が、いま自分の横で王冠を授かり、聖油で清められ、王権を賦与されている――年齢順ということで、その玉座はトトメス3世より少しばかり上に置かれていただろう。トトメス3世自身も立場が変わり、王権の基盤が弱くなった。ハトシェプストが王になったことで、トトメス3世は即位名も、メンケペルラー・トトメス〈ラー神の顕現は堅固である〉からメンケペルカーラー・トトメス〈ラー神の生命力の顕現は堅固である〉に変更されている。[30] 明らかな降格だが、9歳の少年にはまだ理解できなかったと思われる。

ハトシェプストが横で王杖と殻竿を握るようになってからは、トトメス3世は以前と同じ立場ではなくなった。だが有力でも高位でもない家の母親から生まれ、それゆえに王座に据えられた少年に何ができただろう? 王宮の養育所から引きぬかれ、即位の儀式に放りこまれたよちよち歩きのときから、ハトシェプストは最も力の強い人物としてつねにそばにいた。トトメス3世に関することも、トトメス3世が判断すべきことも、いままで全部ハトシェプストが決めてきた。それが遠慮なくできるようになっただけの話だった。

ハトシェプストは王という新しい役割でも権力を変わらず保つため、神官たちと組んで神の意志を大胆に表明した。今回にかぎらず、ハトシェプストが権力のために思いきった行動をするたび、神官たちは神託や神の啓示で援護してきた。貴族たちの期待に応えて神々の意志をあからさまに示し、ときにはアメン神が決定を下した瞬間を重要な関係者に知らしめ、謎のベールをはがすようなことまでしたエジプト王は、ハトシェプストが初めてである。ハトシェプストが考案した巧みなマーケティング手段――政治的な神の啓示――は、同じエジプトのアクエンアテンのみならず、アレクサンドロス大王、初代ローマ皇帝アウグストゥス、ビザンティン帝国のコンスタンティヌス、時代が下ってイランの最高指導者ホメイニ、ナチスドイツのアドルフ・ヒトラーまであまたの指導者が活用した。神が目の前に現れて統治者を指名すれば、その決定をくつがえすことはほとんど不可能だ。熱烈に支持されているイデオロギーには、おいそれと崩せない社会的な力がある。ハトシェプストが権威を持ちえたのは、イデオロギーとそれを扱う男性たちを巧みに使いこなしたからだった。

ハトシェプストは政治の視点から父権制とその仕組みをよく理解していた。制度を超越して即位したとはいえ、伝統的なエジプト社会における自身の位置と、男系継承が機能していることを知っていた。だからトトメス2世の死後数年間は、その人脈を大いに利用して遺児と自分の地位を支えた。とはいえ前王はすでに故人であるから、これからはハトシェプスト自身が父トトメス1世の直系である点を押しだしていかねばならない。権力の引き継ぎは、兄弟姉妹間の横方向よりも、父から息子への縦方向のほうが価値が高いことを、ハトシェプストは知っていた。あるいはここに来て即座に察知したのかもしれない。

自分の血統は王にふさわしいことを示さなくては。甥であるトトメス3世を巧みに軽い立場へと誘導しながら、ハトシェプストはそう思ったにちがいない。トトメス1世の第一王女という立場を声を大にして訴え、それを武器に王権獲得に乗りだすとともに、エジプト全土の神殿でこの称号を用いた。父王が世継ぎに自分を選び、全廷臣の前で王冠を授けたという主張は、セベクネフェルウを手本にして、人びとに残るトトメス1世の記憶を利用したと思われる。セベクネフェルウはハワラにある父王のピラミッド神殿を完成させているが、迷宮のようなこの葬祭殿のいたるところに自分の名前を彫らせた。兄弟であり夫であるアメンエムハト4世の名前は、ここにかぎらずセベクネフェルウに関係するどの場所にも出てこない。それから何百年もたって、ハトシェプストも同じことをした。自分の記念物に父トトメス1世の名前を彫りまくって、夫で兄弟のトトメス2世の存在を完全に消したのだ。

さらに衝撃なのは、ハトシェプストが即位したとき、甥であり共同統治王であるトトメス3世の存在も無視されたことだ。幼王と並んで国を治める事実を遠ざけるだけでなく、伯母と甥の関係さえも完全に消そうとしたと見られる。父と息子という直系男子の伝統的な共同統治ならともかく、幼い甥と伯母という上下逆転した奇妙な関係をわざわざ記憶に植えつける必要はない。2人が並んだ姿で制作を始めた浮き彫りも、のちにトトメス3世だけが削られている。おそらくハトシェプストの命令だろう[31]。同じ玉座にトトメス3世がいては、自分がそこに座るために行ってきた正当化の努力が台無しになるからだ。

けれども皮肉なことに、そもそもハトシェプストが王座にのぼれたのは、おそらく直系親族がいなかったからだ。もし彼女が男子を産み、その摂政になっていたら、状況はちがっていたはずだ。実母の一族や周囲が口をはさんでくることもなければ、幼王のレリーフを削る必要もない。ハトシェプスト自身が新しい王の側近代表を務めるだけである。よその一族との競争がなく、純血が保たれるとあれば、ハトシェプストが王として長期政権を敷く必要はなかっただろう。

ハトシェプストの王権は、いろんな点で伯母と甥という複雑な関係に負うところが大きい。彼女の言動からすると、王座を欲していた、あるいはそれが当然だと思っていたようだが、もしトトメス3世の実母であったなら、王権獲りの画策など完全に無用だった。王太后——死去した前王の妻——として、玉座の背後からいかようにも支配できたからだ。イアフメス・ネフェルトイリをはじめ、恐るべき王の母が影響力を発揮した例はすでにたくさんあった。そのためハトシェプストの即位は、やっかいな問題が持ちあがっていたためだと研究者は考える。幼王（おそらくその側近）を御することが難しくなったのだろう。義理の仲がこじれてきたから、全国の神殿にいる神官はもちろん、高位の貴族や廷臣を味方につけて、直接かつ正式に王権を握ろうとしたのだ。

王宮内で派閥争いがあっても、ハトシェプストが玉座に君臨することで、力関係は安定したにちがいない。たしかに王宮内外で流血沙汰があったという証拠は見つかっていない。トトメス3世は無事に成長すれば、立派な王になってくれるだろう。こうして異例中の異例である共同統治体制が確立した（もっともその後すぐにネフェルトイティが出現し、奇妙な共同統治を行うのだが）。思春期の少年と30代に入ったばかりの女性は、統治者としてかなり異色の組みあわせだ。日を追うごとに少年はたくましく成長し、女性は盛りを過ぎて子どもを産める年齢から遠ざかっていく。

共同統治者であるハトシェプストが足場を固めるのは容易ではなかった。トトメス3世は伸びざかりで、乳母や家庭教師の教えを吸収し、軍事教練や学業の仲間である貴族の息子たちと友情を結んでいく。出身家は弱小で無力だったかもしれないが、このころには支援者を増やし、いっぱしの有力貴族になっていただろう。トトメス3世の勢いが強まるにつれて、ハトシェプストが脅威を覚え、守りの態勢に入ったことは想像に難くない。自分のために建てた「数百万年の神殿」とも呼ばれる葬祭殿には、こんな文章が刻まれている。「彼女を賛美すれば彼の命は続き、彼女の威厳を無視して悪《あ》しざまなことを話せば命は終わる[32]」

ハトシェプストはここまで快調に進んできた。王女から「アメンの神妻」、さらに王妃から摂政、最後には王にまでのぼりつめ、国も豊かで蓄えも充分すぎるほどだった。しかし王に即位したあとは、もう下降するだけだ。共同統治王はたくましく明敏な若者に成長し、指導力を身につけて、王宮内では誰もが一目置く存在になっていた。

そんな疾風怒濤《どとう》の日々に、ハトシェプストはどんな私生活を送っていたのか？　恋をすることはあっただろうか。たとえあったとしても、観念的な内容ばかりの神殿の記録に入りこむ余地はない。ハトシェプストが性的に支配するとしたら、高官センエンムウトが格好の対象だったという説も根強い。なかにはセンエンムウトがハトシェプストの愛人であり、彼女を操って権力の階段をのぼらせたと主張する研究者もいる。[33]だがハトシェプストが、古代世界で――男女問わず――最大の権力者だったことを忘れてはいけない。後代のクレオパトラ7世とちがって、強大な軍を率いる指導者の後ろ盾は必要なかった。高官をわざわざ性的に誘惑しなくても、王として命令すればどんなこともできたはずだ。性的な関係を持ちたい、恋をしたい、人生の伴侶がほしい――どれもその気になれば可能だったが、実際のところはわからない。エジプト王国の正式な文書にそのような個人情報は記載されない。ハトシェプストはハーレムで子どもを作るわけではないから、そこで恋愛事情が語られることもなく、ほかに彼女の評判を落とすために政敵が詳細な人物像を広めたりするような場所もなかった。

ハトシェプストは権力の階段をどこまでのぼっても、独占することはできなかった。共同統治王を暗殺しようものなら、その瞬間に自分の地位も消滅する――そこは本人も思案を重ねただろう。母から娘という大胆な継承に打って出たのは、自分の死後も王権を手放したくなかったからだろう。過去にそれを試みた例はないが、ハトシェプストは根っからの勝負師だった。異母兄弟トトメス2世とのあいだに生まれた娘、ネフェルウラーに王権を譲りたいと考えるようになる。

ハトシェプストは王に即位するおそらく数年前に、「アメンの神妻」の称号をネフェルウラーに譲っていた。充分な教育を受けたネフェルウラーはまだ若く、母が通った道を着実に歩んでいる。初潮を迎えてからは、「王の偉大なる妻」ではないとしても、トトメス3世の妻のひとりになったことだろう。ネフェルウラーはトトメス3世とちがって、父方と母方の両方で王家の純粋な血を引く。だからぜひ「王の偉大なる妻」になって、年下で経験不足のトトメス3世を導いてもらいたい。それがハトシェプストの願いだったのだろう。神妻の称号が統治者になるための政治的、観念的な基盤になることは、夫で兄弟のトトメス2世に影響力を発揮したであろうハトシェプストが身をもって体験済みだった。ハトシェプストがネフェルウラーを頼りにしたのは、トトメス3世を抑止することに加えて、自分とトトメス3世が高位の女神官と直接つながるためだったのかもしれない。「アメンの神妻」であるネフェルウラーは、共同統治を行う2人の王のうちひとりの娘であり、もうひとりの異母姉妹であった。

ネフェルウラーが「アメンの神妻」として果たした役割については、ほとんど情報がない。それでも記念碑や文書をかきあつめて調べると、母親ハトシェプストが王位に就く前にこの称号を授かっていたことがうかがえる。ネフェルウラーがトトメス3世のハーレムに加わったことを裏づける直接的な証拠はないが、おそらくあとで削除されたのだろう。第18王朝の王族女性について得られる状況証拠から、ネフェルウラーは異母兄弟であるトトメス3世と結婚したと考えていいだろう。ハトシェプストをお手本にしながら宗教的、経済的な力をたくわえ、「王の偉大なる妻」としてトトメス3世と共同で統治する準備を整えたのである。ただしトトメス3世とネフェルウラーが並んだ彫像は確認されていないし、石碑や岩場の碑文にも2人を夫婦とする記述はない[34]。

しかしながら、「王の妻」もしくは神殿の女神官を表す、重要でありながら前例のない名前で、単独で記念碑に登場した例はある。それが見つかったのはシナイ半島だ[35]。貴族や有力者から遠く離れているので、定型からはずれても許されたのだろう。テーベでも、ハトシェプストの葬祭殿にネフェルウラーの姿が堂々と彫られている。第18王朝すべての王の生前および死後の神性を祝福する葬祭殿と呼ばれた神殿だ。ハトシェプストはこの神殿の建設に心血を注いでいた。そこに将来の指導者としてネフェルウラーの大きなレリーフを彫らせたとなると、声をひそめた憶測が飛び交ったかもしれない。王妃であり伯母でもあるハトシェプストの暴走に、トトメス3世は驚いて目を丸くしただろうか。それはわからないが、研究者がその痕跡を発見したとき、ネフェルウラーのレリーフは神殿からすっかり消されていた。それがあまりに徹底していたので、いまではネフェルウラーが描かれていたことさえ定かでない。

大神殿に描かれていたかどうかはともかく、ネフェルウラーは母の治世が終わったあとも長く存命だったと思われる。政治的な力を得ようと動きだしたとき、彼女のレリーフは消去され、かすかに残った名前の痕跡を研究者が必死で調べることになった。存在を示す証拠がことごとく抹消されているため、ネフェルウラーはハトシェプストの関係者で最も論じにくい人物だ。第18王朝の記録から完全消去する念の入れようが、かえって疑いを呼ぶ。彼女の存在は、何らかの形で父権制王権の力関係を根底から揺さぶっていたにちがいない。大それた野心を抱いた女性が、しっぺ返しを受けたのではないか——ハトシェプストは自分と娘を高みに押しあげようとしすぎたために、岩壁からレリーフを削られたのだ。

王座に長くとどまったハトシェプストは、それまでの女性の王にはない表現上の問題に直面した。彼女が手本にしたのはファイユームのセベクネフェルウで、女性らしい細身の座像に王のしるしをまとわせたり、ひざまずいて丸い壺を捧げもつ姿勢で描かせたりしたのは、セベクネフェルウを踏襲したものと思われる。父王が次代の統治者に自分を選んだという宣伝活動を展開したのも、セベクネフェルウをまねたのだろう。セベクネフェルウがいなければ、ハトシェプストの20年におよぶ統治は考えられなかった。ハトシェプストは先人の女性の肩に乗っていたのだ[36]。

だが権勢を誇ったハトシェプストでさえ、自らを女性の姿で残すには差し障りがあったようだ。トトメス3世が成人に近づくにつれて、ハトシェプストはそれまでにない男女両性的な姿で描かれるようになる。彼女の治世後に破壊され、米国のメトロポリタン美術館の修復担当者がつなぎあわせた彫像は、男性にも女性にも見える。女性らしい丸みを帯びた繊細な顔だちで、目は大きく開かれ、鼻はまっすぐで小さく、小粋な笑みを浮かべている。肩の線は優美で、脚は長くて細い。ところが裸の上半身は乳房が平たく、乳首はない。この奇妙な姿は、解決策のない問題にハトシェプストが知恵をしぼって出した答えだった。成熟した女性の王と、その横の玉座に座る若い男をひとつにしたのである。

ハトシェプスト像はそれ以降につくられたものが最も数が多いが、悪あがきはもうやめたのか、完全に男性の姿になった——筋肉が盛りあがり、胸板は厚く、脚はがっしりと太い。顎も骨ばって男らしい顔つきだ。それなのに彫像に添えられた説明では、「(ラー神の)息子」を表すsaのあとにtが付加されて、女性形になっている。彫像で男を装っても、文字では正直に表現したのだろう。

ハトシェプストにとって、女性として年齢を重ねることは負い目であり、勝てない戦いだった。それゆえか、治世中につくった彫像や浮き彫りの大多数が男性の姿をしている。エジプト学者や古代エジプト愛好家は、ほんとうにこんな姿や服装をしていたのか疑問に感じ、現代のトランスジェンダーの概念を何千年も昔の王に投影して、ハトシェプストの性別の選択や性的指向を論じてきた。

だが性別の混乱はハトシェプストの問題ではない。男性になりたい女性、異性装者、男性的な女性、レズビアンなど、今日認識されている分類にほんとうに当てはまるのか、検証は慎重に行うべきだ。ハトシェプストの問題は、父権制が長く続く王国で、男性の王がすでに即位しているのに、男性にのみ与えられた役割を演じようとしたことだ。両性的な外見の彫像を何体つくろうと勝負にはならない。それでも人びとが求めるのは「エジプトの雄牛」だから、ハトシェプストもそれを与えたのだ。

さまざまな障害のなかで、ハトシェプストはどうやって権力を維持したのか。行列や儀式の場面では、ハトシェプストはかならずトトメス3世より前に位置しているので、玉座の間も同様だったと推察される。トトメス3世がほんとうに幼いあいだは、ハトシェプストも思うがままに統治できたことだろう。そして葬祭殿の建設に着手したのは、トトメス3世が14歳のときだったと考えられる。軍事や政治の本格的な教育を受けるのはこれからで、まだ扱いやすかっただろう。ハトシェプストは彼を遠ざけて、辺境地や軍の野営地に送っていたかもしれない。

自らの権力を維持するためであっても、ハトシェプストはトトメス3世にまですがることはなかったようだ。代わりに当てにしたのは高官や貴族だった。古い家柄とつながりのないセンエンムウトのような腹心を使って、いくつもの事業を成功させている。そのいっぽうで旧家の支援も必要としていて、エルカブのイアフメス・ペンネクベトがその代表だろう。両者の利害は深いところでからみあっていた。野心に燃え、トトメス3世の側近への食いこみを図って王宮を揺さぶる一派がいたとすれば、それは母方の姻族だった可能性が高い。トトメス3世の実母はイシスという名前だが、それ以外のことはほとんどわかっておらず、有力貴族とのつながりはなかったと思われる。不穏な一派のねらいが何だったのか、そのためにどんな手段を用いたのかはっきりしないし、ハトシェプストが旧家の貴族と手を組んだことも、文字史料から明確に読みとれるわけではない。

ハトシェプストは権力を誇示し、とくに貴族のために新しい仕事を創出したと主張したが、実際はそれほどでもなかったようだ。たしかにこの時代、軍でも神官職でも、また財務面でも専門化が進行していた。[37] それは王宮内の力関係が変わり、王といえども職務と引きかえにしないと支持が得られず、影響力を発揮できないということでもあった。ハトシェプストは女性君主としての目先の経済的、政治的な力を保とうとするあまり、少しずつ権威を失っていた。

ここから見えてくるのは、女性の権力者に何が必要なのかということだ。ハトシェプストは第18王朝のそれまでの王以上に持てるものを放出し、王宮や神殿の資産を貴族が持ちだすのを容認しなくてはならなかった。幸い当時のエジプトは繁栄していたので、王宮で強い立場を維持する費用は充分まかなうことができた。ハトシェプストが王宮でも神殿でも、信頼するひと握りの高官にしか財政をまかせなかったのはそのためだろう。ただしその高官たちはやりたい放題で、自身の彫像や墓所を大っぴらに建設した。ピラミッド建設の記憶はすでに遠く、継承危機に続いて女性の王が即位したことも手伝って、世襲の専門職が活躍する新しい時代が始まっていた。貴族たちは王に多くの富を要求し、それを基盤に権力を構築して、息子に引き継ぐというういわばミニ王朝が乱立する。高官たちは大いに私腹を肥やしたが、ハトシェプスト自身も莫大な富を持ち、壮大な記念物をいくつも残しているので、財政が厳しくなったとは考えにくい。

ハトシェプストのピラミッド計画は誰もが必要性を認めていたが、いかんせん費用がかかりすぎる。各地にある神殿も浮き彫りを交換して、新しいオベリスクや巨大彫像を建立し、ナイル川をはさんだテーベの対岸に葬祭殿も建設しなくてはならない。そのたびに言い値で契約が結ばれ、蓄えが出ていく。国庫を管理する者としては、こんな浪費が長続きするはずがないと気をもむところだ。さらに多くの富を得るにはどうすれば？　そこでハトシェプストに耳うちしたのではないか。軍を送りこんで、ちょっとした戦争をすればいいのです。

ハトシェプストが女性であることは、平和主義者だったことを意味しない。新たな高官たちの人件費がのしかかっていたらなおさらである。ハトシェプストは一度ならず南方遠征を行い、ヌビアとクシュを締めあげた。戦利品が国庫に流れこみ、金鉱の採掘も加速した。北側のレバントに直接の影響はなかったと思われるが、かの地の王たちはこの話に震えあがり、熱心に貢物を送ったことだろう。

これがハトシェプストの王政だった。貴族の協力と活用に頼るしかないひとりの女性が、微妙な綱わたりをしながら政治を進めていったのだ。そんな異例の統治ができたのも、莫大な富が背景にあったからだ。ハトシェプストは金の使い道には長けていたが、自分の権威を保ち、選ばれし君主であることを証明しつづけるためには、貴族をつねにあっと言わせる必要があっただろう。よほどせっぱつまっていたのか、交易船団を仕立ててプントに派遣している。プントはサハラ砂漠以南、紅海に面した現在のエリトリアあたりとされる半伝説の国だ。18世紀、ナポレオンのエジプト遠征にパリが熱狂したように、貴族たちは期待に胸をふくらませる。交易隊は乳香や没薬などの香料を大量に持ちかえり、人びとは喜びに沸いた。太って不格好なプント王妃の話や、旅の途中で記録しためずらしい動植物のレリーフが描かれて、貴族たちが好んで読んだだろう――それは遠征が実際に行われた証拠でもある。伝説の国に到達し、希少な香料や黒檀《こくたん》を持ちかえるという歴史的な偉業をやってのけたハトシェプストは、人びとの尊敬を一身に集めた。成功は約束されているというアメンの神託で交易隊を送りだしたハトシェプストだったが、貴重な品々を満載した船団が無事に帰港したときは、さぞ安堵《あんど》しただろう。

優れた政治手腕を発揮したハトシェプストだが、不朽の業績はやはり建築物といえる。ナイル川西岸、女神ハトホルをまつる三日月形の大きな入り江の断崖に守られるようにして、伝統的でありながら非伝統的な建築物である葬祭殿が立っている。この場所に決めたのは確かな自信の表れか、底知れぬ不安の裏返しか、あるいはその両方かもしれない。いずれにせよ、そこはエジプト南部で最も神聖で、最も美しく、最も目立つ場所であり、貴族たちが集結して、ハトシェプストの王としての業績に浸れるところだった。

さらに重要なのは、ハトシェプストが死んで天で偉大な神になったあと、ここで捧げものができることだった。ここではハトシェプスト自らが考えた詳細な一代記が公開されていた。母のイアフメス王妃がアメン神の神聖な精分で身ごもり、奇跡の赤子ハトシェプストを産みおとす。ハトシェプストはあらゆる困難を乗りこえて女性の王になったというのが、第1話だ。これを最初に翻訳した研究者たちは、女性の統治者であることに自信が持てず、言い訳する必要があったのだと解釈した。だがハトシェプストは第12王朝の先人たちにならって、自分が神聖な生まれであることを文章と絵で説明しただけである。続く第2話は、父王トトメス1世が第一王女のハトシェプストを後継者として廷臣に紹介したという内容だ。第3話は、ナイル川の対岸である東岸、アメン神殿に建立した2つの2本組オベリスクに関する話である。第4話は有名なプント遠征を詳細に語っている。アメン神の祝福を受けた船団が出航し、人びとが岸辺から送別の言葉を贈ったこと。プントでは香料の玉が地面にいくらでも転がっていて、拾いあつめたらかごが何百個にもなったこと。不格好な巨体の王妃が小柄な王を従える変わった取りあわせが国の統治者だったこと。さらにハトシェプストが「この交易をほんとうに行ったのよ」といわんばかりの複雑な模様の海の魚まで描かれている。

ハトシェプストは信心深いところを見せるために、全国に神殿をつくりつづけた。「爪で切りさく者」と呼ばれる女神パケトや、狂暴と柔和という女神の二面性を祝福し、抑制するための祭を行う酩酊《めいてい》の柱廊を含む母神ムトの神殿もある。とくに力を入れたのが、カルナク神殿にあるアメンの神聖なる神殿の中心部の整備で、金箔をほどこし、持ち運びができるアメン神の聖船を安置する巨大な構築物を設置している。これは神託の行進でアメン神の姿を人びとに見せるためのものだった。

神に公式に選ばれたことを権力のよりどころとするハトシェプストは、赤みがかったピンク色の珪岩を惜しみなく使って「赤い祠堂」を建て、神託のときに掲げる聖船を置いた。祠堂の壁には、自分の戴冠の様子のほかに、二度の神託の詳細が記録されている。最初は若い王女のとき、多くの者のなかから自分が選択されたというもので、二度目はセクメトの祝祭のときに神に王権を授けられたというものだ。浮き彫りに描かれるハトシェプストは少女ではなく、エジプトの神々に囲まれて王冠をいただく成人男性だ。治世16年ごろに建てられたこの祠堂では、トトメス3世のレリーフが復活している。共同統治王として並んだ姿で描かれたのはこれが最初だ。[38]

ハトシェプストは即位の周年を記念する祝祭も行っている。ふつうは30周年でしかやらなかったようだが、薬物依存者が効果の強いクスリをたえず求めるように、ハトシェプストも権威を大々的に誇示する機会を探していたのだろう。トトメス3世は成年に達していた。もう名前だけでなく真の共同統治王として、国の運営に参加させなくてはならない。そこでハトシェプストは、新たに権力を帯びた共同統治王への優位を保つ手段として、昔から続く格式高いセド祭を思いついたのだ。それはいろんな意味でやりやすかった。トトメス1世の治世は11年、トトメス2世は3年、そして自分がトトメス3世の摂政および共同統治王になって16年。合計すれば30年という理想的な数字になる。周年を祝うことで共同王権をあらためて継続し、ハトシェプストが真の指導者であることを高らかに宣言できるだろう。それまで存在が見えにくかった少年王が、いよいよ成年となった。工夫を怠らないハトシェプストは、彼を王座に招きいれる形にして自分の面目を保とうと、古めかしい儀式をひとひねりして挙行したのである。このときトトメス3世はおそらく18歳。もはやハトシェプストがどうがんばっても、陰の存在にしておくことはできなかった。

カルナク神殿の心臓部に立つ赤い祠堂でハトシェプストが描かせたのは、2人の君主がいっしょに儀式を行う様子だった。毎年カルナク神殿とルクソール神殿のあいだで行われる、アメン神再生の儀式オペト祭かもしれない。2人の王が円形の祭場を歩くとき、トトメス3世はかならずハトシェプストのうしろに位置している。背の高さが同じで顔も瓜《うり》ふたつ、王冠もいっしょで双子のように見えることもあれば、頭飾りとキルトだけ異なる場面もある。その姿は見分けがつかず、説明にある名前と形容表現でかろうじて区別がつく。登場回数は当然ハトシェプストのほうが多い。とはいえトトメス3世は、ハトシェプストと王権を共有する正統で実質的な王である。帝王学も修めただろうし、軍人教育も受けて、まだ見習いとはいえ軍の総司令官の立場にあり、いつでも正式な共同統治王の役目を果たすことができる。いっぽうハトシェプストは40代に入ろうとしていた。当時の基準では高齢である。長く続いた治世を永遠に栄えさせるために、トトメス3世を単独王として擁立するには絶好の機会だった。

ハトシェプストの在位終盤、トトメス3世は彼女が望んだとおりの治世を行ったようだ。両者の意見が対立したことや、ハトシェプストが甥に不満を抱いていたことをうかがわせる痕跡はない。トトメス3世の第一王妃が、ほかならぬハトシェプストの娘ネフェルウラーであっただろうことを考えれば、伯母と甥は情報を共有し、考えもすりあわせていたのではないか。

ただしハトシェプストが――自分ではなくネフェルウラーのために――いらぬ口を出し、はねつけられたことはあったようだ。葬祭殿を発掘調査したあるエジプト学者は、第3テラスに残る大きな女性の浮き彫りは、もともとネフェルウラーを描いたものだと考えている。[39] その大きさと姿勢からすると、伝統的な王妃というより明らかに女性統治者なのだが、変更が加えられている。ネフェルウラーの名前はもちろん、権力を象徴する要素や体勢も修正されて、ハトシェプストの実母イアフメス王妃の控えめな、だが妙に巨大なレリーフになっているのだ。この変更の背景には何があったのだろう。

第18王朝の王族および王宮の動向から察するに、ネフェルウラーは若き君主トトメス3世と結婚したと考えるのが妥当だ。もしそうだとして、ネフェルウラーが王妃になって3~5年後に妊娠し、男子を何人か産んでいたとしたら、ハトシェプストの治世最終年には12歳前後かもう少し下の年齢だっただろう。つまりハトシェプストはある意味すべてを完璧なタイミングでやりとげたことになる――彼女が男性で、単独統治であれば、この子たちの誰かに王権を引き継げたものを。そんな「もうひとつの歴史」では、ハトシェプストの死去にともなってネフェルウラーの息子のひとりが王位を継承し、ネフェルウラーは誰はばかることなく摂政王妃におさまって、王宮と神殿の女性支配を続けていたはずだ。

けれどもハトシェプストは単独統治ではなかったし、男性でもなかった。伯母のハトシェプストが死去したあとも、王のトトメス3世は健在で、その後30年にわたって玉座を占めることになる。ネフェルウラーに男子がいたとしても、トトメス3世が死去するころには40~50歳とすっかり老いていて、もう世を去った者もいたかもしれない。もはや摂政王妃の母親など必要な年齢ではなかった。ハトシェプストとネフェルウラーにしてみれば、最悪のタイミングだった。

結局のところ、今日まで残る証拠のなかにネフェルウラーの息子の記述はまったく出てこない。近親婚による不妊だったことも考えられる。それでも、もしネフェルウラーとトトメス3世のあいだに男子が生まれていたとしたら。ハトシェプストとトトメス3世の共同統治が終わるころ、ネフェルウラーが相当の実権を握っていたことを示唆する証拠はあるので、その後ネフェルウラーと子どもたちの運命は急転直下で落ちていった可能性がある。たしかにエジプト全土にあったネフェルウラーのレリーフや彫像は激しく破壊され、削りとられた。「アメンの神妻」の称号は、トトメス3世の「王の姉妹」または「王の娘」ではなく、王族外の生まれである妻のひとりに与えられた。そしてトトメス3世が30年後に王位を引きわたす王太子に選んだ男子はまだ幼く、父王が摂政を務めざるをえなかった。明らかにトトメス3世は、王族の血が濃い年長の息子たちを飛ばし、王族女性の息がかかっていない新しい血を選んだのである。

王家の谷での考古学的発見から推察するに、ハトシェプストはその立場にふさわしく、最大限の敬意を払って埋葬された。[40] カルナク神殿では、途中だったハトシェプストの建築物や浮き彫りの制作をトトメス3世が引き継いでいる。アメン神殿の最深部にある赤い祠堂もトトメス3世が完成させ、黒っぽい石を並べた上部の境界には抜け目なく自分の名前を追加した。ただしカルナク神殿の人目につく場所では、逆に自分の過去を書きかえ、伯母の存在を消すことに注力した。ハトシェプストの巨大な彫像は、父トトメス2世および祖父トトメス1世につくりかえている。[41] 単独統治になってしばらくは、葬祭殿には指一本触れず、かといって完成させるそぶりも見せなかった。ハトシェプストが死ぬ直前まで心を砕き、目をかけていたからかもしれない。[42]

トトメス3世は長寿をまっとうし、その王政は数々の業績に彩られていた。十数回におよぶ軍事遠征を成功させ、交易路を切りひらき、壮大な建築物を完成させ、自らのオベリスクをいくつも建立した。ハーレムでは彼の息子もたくさん生まれたが、これはハトシェプストやネフェルウラーには逆立ちしてもできなかったことだ。ただ本人なりに不安と劣等感にさいなまれていたのか、神々が王として任命したのは自分だったということを、繰りかえし民に伝えていたようだ。単独統治になってから25年目ぐらいに、若い王子アメンヘテプを後継者に選んだあたりから、トトメス3世はハトシェプストの記念物から彼女の存在を抹消するようになる。彫像を粉砕し、プント遠征を伝える浮き彫りを削りとり、彼女の夫トトメス2世や父トトメス1世の威厳あるレリーフを新たに彫らせた。ハトシェプストはトトメス3世への影響力の継続をもくろんで、娘ネフェルウラーを王宮とハーレムに送りこんだのかもしれないが、すでに勝敗は決していた。ネフェルウラーは最高位の女神官を務めながら、トトメス3世とのあいだに男子をもうけていたかもしれない。そうだとしても、トトメス3世はすでに自分の人生を確立して圧倒的な権力を手にしていたから、成人した息子たちとネフェルウラーの面倒な血筋を回避することができた。

トトメス3世が次王にアメンヘテプ2世を選んだやりかたは、古王国時代の踏襲だった――とくに手本となったのは、強力な姉妹や娘たちに伍《ご》していかねばならなかった第6王朝のペピ1世である。トトメス3世はアメンヘテプ2世を世継ぎに指名したとき、同時にエジプト全土の記念物からネフェルウラーの存在を消すよう命じたと思われる。王の娘と姉妹を権力の座から追放して、代わりに自分と姉妹関係ではない、非王族の女性を引きあげたのだ。それはトトメス3世が生まれてからこのかた、儀式での立ち位置から祭具の扱い、王宮でのふるまい、妻の選択、「アメンの神妻」の任命、次王の任命にいたるまで、すべてに口を出してきた王族の女性たちへの通告でもあった。非王族の女性の子どもを後継者に選んだことは、トトメス3世が最後に下した大きな決断だった。ネフェルウラーのような王の姉妹であり妻である女性が力を持ちすぎていたからだ。ネフェルウラーの運命がどうなったかわからない。ハトシェプストは自然死で生涯を終え、その後何十年も敬意を払われてきたことを考えると、王の娘であり、王の姉妹、王の妻、神妻でもあったネフェルウラーにも同じ名誉が与えられたと推察できる。トトメス3世は、彼女たちの力を押しもどす機会をじっと待っていた。そして記念物破壊の命令を下しながら、息子に説いたのだ――権力の座に就いた王族の女性には気をつけろ。

トトメス3世の死は、つい数年前まで強大だった王族女性の勢力を振りはらう重要な転機になった。トトメス3世と息子のアメンヘテプ2世、さらにトトメス4世とアメンヘテプ3世も、王の娘や姉妹を

「アメンの神妻」に任命しない道理を心得ていた。非王族の女性、ときには自分の母親を神妻に据えて、神殿に対する王宮の影響力を制御し、女系の有力血統がふたたび出てくるのを防いだのである。

「アメンの神妻」の立場は、何世代にもわたって骨抜き状態が続いた。少数派が力を得ると、それに脅威を覚える者が押しもどしを図る――たとえばフェミニズムに対抗して男性の権利擁護の声が高まり、キリスト教福音派は世俗的ヒューマニズムや無神論を攻撃し、米国の白人ナショナリズムはブラック・ライブズ・マターやオバマ政権を目の敵にする。欧州でも愛国主義的なポピュリズムは欧州連合とその多文化主義を批判している。トトメス3世時代のエジプト王国も、女性の政治力増大に脅威を感じて断固対抗し、伝統社会でその動きが続くことを許さない風潮をつくりあげたのだ。

保守的で、王がなすべきことを遂行したハトシェプストは、すべてを正しい方法で行ったといえるだろう。ただ権力掌握の手法が、革新的を通り越して道を踏みはずしていた。伝統的な反伝統主義者だったハトシェプストの記憶は、最終的には抹消されてしまった。成功者には誰かしら物申す者が出てくるものだ。王の務めを立派に果たし、男性に扮した姿の巨大彫像を神殿に建設して、神性と不可侵性を大々的に誇示したとしよう。それはあまりに完璧すぎて、あとから別の誰かに容易に置きかえ可能だ。わざわざ壊す必要はない。名前を父親もしくは夫に変えればいいだけである。古代エジプトにおける成功は抽象的なもので、功労者は簡単にすりかわる。実際に業績を挙げたり、記念物を建設したりした人物は、記憶にうずもれて確かめることもままならない。こうしてハトシェプストの名前は、誰の口にものぼらないままいくつも世代が過ぎていった。何も過ちを犯さなかったことで、ハトシェプストは遺産を失ったのだ。

大きな成功や優れた着想が、身近な男性にあっけなく横取りされた。そんな経験は多くの女性にあるはずだ。職場でも、家庭でも、そして政治の世界でもそれは起きる。ジェームズ・ワトソンとフランシス・クリックは、ＤＮＡの二重らせん構造を発表した『ネイチャー』誌の論文で、最初にその手がかりを得た英国の生物物理学者ロザリンド・フランクリンのことは脚注で短く触れただけだった（彼女が撮影したX線回折写真を本人の了解も同意もなく見たことも伏せられていた）。ワトソンが事実を認めたのはずいぶんあとになってからで、2人はノーベル賞の栄誉を受け、フランクリンは世を去っていた。19世紀半ば、詩人でもあるバイロン男爵の娘エイダ・ラブレスは数学愛好家で、チャールズ・バベッジが世界初のコンピューターを発明した際に、複雑な数学的プログラムを書いて協力したという。この事実はバベッジ自身が証言しているにもかかわらず、歴史研究者からは最近まで顧みられなかった。[43] 女性の業績を自分のものにした男性を挙げればきりがない。犠牲になったのはハトシェプストが人類史上初ではないし、最後でもない。

次章に登場する王妃となると、どれほど成功したかを知る手がかりすらない。ごく最近まで、その業績はあとに続いた男性や男子たちのものとされていたからだ。

第4章　ネフェルトイティ

美しき共同統治王

第18王朝のネフェルトイティは、美しさで永遠にその名をとどめている。ベルリン・エジプト博物館にある石灰岩の胸像は、誇り高いまなざしと高い頬骨、濃いオリーブ色の肌が印象的な威厳のある成熟した女性の姿だ。両目は吊《つ》りあがり気味で、ふっくらした赤い唇は官能的で、顔だちは完璧な左右対称になっている（左目だけ入っていないのは、後年に損傷したものと思われる）。目を惹《ひ》く青い王冠は、過去や未来の王の妻とちがって、たんなる王の妻とは一線を画す存在だったことを物語る。ネフェルトイティは神王の完璧な伴侶、君主の種を実らせる肥沃な畑という枠にはおさまらない女性だった。次々と降りかかる予想外の困難が、ネフェルトイティを冷静で断固とした指導者へと成長させた。エジプトが最も異質で、伝統からはずれていた時代をくぐりぬけながら、人びとが受けた深い傷を癒やしたのである。ネフェルトイティは大混乱に陥った国の再建に取りくみ、暗黒の日々のなかで軌道修正をやってのけたにもかかわらず、この本に登場する女性たちの多くと同様、政治的な指導力を正しく評価されていない。

ネフェルトイティが生まれたのは、王に全権力が集中し、古代エジプトでもずば抜けて豊かな時代だった。若くして玉座を占めたアメンヘテプ3世の治世は40年近く続き、「王の偉大なる妻」であるティイとのあいだに、少なくとも2人の男子――トトメスとアメンヘテプ――をもうけていた。記録に残っていない王子は数十人にのぼっただろう。アメンヘテプ3世は神殿建設を天命としていたが、それ以外の石造建築、等身大や巨大な彫像、石碑、記念碑に関しても、過去のどの王よりたくさんつくらせた。その数の多さと、技術水準の高さはあきれるほどで、今日のエジプト学者を感嘆させつづける。アメンヘテプ3世は神学への関心も高く、なかでもテーベのアメン、ヘリオポリスのアトゥムといった太陽神に着目していた。アメンヘテプ3世時代のエジプトは頂点をきわめており、物質面のみならず、芸術や知性、創造性も豊かに花開き、過剰ともいえる装飾があふれていた。アメンヘテプ3世は自らを「エジプトのまぶしい太陽」と称していたが、たしかにエジプト全体が、王は地上の光の化身だと信じていたのである。

アメンヘテプ王子は、兄トトメスが世継ぎと目されていたため、子どものころは良くて二番手の位置づけだった。とくに注目されることもなく、父王がエジプトのさまざまな太陽神を熱心に信仰し、太陽中心説と光を軸として建設事業を進める姿を一歩引いたところで眺めていた。そのころは今節流行の宗教的な主知主義［知性や理性などを、感情や意志より上位として尊重する考えかた］が芽生えはじめたころで、神官たちは太陽の運行、死と再生、不妊、生命や癒やしを与える能力を新しい視点で理解しようと試みていた。そんな時代に教育を受けたアメンヘテプ王子は、何らかの形で神官の訓練を受けた可能性もある。王の息子である彼は、裕福で影響力の大きい高位神官として、次王の権力を神殿から押しひろげるのに最適の立場だった。

もっとも王子時代のアメンヘテプの詳細はわからない。第18王朝の人びとはとても用心深く、たとえ王の息子であっても、後継者でなければ公的記録や神殿の表示で言及されることはまずなかった。アメンヘテプ3世自身にも50人から100人の男子がいたと思われるが、彼らのことは何ひとつわからない。ともかくアメンヘテプ王子は、父王の約40年という奇跡的な長期治世のあいだ、王としての完全無欠な姿と偉大な業績の数々、宗教的な見識の高さをその目で見てきた。

敬虔さと信仰の情熱はつねに身近にあったし、ありあまる富は望めばいくらでも手に入る。着実に収入を生みだしてくれる製造機を継承していたようなものだから、戦利品を獲得するために軍事遠征をするのは時間の浪費だ。ヌビアとその民は、金《きん》と花崗岩をせっせと生産してくれるし、現在のスーダンに位置するクシュ王国はもはや属国だった。レバントやシリアの弱小王国は、必死に貢物を届けてくる。カナン［パレスチナ地域の古代の名称］の地中海沿岸に並ぶ都市国家との交易もさかんで、高級材レバノンスギがナイル川デルタの港に定期的に荷揚げされていた。王を務めるには申し分のない状況だ。アメンヘテプ3世の治世は長く、祝祭は最低でも3度行われている（最初は30周年で、あとの2回はそれから数年おきだった）。アメンヘテプ王子を含む息子たちも頼もしく育ちつつある。アメンヘテプ3世は祝祭の機会を利用して、娘2人と結婚した。太陽神が空の女神ハトホルにしたように、ひとりを王の正規の寝台に、ひとりを王の後宮に迎えいれたのだ。兄の王太子トトメスが王の前に呼ばれ、父の輝くばかりのまなざしに包まれるのを、誰もがうっとりと見つめていた。アメンヘテプ王子は「王の偉大なる妻」ティイから生まれたにもかかわらず、その他大勢のひとりだった。

だがここは古代エジプト。たった一度の疫病、たった一度の事故、たった一度の感染で王の別の息子が玉座にのぼり、「黄金のホルス」、「良き神」、「エジプトの力強き雄牛」になることも起こりうるのだ。このときもアメンヘテプ3世が過剰な酒食で肥満し、身体が弱っていくなかで（ミイラの調査で判明している）、父王の期待を一身に背負っていたトトメス王太子が急死する。死因は記録に残っていないが、後継者の座を誰が埋めるのかで国は騒然となり、不安が一気に渦巻いた。王の決断か、王宮の合意か、あるいは神託が下ったかで、次の王太子に選ばれたのはアメンヘテプ王子だった。まだ準備不足だったためか、父王は治世の終盤にアメンヘテプ王子を共同統治者に任命する。[1] 同じ名前を持ち、研究者のあいだではアメンヘテプ3世および4世で区別される2人が同時に王となることで、どうにか王位を存続させ、関係各位の恐怖を静めようとしたのである。

アメンヘテプ4世は父王と王宮はもちろん、おそらく自身からしても予想外の王だった。アメンヘテプ3世の治世が長期にわたったため、アメンヘテプ4世ももう子どもではなく、自分なりの考えを持つ成人男性だった。アメンヘテプ3世は若くして即位し、治世2年にティイと結婚したことから、アメンヘテプ4世は治世7年ないしは8年に誕生していたと推測される。であれば王になったときはすでに30歳前後、新君主となるにふさわしい年齢である。もっと若ければ貴族や神官たちの意向に流されただろうが、アメンヘテプ4世はちがった。それどころか突拍子もない方向に暴走して、国を破綻の一歩手前まで追いやった。

新王アメンヘテプ4世が、かつて例のない奇妙かつ過激な形で信仰にのめりこんだ理由は、そういう思考の人間が絶妙な時機に王になったからと解釈するしかない。独自の思考と意見を持つ人間が王位に就いただけならまだしも、そのころのエジプトは、南からは鉱物資源、北からは貢物がとめどなく流れこむ繁栄の絶頂期で、王の出費もすさまじい額になっていた。

富のおかげでなんでも実現してきた一途《いちず》な性格の王子が、自分は人間はおろか神からも咎《とが》を受けるはずがないと思いこみ、前代未聞の衝撃的な命令を繰りだした。それ自体は驚くようなことではない。北朝鮮の金正恩《キムジョンウン》のように、アメンヘテプ4世も物質的に恵まれた環境で、追従する取り巻きや一族に囲まれて自由気ままに育ってきた。王ともなればどんなにいかれた酔狂も実行できる。実際父のアメンヘテプ3世は、テーベの葬祭殿に花崗岩と珪岩、砂岩で巨大な星図をつくらせている。ワニとカバが合体した生き物などの奇妙な彫像が星座をかたどり、獅子《しし》の姿をした赤い目の女神セクメトの像が730体並ぶ光景は壮観だった（1日につき良い運命と悪い運命で1体ずつ用意され、全部で1年分になる）[2]。いくら使っても尽きない富があり、外敵の脅威もなく、王権は絶対かつ神聖だと誰もが信じて疑わない状況は、王が常軌を逸した行動に突進することを簡単に許してしまう。アメンヘテプ4世も父王と同様、どんなに風変わりな構想を描いても実現に支障はなく、それどころか国全体があらゆる面でそれを支援する仕組みになっていた。

ネフェルトイティもありあまる富のなかで生まれ、王宮と強いつながりを持ちながら成長した。両親の記録はなく、王家の血統に属している言及はないものの、乳母と家庭教師がついていたから、通常は王の子どもにしか認められない破格の扱いを受けていた。少女のときにアメンヘテプ３世の祝祭があり、常識はずれの費用をかけた神王祝福の行事にも参加したはずだ。王とその家族は椅子に座ったままかつがれて神殿を練り歩く。そして民衆が見守るなかで、あるいは煙がたちこめ、神々の像が並ぶひそやかな聖域で、奇妙な儀式を行った。

裕福な者は祝宴でも王のそばに張りつき、費用など知ったことかといわんばかりに飲み食いにふける。貴族には手のひらほどもある石のスカラベ［甲虫のフンコロガシ。またそれをモチーフにした護符、装飾品。古代エジプトでは太陽神ケペリのシンボルとされ、意匠化された］が配られた。表面には釉薬《ゆうやく》がかかり、現王政がもたらした豊かさを称える文章がヒエログリフで彫られている――シリアのギルへパ王女が嫁いできたとき、侍女を３１７人引きつれてきたこと。お膳立てされた狩りで王が１００頭以上のライオンを仕留め、それも自分の矢で倒したこと。それは古代エジプト流の宣伝活動だが、今日の私たちには「セレブのライフスタイル」を知る手がかりでもある。

祝祭では、裕福な高官もパレードや行進に参加した。神王とその妻はきらびやかな衣装で王宮の窓に何度も姿を現しては、貴族の忠誠に報いようと黄金の装身具をばらまくので、それを1個でも2個でもつかもうと手を伸ばす。自分の墓所の礼拝堂に、祝祭にどう関わったかを細かく彫らせる者もいた――現代のドバイにあるヤシの木を模した人工島で首長の豪邸に招かれ、内輪に開かれたスティングのコンサートを聴いたと得意がるようなものだ。ネフェルトイティの人生の最初の10年は、そんな天井知らずの贅沢に彩られていた。

アメンヘテプ4世が単独王になったとき、エジプトの言語と文化と政治はすでに数千年の歴史があり、人びとも王に何を期待すべきかわかっていた。それは大司祭として伝統ある儀式を行い、ナイル川の水が季節ごとにあふれては引き、太陽が毎日のぼっては沈むように神々をとりなすことだ。ところがアメンヘテプ4世は型破りで、理想を実現するためなら破壊もいとわない王であることがすぐに判明する。極端な宗教変革を断行し、伝統的な典礼や信念体系をことごとくひっくりかえそうとする過激な王だったのだ。誰もが急激な変化を良くは思わなかったが、神王の要求とあればためらうことなく従った。アメンヘテプ4世は、自分と家族、民衆、「王の偉大なる妻」であるネフェルトイティまで、エジプト古来の多くの神々から引きはなした。

ネフェルトイティが「王の偉大なる妻」に選ばれたのは、アメンヘテプ4世の治世4年のことだった。それ以前には王妃の記述はまったく出てこない。アメンヘテプ4世はすでに成人した男性だったから、王の息子であろうとなかろうと、年齢の近い妻がすでにいたはずだ。独身を貫く苦行中の哲学者だったというよりは、無名ながらも妻がいたと考えるほうが現実的だろう。[3] 即位から最初の4年間がどんなものだったにせよ、ネフェルトイティとの結婚を決断したことは新しい始まりだった。これ以降、アメンヘテプ4世は突飛な決断を矢継ぎ早に下しはじめる。

全能の神王と結婚したばかりのネフェルトイティは、気持ちが揺れて誰かの影響を受けるぶれやすい少女だったにちがいない。だが伴侶となったアメンヘテプ4世は、古代世界で最も意志堅固で侮りがたく、創造性豊かで不屈の精神を持ち、信仰に熱中するあまりエジプトをばらばらにする人物だった。高度に発達した機能的な権威主義体制に守られ、侵略の機会をうかがうような外敵もいない。安心して好きなことができるアメンヘテプ4世は、頭がおかしくなりそうな途方もない挑戦に、「王の偉大なる妻」ネフェルトイティを引きずりこんだのだ。

ネフェルトイティはまだ若く、エジプト王と性的で親密な関係を結んだときはまだ10歳か11歳、せいぜい15、6歳だった。ただそれ以前から、彼女の存在は王のすぐそばで軌道を描いていた。ネフェルトイティの乳母は重臣アイの妻だった。アイはその後「神の父」という称号を得ることになるので、おそらくアメンヘテプ王太子の家庭教師役を務めていたと思われる。ネフェルトイティが「王の偉大なる妻」になったのも、アイの功績が大きかったにちがいない。王宮とのつながりが密接だったネフェルトイティは、生まれたときから王の妻になるべく育てられたようなものだっただろう。

胸像の容貌と〈美しき婦人が来た〉という名前の意味を信じるならば、ネフェルトイティは見る者の目を釘づけにする美しさだった。ただ乳母と家庭教師がつく異例の扱いを考えると、かなり高位の家に生まれたと思われ、美しさだけで「王の偉大なる妻」に選ばれたわけではないようだ。王宮に生まれ育ったネフェルトイティは豪奢《ごうしゃ》な暮らしに慣れ親しむだけでなく、権威主義的な支配に従うすべも自然に会得した。よけいな口はきかず、優雅に目を伏せ、ときに視線で訴えかけて、太陽王に命じられたとおりに行動する。ネフェルトイティは自分の立場を心得ていた。

アメンヘテプ4世との関係も、あらゆる点で成功だったようだ。それ以前の王妃にはない、人びとに存在が見える中心的な位置を与えられ、新しい浮き彫りや彫像もつくられた。ネフェルトイティは子孫を残す役割も立派に務め、結婚後わずか1年で最初の娘メリトアテンを産んでいる。子をなすことは王が地上で果たすべき神聖な任務だが、アメンヘテプ4世にその能力があることを証明してみせたのである。

ネフェルトイティは最高位の王家の女神官であり、霊感を与える女神でもあった。その名前からハトホルとのつながりを指摘する研究者もいる。黄金の女神ハトホルは、父である太陽神の性的パートナーであり、太陽と空、光と物質の結合に不可欠な、神聖な女性らしさを表している。[4] もしかするとネフェルトイティというのは、アメンヘテプ4世が持つ神聖で性的な側面の象徴として、ハーレムに入ったとき王から与えられた新しい名前かもしれない。神殿や石碑に、2人の親密な場面――キスをする、手を握る、王の膝に座る――の描写が出てくるのもそのためだろう。アメンヘテプ4世のしとねは、神聖な創造の場になったのだ。[5]

ネフェルトイティの登場と機を同じくして、アメンヘテプ4世は新しい宗教戦略に着手する。治世5年には王妃とともに華やかなセド祭を開催した。即位からわずか5年で祝祭を開くのは異例だが、アメンヘテプ4世はおかまいなく断行し、父王の代に経験したような贅沢な酒と食と踊りの祝宴を準備させた。またカルナクに新たな神殿群を超特急で建設するよう命じている――それを聞いた職人たちはさぞ腰を抜かしたことだろう。期間があまりに短いため、「タラタト」という小さなブロックをすばやく積みあげる新しい工法まで開発された。

アメンヘテプ4世には壮大な構想があった。在位の周年を祝うセド祭を早くに挙行したのも、太陽神の顕現だがほとんど知られていない、空に力強く輝く太陽円盤の形をしたアテン神との特別なつながりを示す意図があった。セド祭の模様を描いた現存する浮き彫りを見ると、アメンヘテプ4世自身ではなく、彼が信奉するアテン神を、すべての神を統べる王に位置づけるためだったことがわかる。神々の序列をいじるためにセド祭を計画していると知った神官や廷臣の驚くまいことか。アメンヘテプ4世は、新たに昇格した太陽円盤の神に、王権を与えるものとして、その象徴——コブラが鎌首を持ちあげた蛇形記章——まで付け足した。

祝祭が続くあいだ、貴族たちはなんだか妙なことになっているとささやきあっていたことだろう。椅子に座って神殿の道を行進していく王と王妃や、アテンの輝きを祝福してハトホルの踊りを舞う半裸の女たちを見物しながら、それまでにない新しい王の姿に驚き、違和感を覚えて、底知れぬ変化の空気を察知したにちがいない。在位5年目の王のそばに控えていた若いネフェルトイティも、過激な改革がいよいよ始まる予感に震えていたはずだ。

アメンヘテプ4世は、目を疑うような新奇な神殿の建設をすでに開始しており、祝祭で宗教改革の全容を明らかにするつもりだった。神殿は王がアテン神から直接指示されたとおぼしき特異な様式を、職人たちに伝えて建設したものだった。王を描いた巨大な彫像も浮き彫りも斬新で過激だった。父王が好んだ自然主義的な丸顔ではなく、上下にひっぱったような長い顔で、目も細くて長い。体形もヒエログリフに見られる標準的なものではなく、手脚をどこまでも長く伸ばしたために、身体を支えるくるぶしは棒のように細く、細い手首と上向きに曲がった長すぎる指が祭具を持つ様子はエイリアンのようだ。

いっぽう胴体は引きのばしをせず、腰は女性と見まごうほど極端に張りだし、やたらと細いふくらはぎとくるぶしにのった太ももは、肥えた雌鶏《めんどり》のすねのように丸々としている。妙に長い膝も目を惹く。突きでた腹部がキルトの前にたれさがり、へその形が丸ではなく下向きのV字になっているのは、贅沢な生活がもたらした重みということだろう。

アメンヘテプ4世が自分をこんなふうに描かせた理由については、多くの研究者が考察を重ねてきた。[6] ありのままの姿を見せようとして却下された経験があり、治世5年目にしてふたたび挑戦する勇気、もしくは権力が出てきたのだろうか。さまざまな説が提唱されてきたが、ほとんどは実際の容貌がそうだったことを前提にしており、解剖学的に女性と男性の特徴をあわせもつ両性具有者だった、ある種の病気をわずらっていた（マルファン症候群、フレーリッヒ症候群など）という意見もある。その後アメンヘテプ4世と思われるミイラが発見され、それには極端な変形が見られないことから、[7] 王は自分が動物と人間、男性と女性、太陽の光が創造する万物であることを、身体を使って表現したとする説も出てきた。[8] さらにややこしいことに、「王の偉大なる妻」ネフェルトイティの浮き彫りも顔と手脚を奇妙に伸ばして描かせており、美女にはほど遠い動物のような風貌になっている。

アメンヘテプ4世は病気などではなく、太陽の光を受けている自分を表現しているように思える。のぼる太陽円盤を背景に、身体を長く伸ばし、変形させることで、太陽光線という新しい創造の光を満身に浴びていることを下々の者にわかりやすく示したのではないだろうか。見る側からすれば、極端な風貌の王や王妃の指先から、あるいは王冠の頂点から、太陽光線が直接放射されているように思えたかもしれない。王と王妃が神との融合で変容したことを視覚的に伝える、アメンヘテプ4世一流の仕掛けだったのだ。[9]

最初のセド祭で貴族たちはすっかり疲弊したにちがいない。王が神とひとつになったことを祝う儀式も、神殿への奉納も、これまでのような中庭の日陰や柱が立ちならぶ涼しい奉納殿ではなく、すべて太陽の下で行われたからだ。参加者は北アフリカの灼熱《しゃくねつ》の太陽にまともにさらされた。アメンヘテプ4世とネフェルトイティだけが日よけの下に座り、従者や神官が忙しく動きまわって、血のしたたる牛の腰肉や子牛の頭、絞めたばかりのアヒルやガチョウ、野菜にパン、菓子、油、果物をずらりと並ぶ供物台に満載していくのを眺めていた――すべて太陽の豊かな恵みだ。焼けつく太陽をまともに浴びて、大量のハエがたかり、腐敗も進んだことだろう。アメンヘテプ4世は、飲食物を太陽神に捧げる自身と王妃、子どもたちの大きな浮き彫りをつくらせた。これは王がことに好んだ場面で、それから何度も再現された。ちがいがあるとすれば、2年おきに王の新しい娘が加わることぐらいだった。

貴族たちは困惑しながらも、太陽の下で腰の痛みと渇きに耐えていたが、アメンヘテプ4世の急進的な改革には反発の動きもあった。謎めいた軋轢の事例が文書記録で残っている。[10] ネフェルトイティはこうした一連の流れをどう思っていたのだろう？　王とともに太陽と融合するという、王の妻としてかつてない扱いを受けている以上、急進的な太陽信仰を批判することはできない。アメンヘテプ4世も宗教活動のなかで女性の伴侶を必要としており、「アテン神の日陰」と呼ばれていたコム・エル＝ナナに専用の神殿を建設するという前例のない名誉を与えている。そこには供物を食べる太陽円盤の光線を受けながら、幼い娘をともなったネフェルトイティが、神を称えて両手を高く伸ばす姿が描かれており、アメンヘテプ4世は登場しない。[11]王妃としてのネフェルトイティの務めは2つだけ。ひとつは信仰を熱く語り、壮大な構想を練り、厳粛な儀式を計画する夫に寄りそうことで、もうひとつは王とのあいだに太陽神の神聖な子どもをもうけることだった。

　ナイルの民は何千年ものあいだ、動物、河川、砂漠、太陽、風、大地という身近なものを神や女神と見なして信仰してきた。それがさまざまな形で習合して、政治的に使い勝手の良い神々ができあがる。太陽神で天空を支配するアメン。真実と正義の女神で、宇宙創成期に世界が混沌に陥るのを防いだマアト。傷ついたホルスの目を元に戻した月神コンス。ワニの姿で憎悪とナイル川の氾濫をつかさどるソベク。魔術の使い手で、夫オシリスのばらばらになった身体をつなぎあわせたイシス。位の高い男女の神官が全国の神殿に配置されて、複雑で重要な儀式を執りおこない、これらの神を人間の領域に呼びこみ、物品や娯楽でなぐさめて、豊かな実りと安らかな運命をこの地に授けるよう祈るのだ。[12]篤《あつ》い信仰心は各地に建てられる神殿の建築にも表れた。最初のころは日干しれんがでつくられていたが、やがて高窓から太陽光が斜めに射しこむ涼しい石造りになった。香炉から乳香や没薬の香りが漂い、詠唱と太鼓のリズム、がらがらと祭具を鳴らす音が響く。

王は神々が地上におりた姿であり、国が混沌に転落するのを防ぐ祭儀には不可欠な大司祭でもあった。王の存在と、王による神聖な活動がなくなれば、この土地は神々に見捨てられて困窮し、激しい内戦が起きるか、外国の侵略を受けて、国の創造自体が未完に終わると人びとは信じていた。エジプト王は、神々をなぐさめる祭儀機関と創造をつなぐかすがいだったのだ。

アメンヘテプ4世は、人間と神の神聖な交流をこれからも継続して、エジプトが繁栄できるように奉納を行うはず——廷臣も神官たちもそう見なしていたが、不穏な気配が漂いはじめていた。王は特定の神だけにのめりこんでいたのだ——太陽円盤アテンである。歴代の王が建ててきた旧来の神殿をアメンヘテプ4世は顧みなくなり、不安はいっそうふくらんでいく。すでに国庫に入る収入の大部分はカルナクの大々的な建設事業に流れこんでおり、新たな都市計画がほかにもあったであろうことは想像に難くない。

権威主義的な体制にも限界はあるが、このような神学的な試みは、それがどれほど常軌を逸していても、奇妙でも、未熟でも、準備不足でも、王の支配のもとでしか実行できないものだっただろう。勇敢な王の逸話によくあるように[13]、周囲からは異論もあったはずだが、それでも王は自分の道を貫いた。古代エジプトでは、王の過失は記録に残さない。物語に優柔不断な王も出てこない。世界のほとんどの地域では、宗教制度をくつがえして神々を粗末に扱う王は、王座から押しだされ、遠ざけられ、殺されるのが世の習いだが、古代エジプトは徹底的な男系独裁制だった（指導者が女性だったらここまで暴走しただろうか？）。それに当時のエジプトは想像を絶する繁栄ぶりだったから、太陽神アテンのために新しい神殿を建立し、異例の祝祭を挙行しても、旧来の宗教をそこそこ維持する余裕があった。

アメンヘテプ4世が起こした過激な変化を「革命」と呼ぶのはまちがっている。民衆が大司祭に要求して宗教を取りもどすという図式ではないからだ。実態は王による宗教の押しつけにほかならなかった。あまりに新奇なことだらけで、さすがの貴族たちも恐怖と不安を覚えはじめただろう。重要な地位にある者は、この状況はいかがなものかと王に進言したにちがいない。その言葉は痛烈かつ威圧的だったと思われる。うんざりしたアメンヘテプ4世は、ヘリオポリス、メンフィス、テーベという昔からの王宮の都市を捨てて、都を中部に移す決心をした。年代は治世5年から8年のあいだで、研究者の意見は分かれている。[14] いずれにしても、新都の境界石碑にアメンヘテプ4世の決意表明が見てとれる――自分が何をどんなふうに実行するか、誰であろうと命じることはできないし、神から直接与えられたこの信仰を曲げさせることはできない。

大変化の波が近づいていた。祝祭からまもなく、王は神に授けられた名前を、父と同じで〈アメン神は満足する〉を意味するアメンヘテプから、〈アテン神に有益なる者〉という意味のアクエンアテンに変更する。熱心なアテン神信奉者たちと霊的に交わり、あるいは議論を重ねて考えついた名前だろう。だがテーベのアメン神殿では、こんな形で王が改名する話は聞いたことがないと神官たちが猛反発したにちがいない。何かの節目を祝って称号を少しいじることはあったかもしれないが、まったく別の名前に変更した例はかつてなかった。もちろん王妃も、ネフェルネフェルウアテン・ネフェルトイティという長い名前になった。〈アテンの美は美しい、美しき婦人が来た〉という意味だ。

だが改名はただの始まりで、アクエンアテンとなった王は新しい宗教の木を根こそぎ引きぬいて、別の場所に移植を開始した。国の中心的な都市を離れ、中エジプトの何もない土地に神聖なる新都を建設することにしたのである。都の名前は〈アテンの地平線〉を意味するアケトアテン。王と都は不可分とばかりによく似た名前だった（現在この場所はテル・エル＝アマルナ遺跡と呼ばれている）。アクエンアテンは太陽円盤そのものを摂政として、ここで統治を開始する。息のかかった貴族たちも、豪勢な金品で釣ったか、あるいは強制的に帯同した。たがはずれたエジプト社会に混沌が広がるが、体制側の文書記録にはそれに対する反発の言及はない。アケトアテン遷都の時期に、廷臣や神官、貴族の個人的な考えを記したパピルスは残っていない。そうした記録が今後見つかることもないだろう。

世俗から遠く離れた中エジプトで、アクエンアテンは新しい王宮や神殿、行政府の建設を開始する。工期短縮のために軽量で小型のブロック、タラタトを活用した。墓地から何千体という子どもの遺骨が見つかっているのは、おそらく子どもを保護者や両親から引きはなし、強制的に過重な労働に従事させて、ろくに栄養も与えなかったことを示している。新しい聖都は、そんなむごたらしい犠牲を土台にしていたのだ[15]。

ナイル川の上流下流には何千年という歴史を誇る神殿が無数に存在していたが、閉鎖に追いこまれたり、少なくとも手当てが入ってこなくなった。アクエンアテンが、自分が熱烈に信仰する新しい宗教に貴族たちを引きこむため、際限なく富をばらまいたからだ。彼はいうならばエジプト社会の頂点に君臨する過激派であり、国の方向性をどう曲げようと、人的資源や富をどう使おうと思いのままだった。エジプトという国の理念がいかに損なわれようとも、アクエンアテンだけは計画を実行することが許された。わかっているかぎり、王の暗殺計画もなければ、神官集団による反乱も、組織的な政変や紛争もなかった。王の存命中は臣民が服従した（そして死後に反動が起きた）という歴史的な記録が残っているだけである。

アクエンアテンが新しく建てた神殿は、何重もの門が不浄な大衆を締めだしていた（来る者拒まずの宗教ではなかったようだ）。風と光がふんだんに入ってくる中庭に何百という祭壇が並び、囲われた聖域はない（だいたい太陽をどうやって囲いこむ？）。神の存在は、焼けつく肌や目で、暖まる大地で感じることができるので、偶像も必要ない。アクエンアテン王と「王の偉大なる妻」ネフェルトイティ、そして娘たちは、アテン神が人間の姿を借りた姿ということになる。アマルナ文書と呼ばれる外交書簡〔アクエンアテンの王宮跡から発見された粘土板文書。近隣諸国や従属国の王からの書簡で、世界最古の外交文書とも言われる〕には、いつ終わるともしれない神殿での儀式のあいだ、太陽の下で立ちつづける使節の嘆きがアッカド語〔古代メソポタミアの言語。楔形文字が使われる〕で記されているが[16]、エジプト語で書かれた部分にはない。

アケトアテンに遷都したことで、ネフェルトイティの政治的な立場は強くなった。大それた計画を実行するにはネフェルトイティの存在が不可欠だったので、アクエンアテンも可能なかぎり自分に次ぐ2番目の地位を彼女に与えた。ネフェルトイティは王宮でアクエンアテンがほんとうに信頼できる数少ない人間だっただろうが、その理由は明快で、ネフェルトイティの立場は完全に王しだいだったからだ。王がひとこと発するだけでネフェルトイティは降格し、別の女性が「王の偉大なる妻」になる。

王と王妃の関係に脅しや疑念が渦巻いていたかどうかはともかく、依存しあっていたことはまちがいない。アケトアテンで描かれたネフェルトイティの姿は王と同じ身長で、身体的特徴も同じだ。王冠をかぶった結果、夫より背が高くなったレリーフもある。現在ベルリンにある石碑は、身体つきがまったく同じで、王の頭飾りを着けた2人がキスをしている。これを根拠として、アクエンアテンは同性愛者であり、男性の愛人を摂政にとりたてたという説も提唱されたが、現在ではアクエンアテンとネフェルネフェルウアテン・ネフェルトイティを描いたものであり、太陽を守護し、抑止する女神ムトとテフヌトにならって二重王冠をかぶっているという解釈で落ちついている。[17] アクエンアテンの成功にネフェルトイティは不可欠だったのだ。

アクエンアテンは新都を完璧なものにして、旧弊を断ち切りたいと思っていた。テーベ、メンフィスという権力の二大殿堂からほぼ等距離で、孤立した場所にアケトアテンを建設したのも当然だろう。きちんと機能する首都をできるだけ早くつくりたいアクエンアテンは、あらゆる贅沢品とそれをつくる職人を、巨額の費用をかけて運んできたにちがいない。ガラス、織物、金細工、彫刻、土木、建設といった分野の働き手は、いっせいに工房を解体し、アケトアテンに移築して活動を開始した。そのため旧王宮の貴族たちは、贅沢品が手に入らなくなった。

アケトアテンでは、巨大な神殿が驚くほど短期間に完成した。王宮もひとつではなく、王の家族や重臣たちのために少なくとも3カ所につくられた。官公庁、文書庫、外交文書の筆記所など、統治を機能させるうえで必要な施設も整備される。何もない場所に巨大都市を建設し、その中央にアクエンアテンと王の家族が鎮座する形は、神々ありきの伝統に反する、いわば「ファラオ中心主義」だった。[18] これまでは年月の進行も神殿の祭儀が軸になっていて、アメン神がテーベ西岸の死者の地に現れ、祖先の墓と神殿を訪れる「谷の美しき祭り」などが行われていた。アケトアテンではそのような暦は廃止され、1日の経過とともに旅をするのも、神ではなく黄金と琥珀金の戦車に乗った王と王妃になった。戦争でもないのに戦車に乗るエジプト王など、これまでついぞいなかった。戦車は太陽そのものの象徴であり、アテン神への帰依を表現する手段として使われた。真新しい都の街路を練り歩く祭礼の行列にも戦車が登場している。頭を地面につけるようにして居ならぶ貴族、高官、労働者の前を、現人神《あらひとがみ》であるアクエンアテンとネフェルトイティが戦車に乗って進むのだ。

アクエンアテンは、王妃と親密に接触する姿を描かせるのが好きだったようだ——唇を重ねるという過去にはありえなかったレリーフもある（たとえば、ハトシェプストの神聖な出産を描いた一連の場面では、性的絶頂も手と手を触れあわせて表現するのが関の山だった）。王妃が王の膝に座り、美しい脚を玉座からおろしているあだっぽい浮き彫りも残っている。昔の神殿で男と女の神が交合していたように、これも儀式の一部だったと考える研究者もいる。[19]

アクエンアテンが信仰する新しい宗教は、光と喜びと愛の宗教であり、アケトアテンには革新的な建築や斬新な発想があふれていた。何千年も現状に固執して、宗教的な伝統を踏襲してきた国には好ましい刺激だったにちがいない。だがそれは表面的な印象で、よく見ると人命をないがしろにする、独裁的な統治者の熱狂的な信仰が露骨で、国益の視点が欠落している暗黒の部分が顔をのぞかせていた。最近の考古学的調査では、資源が乏しくなりかけていたこの時期、短期間でこれほどの巨大都市を建設したために、腐敗と強迫が横行していた実情が明らかになった。都市建設に従事した労働者の遺骨を分析したところ、反復運動過多損傷、栄養不良、さらに反復性外傷の痕跡が見られたのだ。彼らは過酷な作業を急がされ、充分な食事も与えられず、身体を痛めても容赦なく働かされ、子どもさえ例外ではなかった。[20]

アクエンアテンは、貴族たちをアケトアテンに移住させるのに「強制力のある賄賂」を用いたようだ（貴族たちの墓の碑文には、王に豊かにしてもらったと書いてある）。貴族は自邸を好きなように建てることができた。それればかりか王の神聖な計画に従い、予算と工期を超えなければ、都市計画まで貴族の考えにまかせた。血迷った王の気まぐれで地の果てに連れてこられた高官たちが、予算の上前をはねて懐に入れ、うっぷんを晴らしたことは想像に難くない。技能職の人間は、肉体労働者ほど悲惨な扱いを受けなかったはずだ。替わりのきかない特殊能力の持ち主は、こういうときに得をする。いずれにしても、アクエンアテンの斬新で独特な信仰理念は光と愛で満ちていたが、太陽神の愛を受けることができたのは王家の人間だけだった。骨は嘘をつかない。アクエンアテンの宗教実験は、性別も年齢も関係なく労働に駆りだされた人びとを踏みにじったのである。

貴族たちはあからさまに私腹を肥やしており、その証拠はいまも残っている。アケトアテンの貴族の墓所には、アクエンアテンとネフェルトイティが高い窓から無造作に金の首飾りを投げ、廷臣がうやうやしく受けとる光景がたくさん描かれている。金の魅力に惹かれて、軍人や日和見主義の貴族も新都にやってきたことだろう。神官たちも従来の信仰を捨て、太陽光を拝む奇妙な新しい宗教に鞍替《くらが》えする。官僚たちも移ってきて徴税などの命令を遂行し、書記を採用して外交文書の作成に励んだ[21]。

裕福であってもなくても、アクエンアテンに従って新都に移住した教養ある貴族たちは、自身と家族の不安を胸に抱えていたにちがいない。古代エジプト人として、永遠の来世も気になっていたことだろう。ただアクエンアテンはそんな心配とは無縁だった。その墓は神聖な創造活動の中心であり、最も重要な太陽の光が集まる場所だ。いまは地上での仮の姿だが、死して墓に安置されれば、遺体が光り輝くはずだと彼は信じていた。

アクエンアテンは王妃といる場面を数多く描かせているが、もちろんハーレムもあった。だがハーレム出身の妻が記録に出てくることはほとんどなく、王自身が核家族外の女性には言及したがらなかったようだ。唯一登場するのが〈モンキー〉を意味するキヤという名の女性だ（愛称と本名のどちらの可能性もある）。キヤは「王に深く愛された妻」という前例のない称号を与えられている。「王の偉大なる妻」ネフェルトイティは、第一王妃としての権威が脅かされていると感じただろう。ブドウなどの農作物がキヤの名前でつくられていたから、地所を持っており、経済的基盤もあったようだ。いずれにしても、キヤがアケトアテンに存在した期間は短く、その名前とイメージは意図的に抹消されている。王の第一王女メリトアテンの名前が上から彫られていることも多い。キヤの失脚は、ネフェルトイティの差し金だったのか。英国のニコラス・リーブスをはじめ、そう考える研究者も少なくない。[22]

ネフェルトイティが第一王妃になってから7、8年たったこの時期、2人の娘が「王の偉大なる妻」の称号を授かっている。ネフェルトイティは最高位の王妃の立場を奪われた形だ。幼い娘2人を愛撫《あいぶ》し、キスをするアクエンアテンという、近親婚の要素が色濃く漂うレリーフもつくられた。やがて娘たちは、それぞれ王とのあいだに女子をもうけたようだ――メリトアテン・タシェリトは〈小さなメリトアテン〉、アンクエスエンパアテン・タシェリトは〈小さなアンクエスエンパアテン〉という意味で、それぞれ母の名から命名された。[23] ではアクエンアテンのハーレムで第一王妃の座を失ったネフェルトイティは、どうなったのだろう?

「王の偉大なる妻」としてのネフェルトイティへの言及が突如消えていることから、アクエンアテンの治世12年ごろに彼女が死亡したと研究者は考えてきた。ネフェルトイティの名前の多くが抹消され、娘たちの名前が上書きされていることも混乱に拍車をかけ、暗殺された、あるいは王の寵愛を失ったとする説も飛びだしている。[24] だがネフェルトイティはどこに行ったわけでもなく、夫との共同統治王という新しい立場になっただけである。表向きは夫の権威の陰に入ったために、それ以前の役割と結びつかず、姿を消したような印象を与えたのだ。

治世12年、アンクケペルウラー・ネフェルネフェルウアテンという名前の共同統治王が、アクエンアテンと並んだ姿で初めて登場する。この人物がネフェルトイティであることは、研究者の大半が認めるところだ。[25] ネフェルネフェルウアテンは、以前に王から与えられていた名前だ。ここに来てネフェルトイティを捨て、即位名を授かって、その名をカルトゥーシュで囲まれることを選んだのであろう。宗教実験を続けていきたいアクエンアテンにとって、やはり信頼できる人物は王妃しかいなかったようだ。多くの研究者が支持するように、ネフェルネフェルウアテンがネフェルトイティその人だったとすれば、アクエンアテンは自分と同じ王という立場で彼女をそばに置こうとしたのだろう。

前述のニコラス・リーブスは、アケトアテンにあるメリラー（2世）の墓にネフェルトイティ即位の様子が描かれていると主張する。それは遠くから見るとひとりの王が玉座に座っている図だが、よく観察すると2つの身体がそれぞれ衣装をまとい、手が4つ、脚も4本あって、明らかに2人が融合しているのだ。アクエンアテンとネフェルトイティが、一心同体で共同統治を行うことを表現しているように見える。[26] もうひとつの証拠が、ロンドンのピートリー・エジプト考古学博物館にある「共同統治の石碑」だ。イメージは失われているものの、アクエンアテンと共同統治王の二重カルトゥーシュが確認できる。共同統治王の名前は、アンクケペルウラー・メリ＝ワエンラー・ネフェルネフェルウアテン・アケトエンヒエスとやたらに長い。しかも彼女が王妃から共同統治王に立場が変わった証拠もある。[27] 王妃の名前に使われる一重のカルトゥーシュが、共同統治王にふさわしい二重になるよう、あとから線を彫り足されているのだ。

ネフェルトイティの新しい名前はアンクケペルウラー、〈ラー神の顕現は健在なり〉という意味だ。彼女は古い自分を少しずつ捨てていく。出自につながる血族との関係を断ち切ったのは、そう仕向けられたのかもしれない。治世5年にネフェルネフェルウアテンという名前を追加したのはアクエンアテンだったから、彼女を共同統治王に仕立てなおしたのもアクエンアテンだったはずだ。カルト教団の指導者チャールズ・マンソンも、信者に新しい名前を与えて過去と決別させている。

頻繁な改名は、現代の研究者に少なからぬ混乱を与えるが、当時のアケトアテンに暮らしていた古代エジプト人も頭を悩ませたことだろう。何しろ王は、添え名が自分の信仰心と信念を正確に伝えていないと不満を覚えてか、2年おきに変更していたからだ。その根底には、自分はまちがっていたのではないかという深い疑念があった。だから自らの信念体系をときおり根本から変革しつつも、神との関係が日々強くなっていることを折に触れて示さずにはいられなかった。新しい添え名には宗教的な文脈が織りこまれているが、その意味は推測するしかない。アクエンアテンと共同統治王は、政治的、宗教的に求められる方向性に合わせて、たえず自分たちのイメージを刷新して人気を保とうとしていた。その姿はまさに古代のマドンナかプリンスである。

王妃から共同統治王は飛躍的な昇格だが、ネフェルトイティはなぜそれができたのか。少年王の治世7年に共同統治王への即位を宣言したハトシェプストとも、王朝の最後の生き残りとして継承危機を解決しなければならなかったセベクネフェルウとも異なる。死んだ王も、若い王も、幼い王もいない状況で、ひとりの女性が夫と並んで君主におさまったのだ。彼女はもはや王妃とは見なされず、若き共同統治者という、本来なら王の息子が就くような地位を占めたのである。

アクエンアテンが共同統治を採用したのは、過去の王たちとちがって自分の王朝を長く繁栄させるためではなく、王権を確実に妻に引き継ぐためだった。たしかに、ネフェルトイティが後継者になりそうな息子を産んだ形跡はない（ハーレムの身分の低い妻とのあいだには何人かいたと思われるが）。それにもかかわらずネフェルトイティは、ハトシェプストを含め過去のどの女王や王妃も届かなかった地位に到達している。ネフェルトイティは王より若いので、王の死後はネフェルトイティが王権を手にするはずだ。

意志堅固な統治者であるアクエンアテンが、なぜ女性と権力を共有しようと思ったのか。アテン信仰を確立し、完成させるには時間も場所も必要だ。単独体制では心もとないから、自分に歯向かうことのないパートナーがほしかったにちがいない。ネフェルトイティは自分より若いから、共同統治といえどもアクエンアテンの立場が絶対的に強い。それでも、アクエンアテンが引きこもって信仰を思索するようなときは、ネフェルトイティが前面に立って国政の指揮をとった。現実はどうあれ、2人は対等な王としてともに未来を向いていたのである。

だが大きな悲しみが次々と2人を襲う。治世13年、死の連鎖が始まった。娘のセテプエンラー、それに母と同じ名のネフェルネフェルウアテンが死ぬ。おそらく疫病だろう。[28] さらにもうひとりの娘メケトアテンが、おそらく父アクエンアテンの子どもの出産のために命を落とした。治世14年には、アクエンアテンの母であるティイが死去。王家が悲しみに包まれるなかで、エジプトは軍事的にも大敗が続き、最北部シリアの領土を失った。[29] 疑念が渦巻き、心が揺らいでいたであろうアクエンアテンはますます信仰にのめりこみ、多神教撲滅を掲げて狂信的な聖戦まで始める始末だった。理想郷の建設が進まないことを神に詫《わ》び、運命を変えようとしていたのだろう。アテン神の怒りを静め、父なる神との関係修復を模索していたのかもしれない。アクエンアテンは破壊という解決策を選択し、断行する。

アクエンアテンはエジプト国内の全神殿をつくりかえるために、破壊命令を携えた代理人を全土に派遣した。最大の標的はテーベのアメン神とムト神で、その名前と姿があるところはすべてのみで削らせた。硬い花崗岩でできたオベリスクのはるか上部にあっても、父王アメンヘテプの名前をつづるために使った記号でも、容赦はしなかった。多神教への憎悪に燃えるアクエンアテンは、「神々」という言葉も抹消させた。

アクエンアテンは何ひとつ見落とさず、首飾りひとつ、ポケットに入れた小物ひとつまで激しく損傷することを求めた。現場で作業する者は、仲間に告げ口されたり、監督がうっかり見逃したりするのではないかと恐怖におびえたことだろう。[30] 供物や財源はすでにアクエンアテンとアテン神殿にすべて入るようになっていたが、旧来の神殿に官吏を送りこみ、隠し財産がないか捜索までさせている。神官の特権はおそらく剥奪され、神聖な動物は殺害を命じられたかもしれない。彫像や宝物はきっと、すべて王に引きわたすことになっただろう。16世紀、英国のヘンリー8世がローマ・カトリックの解体をねらって破壊のかぎりを尽くしたために、社会が大混乱した史実を思わせる。

紀元前3世紀の歴史家マネトはこの過去の破壊行為を記録に残しており、何世紀も前から侵略を続けてきたヒクソスの所業としている。だがこれはアクエンアテンによるものではないかとニコラス・リーブスは指摘している。マネトの記述はこうだ。「町や村に火を放ち、神殿に押しいって神々の像をためらうことなく粉砕したばかりか、聖域を炊事場代わりにして、人びとが信仰していた神聖な動物を焼いて食べた。神官や預言者たちは、動物を屠《ほふ》られたあげく裸で追放された」[31]。もしこれを命じたのがアクエンアテンだったとしたら、神官たちは恐怖と悲しみのどん底に突きおとされただろう。高報酬の傭《よう》兵《へい》たちが静謐《せいひつ》な聖域に乱入し、ほこらを押しあけて純金の神像をひっぱりだして大箱に放りこむ。王のもとに届けられた神像は、融かして再利用されるのだ。

これだけ狂信的な蛮行を繰りひろげても、アクエンアテンと共同統治王ネフェルネフェルウアテンはまったく報復を受けていない。エジプト以外の地域であれば、王座から引きずりおろされ、殺されるか投獄されるかして、権威は失墜したはずだ。たとえエジプトでも、自由思想に染まって伝統的な宗教をないがしろにするのが女性の指導者であれば、まちがいなく追放されていただろう。階層社会の頂点に立つ男系の王が臣民の信仰をがんじがらめにしていたからこそ、政変も暗殺もなく抜本的な改革ができたのだ。

アクエンアテンが信奉していた宗教がほんとうに一神教だったかはともかく、宗教的な過激主義を実践して偶像破壊を行ったのはアクエンアテンが人類初だろう。危険も見返りも大きい博打《ばくち》だが、やりたいことはやりたいときに実行する。そんな人物は古代エジプトの歴史でも初めてだった。後世の狂信者は草の根からの支持を集めた革命家だったりするが、古代エジプトの過激なファラオは、当時の地中海世界の豊かな実りを一手に集めていた。だからレバントやペルシャの呪術者《シャーマン》や、むさくるしい姿の預言者が夢想することを、即断即決で実行できたのだ。聖なるエジプトの地を、祖先が崇拝してきた無数の神々から引きはなし、新たな光の宗教に向かわせる。それがアクエンアテンの野心的な計画だった。頑迷な臣民に自分の哲学を押しつけて、高い次元から世界を変革するつもりだったのだ。血迷う者か天才か、自己愛者か反社会的人物か、あるいはその全部なのか。それはわからない。ともかく後始末をする役目はネフェルトイティにまかされた。

アクエンアテンの治世の終盤、ナイル渓谷で皆既日食が観測されたことも終末観に拍車をかけた。現代の天文学者の計算によると、それは紀元前1338年5月14日のことだった。5分48秒にわたって太陽の光が完全に消え、地上は暗闇になった。貴族も神官も平民も、二度と太陽は輝かないのではないかと恐れおののいた。皆既日食が起きるのは375年おきとされるので、人びとのなかに前回の記憶は残っていない。科学的に予測する手段もなく、日食は突如として始まる。アクエンアテンの宗教改革に疲弊し、おびえていた人びとにとって、太陽が月の陰に隠れた約6分間はどれほど恐ろしかったことだろう。王は自分の計画に疑念が湧かなかっただろうか。共同統治王としてそばにいたネフェルトイティは、夫への信頼が揺らいだのではないか。神の姿が異なるというだけで偶像を破壊する行為を、見なおそうとする者はいなかっただろうか。もしかするとアクエンアテンは、太陽神がこれ以上弱ることのないよう、さらに精励刻苦せねばと奮起したかもしれない。

きっかけがなんだったにせよ、アクエンアテンの治世が終わりに近づくにつれて、宗教改革は先鋭さを失っていったようだ――少なくとも聖なる新都の外では。[32] 健康状態が悪化したのか、底知れぬ不安にとらわれたのか。そもそもネフェルトイティを共同統治王にしたのも、そのあたりに理由があったのかもしれない。ネフェルトイティは、アクエンアテンの信仰の理想をともに実現していく信頼できる同志だった。そのいっぽう、ネフェルトイティはおそらく狂信的でもなければ、莫大な支出もしない常識的な判断ができる人物で、高官たちはそこを頼りにしていたと思われる。家長の命令を実行しつつも、現場では独自の形で采配を振れるのが女性なのだ。

　治世17年ごろ、アクエンアテンは50歳近くで死去する。このとき娘で妻のメリトアテンはおそらく13歳前後、その妹でやはり妻のアンクエスエンパアテンは9歳か10歳だった。その下には6歳ぐらいの男子トゥトアンクアテン（のちのトゥトアンクアメン〔日本ではツタンカーメンと表記〕）もいたが、この時期の記録にはまったく登場しない。[33]ネフェルトイティは20代半ばから30代はじめだったと思われるが、王の死と王権の移行は隠蔽された。古代エジプトで殺される神王がいたとしたら、それは国の安定を損ね、人びとに大きな恐怖と苦痛を与えたアクエンアテンだろう。けれども王殺しを匂わせるような証拠はまったくない。たとえそうだったとしても、側近中の側近が極秘に、人知れず始末をつけたにちがいない。死にかたがどうあれ、アクエンアテンは新都の東側の谷にまだ建設中だった墓所に正式に埋葬された。[34]

　アクエンアテンの治世からわかるように、古代エジプトは神から授かった王権を守りぬく国だった。王から実権を奪うときも、声高な主張や騒ぎは抜きでひそかに行われ、記録をたどっても首謀者らしき存在は見えてこない。ネフェルトイティはこの機会に乗じることもできたが、それには狂信王と夫婦だった痕跡を完全に消さなくてはならない。共同統治王ではあったが、異端とはほとんどつながりがなかったことにしよう。単独で王権を手にするには、自分を新しくつくりなおす必要があった。

アクエンアテンの死後、ネフェルトイティはどう行動したか。これについては、フランス、米国、英国の研究者でなぜか解釈が微妙にちがっている。[35] 証拠はいかようにも読めることから、ネフェルトイティをめぐる説も多岐にわたっているのだ。そのなかでもニコラス・リーブスに代表される英国派の解釈は、入手可能な視覚的証拠や文字記録を網羅しているので、ここではおおむねそれにもとづいて述べていきたい。

解釈の乱立は、女性統治のありかたに起因する。女性が異例の形で即位しても、それに合わせて規則を曲げ、変更を加えるようなことはない。反対に女性が自分をつくりかえ、しばしば本来の姿を隠して、王という立場に適応していく。

アクエンアテンの次に王になったのはアンクケペルウラー・スメンクカーラーで、そのあとに即位したのが少年王ツタンカーメンである。ごく最近まで、スメンクカーラーは第18王朝の王家とつながりのある親族男性、おそらくアクエンアテンの兄弟ではないかと考えられていた。アクエンアテンとネフェルトイティの娘であるメリトアテン、アンクエスエンパアテンを妻にしており、男系継承が基本であることから、多くの研究者はスメンクカーラーは男性であることを前提にしていたのだ。しかし王朝末期の継承危機と、アンクケペルウラーという名前——ネフェルトイティが共同統治王ネフェルネフェルウアテンになったときに使用したものと同じだ――を考えると、スメンクカーラーなる謎の人物はネフェルトイティその人だった可能性が浮上する。

スメンクカーラーはネフェルトイティなのか、あるいは誰か別の男性統治者なのか。研究者のあいだで激しい議論になっているのはその点だ。[36] スメンクカーラー＝ネフェルトイティ説を支持するリーブスは、決定的な証拠はまだないが、すぐにいろいろ出てくるはずだと考える。王妃から共同統治王になったとき、元の姿がわからないほど完璧に変身したネフェルトイティだから、共同統治王から単独王になるときも同様に自分をつくりかえ、アンクケペルウラーという即位名だけ残したというのである。ネフェルトイティという名前は、共同統治王になったときに捨てている。単独王になったいま、今度はネフェルネフェルウアテンを放棄して、〈ラー神の生命力は回復する〉〈ラー神の生命力は飾られる〉といった意味のスメンクカーラーを選んだ――信仰と政治が混迷する時代、ネフェルトイティのような女性には賢い選択だったはずだ。

もしアンクケペルウラー・スメンクカーラーの正体がネフェルトイティだったなら、アクエンアテンが国に残した深い傷を治すのは骨の折れる仕事だったはずだ。夫の太陽王が着手していた建設事業や支出計画はとてもまかないきれるものではなく、いまやエジプトは破産状態だった。第18王朝のそれまでの王たちとちがい、壮大な理想を実現するために戦争で自国の価値を高める、金やその他の鉱物で収入を増やすという発想はアクエンアテンにはなかった。王は結局何ひとつ結果を出さずに世を去り、あとには廃墟《はいきょ》だらけで放置されっぱなしの帝国が残った。アクエンアテンは一部の貴族を弾圧するいっぽうで、別の貴族に湯水のように富を与えて社会の均衡を崩した。神々の前でこうべを垂れるでもなく、国庫の残高など気にもとめず、何か手に入れても対価を払うそぶりさえ見えない。要するに失政のつけだけ置いていったのだ。共同統治王ネフェルネフェルウアテンはそんな国の再建に乗りだし、王の死後はスメンクカーラーとして任務を続行した。

スメンクカーラーと「王の偉大なる妻」メリトアテンの数少ないレリーフが、アケトアテンにあるメリラー（2世）の墓に彫られている。貴族の墓の浮き彫りとしては最後につくられたもののひとつだ。ノーマン・デ・ガリス・デイビス［1865〜1941。エジプト学者。妻ニーナと共同で多くの模写を行った］による模写を見ると、スメンクカーラーと名前がついた人物は男性のキルトを着ているが、胸の下で女性の上着も結んでいる。[37] セベクネフェルウやハトシェプストと同様、女性の人物に男性王のしるしを重ねているようにも見える。

ただ問題点もある。スメンクカーラー＝ネフェルトイティ説を否定する研究者が主張するのが、王に複数の妻がいた事実だ。たしかにメリラー（2世）のレリーフでも、「王の偉大なる妻」という称号を持ったメリトアテンが描かれている。父が娘と結婚するのは、排他的な君主制ではよくあることだが、母もまた娘と結婚するのか？　たとえ結婚したところで、何ひとつ始まらない。ネフェルトイティはハーレムを持つことはできない。王であるネフェルトイティは男性になっているので、儀式の場で女性に与えられた役割を果たすために王妃を用意する必要があった。となれば王の娘が最も信頼できるはずだ。メリトアテンは父の「王の偉大なる妻」になったが、その相手が母親に代わっただけで、本来の役割を続行していたといえる。

奇妙だが合理的とも言える方法で、前例もないわけではない。ハトシェプストも、娘のネフェルウラーを同じような形で利用していた。ただし自身の妻ではなく、共同統治王の妻および自分に仕える高位神官としてだ。ネフェルトイティの場合は、王家の体裁を保つことが優先で、すべてを完璧に整える余裕がなかった。

ネフェルトイティが最初に出した命令のひとつがアケトアテンの廃都だったようで、これは慎重に、そして充分な敬意を払って行われた。過去の過ちを償い、移住してきた人びとの厚意にも配慮しつつ、一から都市を築いた前王の霊を怒らせないための和平と和解の試みである。テル・エル＝アマルナ遺跡には、神殿や住居、宮殿の入口だけが、れんがをきれいに積んだ状態で残っている。まるで、運びきれなかった荷物をあとで取りに来るために残しておいたようだ。スメンクカーラーとなったネフェルトイティは、かつての都の再建に全力を傾けたことだろう。テーベではアメンとムト、それにコンス、メンフィスではプタハ、セクメト、ネフェルトゥムといった神々の彫像がふたたび建立された。前王の命令で破壊され、傷つけられた聖地の偶像も、職人を派遣して修繕させた。さらに、顔の部分だけ現役の王である自分のものに変えた神像もつくろうとした可能性がある。ツタンカーメンの名が彫られたアメン像の一部は、ネフェルトイティの単独統治のときにつくられ、のちに名前を彫りなおしたか、途中からツタンカーメンのものとして完成させたと思われるものがある。[38]

スメンクカーラーは次の君主を立てる準備をしなくてはならなかった。次の世代で候補になるのはトゥトアンクアテン（のちのツタンカーメン）だが、まだ7、8歳で、自分で諸事の決断ができる年齢ではない。そこで自分の娘であり、父王の「王の偉大なる妻」だったアンクエスエンパアテン――彼女も子どもをひとり産んだ可能性がある――を相談役に任命した。横柄で強欲な助言者から幼い弟を守り、手に余る問題を解決してやるのだ。神官たちを再雇用して農業収入を奉納するなど、積極的に神殿の財産回復に努めながら、スメンクカーラーは長命を祈ったことだろう――自分が時間を稼ぐことができれば、亡夫がつくった国の亀裂も次代で元に戻るにちがいない。30代半ばになっていたスメンクカーラーは、子どもたちの成長を慎重に見守っていた。子らは宗教改革の嵐を目の当たりにしつつも、それが国にどんな損失を与えたかまでは理解していなかったはずだ。

これから父王による異端の暴挙の後始末をして、エジプトの痛みをやわらげなくてはならないが、子どもたちがその必要性を知るのはまだ先のことだろう。だがネフェルトイティの最後の望みはかなえられなかった。スメンクカーラーとして単独統治を始めてからわずか数年後、ネフェルトイティはこの世を去った。その短い治世は、エジプトの女性統治者について何を物語るのだろう。国の軌道を修正し、傷を癒やし、壊れた生け垣を修理しようと奮闘しながらも、彼女は次世代にまなざしを向けていたはずだ。好戦的で目先の利益を得ようともくろむ男性統治者よりも、ずっと先の未来を視野に入れていたかもしれない。

次に登場する王はトゥトアンクアテンだ（人心を慰撫《いぶ》し復興を象徴するトゥトアンクアメン――ツタンカーメンにすぐ改名する［アテン神を持つ王名からアメン神を持つ王名への変更］）。本人よりも墓のほうが有名で、古代エジプトの君主のなかで血統が最も取り沙汰される王である。アテン神を信仰する王族のなかに描かれていないことから、ネフェルトイティがツタンカーメンの母であることを疑問視する研究者もいる。ただアクエンアテンが娘たちを意図的にそばに置き、男子のレリーフや彫像を残さず、言及もしなかったのは、第18王朝のそれ以前の王と同じだった。さらにツタンカーメンのミイラを分析した結果、近親婚で生まれたことが判明している。ネフェルトイティとアクエンアテンがきょうだいだった証拠はどこにもないため、ネフェルトイティが母親かどうかいっそう疑問がふくらむ[39]。アクエンアテンのハーレムに王の姉妹がいた事実も確認されていない。ただアクエンアテンが実の娘を妻にしていることから、ネフェルトイティがツタンカーメンの祖母であったことは充分に考えられる。ネフェルトイティの娘であるメリトアテン、メケトアテンのどちらかがツタンカーメンを産んだとすれば、父と娘の近親婚で誕生したことになり、ミイラのDNA解析結果とも適合する。

スメンクカーラーことネフェルトイティがツタンカーメンの即位を実現させたとすれば、この本に登場する女性の王のなかで、血を分けた子孫——息子ではなく孫息子だが——への王位継承を成功させた唯一の人物ということになる。ツタンカーメンが手本にし、支えを求めたのは、父王ではなくネフェルトイティだったことだろう。2人の関係が祖母と孫であれば、ツタンカーメンが幼くして即位したことも説明できる[40]。

結局ネフェルトイティは、夫が国に与えた損害を完全に回復することはできず、昔のエジプトを取りもどす道の半ばで世を去った。この時代の登場人物は、エジプトの歴史研究家のあいだではほとんど注目されていない。自分の望むままに神格をつくりかえようとしたアクエンアテンのせいで、誰もが深い傷を負い、苦しみを味わい、そのことを記憶に焼きつけたというのに。そのアクエンアテンも含めて、ネフェルトイティ、ツタンカーメン、そして少年王の助言者だったアイとホルエムヘブまでもが、この狂騒曲に参加したばかりに、後世の神殿が保管する王名表から抹消される報復を受けたのである。

　ツタンカーメンの治世が今日これほど知られている理由はただひとつ、１９２２年にハワード・カーターが彼のほぼ無傷な墓を掘りだしたからだ。この大発見がなければ、少年王ツタンカーメンはスメンクカーラーと同じく謎に包まれた人物のままだった。そして墓の保存状態がこれほど良好だったのは、ツタンカーメン王の存在がほぼ完全に消されていたからだ。アクエンアテンの異教への傾倒は嫌悪され、歴史から跡形もなく抹消されていたので、いわゆる紀元前１２００年のカタストロフ［前13～前12世紀ごろに東地中海沿岸で起きた大きな社会変動。国々が弱体化・消滅し、青銅器時代から鉄器時代へと移りかわった］でテーベが破滅の危機に瀕《ひん》したときも、トトメス3世やアメンヘテプ3世といった有名な王の墓は荒らされ、略奪されたのに、ツタンカーメンの墓があることを思いだす者はいなかった。

　王になったツタンカーメンの結婚相手は、腹ちがいの姉妹であるアンクエスエンパアテンで、本人が望んだかどうかはともかくアンクエスエンアメンに改名している。彼女は実父アクエンアテンの「王の偉大なる妻」で、たぶん子どもも産んでいる。王家の谷に自分たちの母であり祖母であるスメンクカーラーを埋葬したのは、ツタンカーメンとアンクエスエンアメンだった。ミイラに口開けの儀式（遺体がふたたび話したり聞いたりできるようにする）を行ったのはツタンカーメンだろう。祖母の長命を切に願っていたのに、あまりにも早く王位にのぼらされてしまった少年王にとってはつらい役目だったにちがいない。

古代エジプトの王位継承にくわしい研究者は、ツタンカーメンが早々に即位したのは、意思決定者になれる女性摂政がいなかったことが決め手だったと指摘する。妻のアンクエスエンアメンはこのときおそらく14～16歳で、すでに「王の偉大なる妻」の経験もあったから、摂政は充分に務まったはずだ（そもそも彼女をこの地位に押しあげたのはネフェルトイティだったと考えられる）。けれどもツタンカーメンの後見役を務めたのは、アケトアテン時代にアクエンアテンの忠臣だったアイとホルエムヘブだった。ネフェルトイティとアクエンアテンにとってアイは父親のような存在だっただろうから、少年王に代わって統治を行うようになったとも推測できる。

アイはアクエンアテンの「神の父」であり、ネフェルトイティの家庭教師だった。ネフェルトイティはアイに絶大なる信頼を寄せたと思われ、高い地位に引きあげている。共同統治王だったネフェルトイティが単独王になる道筋をつけたのも、アイだった可能性が高い（たんなる憶測だが、アクエンアテンがつくりあげた異教世界の放棄もアイの差し金だったかもしれない）。幼いツタンカーメン王も、当然アイが支えたはずだ。

アイは献身的に王家に仕えていたから、王妃アンクエスエンアメンをないがしろにして自ら摂政の座におさまるとは、ネフェルトイティは想像もしていなかっただろう。忠実なイエスマンだったアイはしだいに影響力を強め、ついには自分が王権を手にする。それ以前の王朝は、たとえば第12王朝のセベクネフェルウのように、男女はともかく王家の人間が最後の王になって幕を閉じていた。ところが第18王朝は、非王族の2人の男性が最後に王になった。正統な家系を代表する女性たちを押しのけて、本来のぼれるはずのない王座を占めたのだ。

ツタンカーメン時代の最後の1年は、王族と重臣たちの激しい覇権争いに明け暮れていたようだ。その中心にいたのが、ネフェルトイティの娘アンクエスエンアメンだった。エジプトの王女（ヒッタイト語でダハムンズと記されている）がヒッタイトの王に送った書簡が残っているが、その内容はこうだ。「私の夫は死にました。息子はおりません。あなたにはたくさんの息子がいると言われています。もし、あなたが私にあなたの息子を与えてくれるのなら、彼は私の夫になるでしょう。私の従者を選んで夫にすることはけっしてしません！……私は恐ろしいのです」。信書を受けとったヒッタイト王シュッピルリウマ1世は、息子ツァナンツァをエジプトに向かわせた。ところがツァナンツァは旅の途中で死んでしまう。アイの手先に暗殺されたものと思われる[41]。多くの研究者が示唆するように、ダハムンズがアンクエスエンアメンであるならば、彼女はアイを「従者」と切り捨て、その王位獲りを阻止すべく積極的に工作していたことになる。

結局のところ、アンクエスエンアメンの地位に変化はなかった。アイが王に即位して、彼女は「王の偉大なる妻」になったからだ。第18王朝最後のひとり、アンクエスエンアメンは、父アクエンアテンから弟ツタンカーメン、そして彼の摂政で助言者を務めた老将で、従者でありながら王権を奪ったアイへと、王から王に受けわたされる屈辱をなめることになった。アンクエスエンアメンの悲嘆は深かっただろう。セベクネフェルウのように自分が即位してもおかしくなかったのに、王座は目の前を通りすぎていった。それに追いうちをかけるように、テーベの西にある王家の谷で、ツタンカーメンのために用意していた墓所（本人がつくらせていた副葬品も含めて）をアイに横取りされてしまった。

ツタンカーメンの遺体は、王家の谷にあるスメンクカーラーの墓所の正面部分に急いで埋葬され（ニコラス・リーブスの説が正しければだが）、祖母のためにつくられた品々も銘を彫りなおした。2匹のコブラとハゲワシの王章をあしらった黄金のマスクも、同じ王章をつけた入れ子式の棺も、本来は王妃を連想させるもので、あとでツタンカーメン用につくりかえたことがわかる。実母の墓所の正面回廊では、ツタンカーメンの名前を新たに彫った霊廟に合わせて玄室の幅も拡張された。アンクエスエンアメンは何もできないまま、新王アイがツタンカーメンの口開けの儀式を行う様子を眺めるだけだっただろう。

もし歴史がちがう道を進んでいたら、と想像するのは楽しいものだ。もしアンクエスエンアメンが摂政になり、幼い弟に代わって統治を行っていたら。もしアイが（正統派の神官や反王族派の支援を得ることなく）これほど力を持たなかったら、研究者はもうひとりの女性の王の名を記録に見つけたことだろう――例によって王朝家系図の末端に。ツタンカーメンが早すぎる死を迎えたとき、偉大な第18王朝の最後のひとりとしてファラオの王冠をいただくのはアンクエスエンアメンのはずだった。古代エジプトで女性が権力者として登場するのは、ほかの希望がすべて失われたこういう局面だ。けれどもアンクエスエンアメンの即位は拒絶された。これを機に、続く第19王朝と第20王朝を通じて、いかなる形であれ女性を王権に近づけない流れができあがることになる。

ネフェルトイティが政治的な役割を拡大した事実は、考古学者や歴史学者によって明らかにされはじめたばかりで、今後はさらに重大な発見が期待されている。性質や役割だけでなく、性別まで変えたことに関しては、エジプト学者のあいだでいまも活発な議論が続いている。エジプトの女性の王のなかで論争の対象になるのはやはりネフェルトイティだが、それには古代エジプト人の対応も関係している。異教に入れあげた王とネフェルトイティは、後代につくられた歴史や王名表のほとんどで抹消されているため、存在を確認するのが難しいのだ。記念碑的な形でつくられた王名表、たとえば100年後にアビドスでつくられたセティ1世葬祭殿には、強大な王権の系譜が詳細に記されているが、そこにネフェルトイティの名前はない。さらにのちの時代につくられた行政史には、国家元首としてネフェルトイティらしき人物が確認できるが、記述は大幅に短縮され、内容も混乱している。[42]彼女の生涯の謎が解明されるのは、考古学者が彼女の墓、できれば遺体を発見してからになるだろう。近年の調査の成果を考えると、その日は意外と早く来そうだ。

ネフェルトイティの墓が王家の谷に完全な形で残っているというのは、考古学者の夢物語にすぎなかった――最近までは。痛烈な嘲笑と批判を浴びながらも、それを裏づける証拠を集めたのがニコラス・リーブスだ。抜群の知名度を誇り、人びとに愛されているツタンカーメン王の墓は、はるかに大規模な別人物の墓の玄関部分にすぎないとリーブスは考えた。文書記録、美術史、建築構造から手がかりを拾い、赤外線画像や地中レーダーを駆使して調査を行ったリーブスは、ツタンカーメンの玄室の奥に別の墓が隠れていると主張した。墓の主はおそらく謎の人物スメンクカーラー（即位名がアンクケペルウラーであることから、ネフェルトイティの可能性がある）で、少なくとも一部が完全な状態で残っているという。とはいえツタンカーメンの玄室の壁に小さな穴を開けて、向こうにあるのが豪華な副葬品の山なのか、瓦礫《がれき》に埋まった回廊なのか確かめないかぎり、ネフェルトイティは濃い霧の先にぼんやり見えているだけだ。リーブスの調査結果は考古学界の複雑な政治事情のせいで黙殺されているが、1922年のツタンカーメン墓を上回る大発見の可能性が、少しずつ注目されはじめている。ネフェルトイティがツタンカーメンの玄室の奥に眠っていると聞くと、まだ多くのエジプト学者は一笑に付すが、私は笑いとばす気になれない。

ネフェルトイティはその美しさが長く語り継がれているものの、統治者としての姿は見えない。それでも考古学史上最大の発見から、強大な権力の一端を推察できる。ツタンカーメンの代名詞にもなっている黄金のマスクと棺、美しい彫刻がほどこされたカノプス壺［死体から取りだした内臓を収容する容器］と黄金の内棺、象嵌《ぞうがん》細工の黄金の玉座にかならずあしらわれているコブラとハゲワシの王章は、本来は王妃に使われるものだ。[43]これらの黄金の品々は、少年王のものではなく、共同統治王ネフェルトイティのためにつくられたのだと私は結論づけたい。黄金のマスクの下には彼女の美しい顔があり、私たちの心の目をまっすぐ見すえている。[44] それでも単独王スメンクカーラーとしての墓が見つからないかぎり、ネフェルトイティは宗教回復に貢献した統治者ではなく、ベルリンにある美しい胸像の女性のままだ。

狂信王アクエンアテンは異教に走って王朝を急降下させ、後継者は誰もそこから這《は》いあがることはできなかった。宗教熱に浮かされた夫が壮大な実験で国をかきまわしたあと、最終的に再建の役目を引き受けて、野放しで暴走した王権の手綱を握りなおし、国を破壊するような夫の決定を修正したのがネフェルトイティだった。第18王朝は、強国の利得で富がいくらでも流れこんでくる時代だった。かつては想像もできなかった状況に、神王たちは当然の権利としてあぐらをかいていた。道をすっかり踏みはずし、臣民もさすがに疑いの目を向けはじめたエジプトを立てなおしたのは女性だった。臣民の心情を汲みとり、ひとつの視点に凝りかたまらず、追放された者たちに和解の手を差しのべたネフェルトイティは、古代エジプトのどの女王や王妃よりも誠実さを体現し、成功した女性権力者だった。ただ皮肉なことに、そのためには男性の王に姿を変えて、王妃ネフェルトイティとはわからないようにしなければならなかった。ネフェルトイティが共同統治王を務め、次代の王のお膳立てまでしたのは、家系を維持したかったからではないか。もしツタンカーメンがもっと長く生きて、アイに王座を奪われたりしなかったら、もしアンクエスエンアメンが正当な権利として王位を要求していたら、第18王朝の評判も時間をかけて回復できたかもしれない。

第5章 タウセレト

野心を貫いた女王

波乱続きだった第18王朝では、たくさんの変化が起きた。続く第19、20王朝は、ラメセス1世に始まり、ラメセス11世で終わったことからラメセス王朝とも呼ばれ、アクエンアテンらの奔放すぎる治世を正す揺りもどしの時代と位置づけることができる。もはや王といえどもやりたい放題は許されず、ラメセス大王と呼ばれたラメセス2世も例外ではなかった。自分の働きを認めさせ、社会のなかで居場所を確保したい貴族は、力も声も大きくなっていた。貴族の称号を代々の長男が継承するような裕福な一族ともなれば、「大王」と呼ばれる君主にも追従はせず、国力を低下させかねない熱狂的な宗教改革にも与《くみ》しない。貴族との力関係の変化は、王――もしくは女王――には不利に働いた。

そのため第19、20王朝になると、兄弟姉妹間の政治的な結婚が第18王朝ほど当たり前でなくなってくる。近親婚による支配の時代には、王族のごくかぎられた女性が権力を抱えこんでいた。しかし王家と貴族の新たなパワーバランスのもとで、エジプトの政権はより幅のあるものと見なされ、集中化がゆるんでくる。貴族たちは、王が女性親族を権威の手先にして、貴族の影響力を食いとめる防波堤にすることを許さなかった。

王の娘や王の姉妹などの王族の女性に対する不信感は、ラメセス朝エジプトのあらゆる場所にはっきりとは書かれずとも表明されていた。この時代に王族の息子と娘が結婚した例は研究者も確認できておらず、王宮での権力集中に制限がかかったことがわかる。第19ないしは20王朝の王が親族の女性と結婚し、「王の偉大なる妻」の称号を与えるのは、姉妹ではなく扱いやすい娘だったし、それも治世の後半になってからだった。しかも第18王朝とちがって、近親婚特有の生物学的な問題が生じた証拠も見つかっていない。

王族は近親婚を避けたことで、遺伝的に明らかに健全になった——魅力も増したことだろう。ただ兄弟姉妹婚がなくなったために、王族の女性は権力のある立場から遠ざけられ、最高権力者に到達する道が狭くなった。それまで王族は、少数の血縁者を即位させる閉鎖的な方法で自分たちを守ってきたが、門戸が開かれたことで競争者が一気に押しよせ、そのあおりで安全が脅かされる懸念が出てきた。

ただ皮肉なことに、王権の解釈がゆるやかになったからといって、王族間の相互関係が消滅したわけではなく、いとこやまたいとことしてつながっていたはずだ。貴族という近親婚に影響されていないゆるやかな集団が、これまで以上に大きな声をあげるようになっただけである。いまにして思うと、有力な王族女性との近親婚は古代エジプトの王制を——奇妙な形だが——守る手段だったとわかる。だがその手はもう使えない。

新しい王朝になって起きた変化はそれだけではなかった。第18王朝以前は、王の息子が何人いても、世継ぎと目されないかぎり正式に言及されることはほぼなかった。第18王朝の場合、王の息子は成人すると高官や神官となったようで、墓所の礼拝堂や彫像といった記念物にも個人の称号と名前が刻まれるだけだ。この慣習は、王位交代の時期に無用の競争を減らすためだったにちがいない。ところが第19王朝に入ると大きな変化が起きる。後継者であろうとなかろうと、王の息子たちが父親とのつながりを公表し、まるでのぼりを立てるように貴族に喧伝するようになったのだ。第19、20王朝はハーレムの規模が拡大し、仕組みも複雑になっていったため、競いあう息子の数も増えた。権力の脱集中化が進んで、貴族階級でも最高位に属する王の子どもたちが、自分が何者であるかを声高に周囲に教える必要が出てきたのだ。王の娘たちでさえ、神殿内に正式に名前が刻まれるようになった――彼女たちが結婚して一家を構えるとき、君主との血縁は有利に働くからだろう。

王族の娘をハーレムにとどめておいて、次の王になる兄弟と結婚させる習慣もなくなった。女性たちは心理的にさぞ安定したのではないかと想像できる。王宮内に閉じこめられ、兄弟か父親と結婚する日を待つのではなく、自分だけの健全な家族をつくることができるからだ。

ただし女性が政治の実権を握る機会は減った。第18王朝では強大な権力を意のままにする女性が何人もいた――イアフメス・ネフェルトイリ、ハトシェプスト、ネフェルトイティ――ことから、その反動をまともに食らった可能性もある。ハトシェプスト以降、トトメス3世やアメンヘテプ2世といった王たちはすでに姉妹や娘の力を弱め、代わりに非王族の女性か母親に限定的な権力を許すだけになっていた（母親が実の息子に歯向かうことはありえないからか？）。

それなのにアクエンアテンはそれまでの努力を踏みにじり、王妃ネフェルトイティを共同統治王にひっぱりあげてしまった。その後の女性権力者への反発はすさまじく、重臣アイは「王の娘」「王の姉妹」「王の妻」であるアンクエスエンアメンを拒絶して自分が王権を握った。第19王朝もその流れを引き継ぎ、王族の女性を統治者にする余地を許さなくなった。それは暗黙かつ非公式な取り決めだった。

タウセレトという知名度は低いが恐るべき女性の王が出現したのは、中央集権がゆるんで競争が激化していく、そんな時代だった。タウセレトは利用され、搾取されながらも、ラメセス大王の一族が仲間割れして抗争が始まり、機能不全に陥った王朝の残滓《ざんし》から力をかきあつめた。政情不安はエジプト王国にあるまじき事態で、ラメセス2世という最長の在位を誇り、最も成功をおさめた君主の直後となるとなおさらだった。

ラメセス王朝は女性を政治権力から遠ざけていたが、それでもタウセレトは頂点にのぼりつめた。異教に凝りかたまったアクエンアテンとネフェルトイティのアマルナ時代をかろうじて切りぬけたエジプトは、女性の権威を縮小する体制づくりに全力を挙げる。ハトシェプストやネフェルトイティ（王名はスメンクカーラー）といった直近の女性の王は、かつてないほどエジプトを繁栄させた功績があったにもかかわらず、アビドスのオシリス神殿に残るセティ1世葬祭殿の王名表から名前が削除された。

タウセレトが王としての手腕を求められたのは、国の危機的状況に対処するためだったが、それまでのエジプト社会は権威ある女性への不信感が根強く、影響力を振るう女性ならではの手法を徹底的に封じていた。そのためタウセレトは過去のどの女性の王よりも、男性並みに競争心をむきだしにしなくてはならなかった。治世は短命に終わったが、それでもエジプトはタウセレトの統治を必要としており、彼女を王にすることは不可避だった。出しゃばる女性を信用せず、代わりに武力や競争が幅をきかせていた時代にあってもなお、神王を頂点とする体制と慎重なエジプト社会は、またしても女性を統治者に選ばざるをえなかったのだ。

タウセレトもまた、これまでに登場した女王や王妃と似たような道をたどった。メルネイトのように幼王の摂政役を務め、セベクネフェルウのようにばらばらになった王朝の断片をかきあつめるだけで、息子に受けわたすことはできなかった。なぜなら、そもそも息子がいなかったからだ。男性との共同統治ではなく、単独で王になった点もセベクネフェルウと同じだ。タウセレトもハトシェプストと同様、幼王の母親として一歩下がった立場で統治したわけではない。「アメンの神妻」としての影響力を足がかりに、王座に到達したところもハトシェプストと共通していた。過去の女性指導者それぞれから学び、彼女たちの肩の上に立っていたのがタウセレトだったともいえる。

タウセレトは両親が誰かわかっていない。王の娘でも王の姉妹でもなく、王族と血縁があったかも定かではないが（ラメセス王朝時代に名を残した人物は、ほぼ例外なく血縁者だった）、ラメセス2世が残した50余名の男子の誰かが父親だった可能性もある。だがラメセス大王の孫娘を名のるわけにはいかなかった。王との距離が2親等以上になると、血縁を主張できないという不文律があったようである。

第19王朝は、王族の対外的な姿勢が大きく変わった時代でもあった。王の息子や娘の名前が明示され、王の関係者に連なって描かれるようになったのだ。ラメセス2世が自分の神殿の壁に子どもたちを大々的に描かせたことは、閉鎖的で限定的だったそれ以前のやりかたとは好対照だった。[1] 王が生きているあいだ、あるいは死んだあとでも、血縁を主張できる機会を多くの子に与えると激しい競争が生じる——こうして古代エジプトに新たな不安定要因が生じた。ラメセス2世の50人の息子が生まれ順に並び、名前も刻まれて、父王にこうべを垂れる光景は、王国を内側から燃やす摩擦の火種を予感させた。王の家系に属することが公に認められた息子たちは、それぞれの子どもや親族、姻族とともに高位神官、財務官、書記、将官の地位を占めて、ある種の「並行政権」を構成していくのだ。[2]

ラメセス2世の長命もあだとなる。70年近く続いた治世のあいだに、息子の多くが先立ってしまった。たいていは病気や高齢が原因だが、記録には残っていないものの、王族の兄弟殺しという非道もあったと思われる。王の息子が死ぬと、その一族は権力への希望を断たれ、王宮の力関係も仕切りなおしとなる。結局ラメセス2世は、自分で混乱をつくって後世に残した。数多くの男子をもうけ、全員に王位継承の権利を持たせた。彼らはたがいにしのぎを削りながら、父王の死を待ちつづけたのだ（第19王朝が内部競争でゆっくりと崩壊していく様子を見るにつけ、王位継承の対抗者を残らず人身御供にした第1王朝の冷徹な現実路線も納得できる）。

ラメセス王朝では王の息子たちが成人するにつれて、兄弟間の反目が激しくなったようだ。詳細は不明だが、エジプトが無用の問題を呼びこんだことはまちがいない。男性たちが敵意をむきだしにして争い、母も妻も、姉妹もそれを諫めることができない。そんなときは、きっぱりと命令できる強い女性がいれば、丸くおさまることもあるのだが。

ラメセス王朝になると、王妃は経済を動かしたり、神官として儀式をつかさどったりする地位から離れ、王宮のなかで受け身な役割しか果たさなくなっていた。妻として王を助け、世話を焼き、性的に刺激を与えるだけで、描かれるのもそんな姿だけだ。主戦場はハーレムだったが、そのハーレムも政治的な実権を握る足場にはならない。ラメセス2世の「王の偉大なる妻」だったネフェルトイリは、第19王朝のハーレムでほかの王妃や子どもたちを支配していたはずだが、彼女の行動や考えはどこにも記録されていない。ラメセス2世は50人の息子と50人の娘を複数の神殿に描かせており（たしかに貴族たちに見せつけるだけの数ではあった）、いまやハーレム運営は大仕事だった。だが１００人の子どもが、何もしないでいきなり出現するわけではない。計画も労力も時間も必要だし、何百人という女性を意のままにしなければならない。それがラメセス王朝の新しい生殖戦略だった。貴族や高官の娘をハーレムに入れ、そのなかから「王の偉大なる妻」を選びだす。各地にハーレムを設置し、村や町から美しい娘を何百人と集め、王が頻繁に訪問して子づくりに励む。生まれた子どもたちは階級に分けられ、成長した男子にはささやかな称号と収入を与える。ハーレムの女性たちは、出身一族どうしを束ねて富を再分配する社会機構に組みこみ、王の娘が重要な神職に就いて権限を拡大しないように目を光らせる。なかでも興味深いのは後者で、王権が弱体化すると、王は娘や姉妹を使って王朝を守りたくなるものだ。けれどもそのやりかたは、すでに社会的に容認されなかった。王族の女性たちは貴族社会に融けこみ、単独で立ちまわることはなくなっていた。[3]

ラメセス2世の統治は67年続いたが、タウセレトが世に生を受けたのはその後半の時代だったと思われる（ラメセス2世は長命で、おそらく思春期のころに王座に就き、少なくとも最初の何年かは摂政がいた。母親のトゥヤは、第19王朝初期の女性権力者の珍しい例だったようだ）。ラメセス2世の政権では、ほかに女性が権力者になることはなかった。ラメセス2世の妻ネフェルトイリは美しく、夫のお飾りとしてもてはやされ、君主のための肥沃な畑となって子どもを産んだ——ただし高位神官やそれに匹敵する地位は与えられていない。王と王妃がパートナーとして対等に表現されることはなくなり、王の膝にも届かないくらい小さい姿になった。ナイル川上流のアブ・シンベルなどにつくられたネフェルトイリの神殿は例外として、彫像や浮き彫りでも女性の権力を前面に出さない流れが生まれていた。

幼いタウセレトも、ラメセス一族の微妙な上下関係をすぐに学んだことだろう。上の息子たちが次々と死んでいくのに、ひとり長生きを続けるラメセス2世に、おとなたちはいらだちと不安を募らせていたはずだ。タウセレトはおそらく誰かしらのいとこであり、叔母であり、姪や姉妹、娘として、周囲の全員と血縁関係にあった。ラメセス王朝の貴族集団は全員が血縁で、一族のなかでつながりをていねいに記録していたようだ（研究者が容易に解読できるような形ではないが）[4]。行政組織が新しくなるたびに、貴族の家は王の息子である家長を頼みとして、王との直接間接のつながりを探る。わが家長が継承順位の何番目で、ほかの兄弟と収入や政治的な人脈がどうちがうか誰もが把握していたにちがいない。ラメセス一族という大きな枠のなかで、王の息子たちが離合集散を繰りかえす。短命に終わる関係もあれば、確固として揺るぎない同盟もあっただろう。いっぽう王の娘たちはというと、政治的にはさほど存在感はなくなっていた。

ラメセス2世が80歳になるころ（紀元前1200年前後）、王の息子12名が次々と、王太子の称号を与えられては世を去っていった。ひとり死ぬたびに序列も継承順位も組みかえになるので、王宮はちょっとした騒ぎになる。ようやく13人目のメルエンプタハが王太子に落ちついたのは、ラメセス2世の治世55年のことだった。とっくに成人していたであろうメルエンプタハだが、父王の死まであと12年待たされることになる。長寿を誇った英国のビクトリア女王を母に持つエドワード7世、あるいはエリザベス2世の治世が延々と続くなかでひたすら待ちつづけたチャールズ皇太子のようだ。王に即位したあと、祖国と家族に王として自分の人生をどれだけ捧げられるのだろう。玉座にのぼるのは40、50歳で、妻も成人した息子もいて、息子たちはそれぞれ小さいながらも一家を構えているはずだ。そのほかの子ども、孫、ひ孫を入れるときっと数十人にもなり、全員がパイの分け前を期待するにちがいない。第19王朝に入っても、最上流に位置するひと握りの貴族によって、うるわしき中央集権の王制は体裁が保たれていたが、何しろ人数が多いのでパイは小さくなるばかり。わずかなひと切れをめぐる対立も激しさを増していた。

古代エジプトの歴史を通じて、王権を獲るのは南出身者と相場が決まっていた。ところが力関係の変化とともに、矢印が北を向きはじめる。第19王朝で君主制を改革したラメセス1世と息子のセティ1世は、ナイル川デルタの東側の出身だ。そのためレバントとのつながりが強く、セティはセトと同一視されるカナンの嵐の神にちなんで名づけられた。北からは新たな問題も浮上していた。かつてない規模の大移住が始まっていたのだ。気候変動で旱魃、不作、飢饉が繰りかえし発生し、欧州から何万人という人の波が、船や徒歩で中東に流れこんできた。[5] 彼らは「海の民」と呼ばれ、エジプトの政治と景観を決定的にくつがえすことになる。

メルエンプタハ王はすでに老齢だったが、ナイル川デルタに侵入する強大な海の民を撃退しなくてはならなかった。海の民は多民族の合同体で、リビュア人は数世代前からデルタに定住していたものの、あとはペリシテ人、シェルデン人、メシュウェシュ人といった聞きなれない部族名が、ヒエログリフに転写された形で記録されている。彼らがどう呼ばれ、どこから来たにせよ、力ずくで容赦なく押しいってきて、エジプト社会を幾度となく脅かした。迎え撃つエジプト軍に殺される者も多かったが、それ以上の数がデルタに定住する。彼らのなかには女性と子どもがいて、家畜も連れていた。生活を維持する道を必死で探っていて、軍事的な侵略は人口増大がもたらした二次的な結果にすぎなかった。メルエンプタハの治世が始まってから、エジプト軍は海の民に何度も攻撃を受けた。[6] エジプトが地中海、アフリカ、近東世界を統べる絶対的強国だった時代は過ぎ、これ以降は国境の外からの侵略をたえず警戒しなければならなかった。

幼いタウセレトも、海の民の侵略について家族が声をひそめ、不安げに話すのを聞いていたことだろう。彼らの存在は、恐ろしいものとして心に刻まれたにちがいない。メルエンプタハが海の民との戦いで大勝利をおさめたことも、家族の話から知ったはずだ。おそらく北からの侵略を封じるために、メルエンプタハは北東方面に軍事作戦を展開して、レバントとカナンの地に軍勢を送りこんだ。のちにテーベに建立した葬祭殿には、勝利の石碑に征服した都市や国家をずらりと記録している。[7] そこにはゲゼルやアシュケロンといった要塞をエジプトが攻落したこと、イスラエル（Ysryr と書かれている）の部族がエジプトの支配下に入ったこと、生きて捕らえられた人びとはエジプトに連れてかえったことも記されている。おそらく屋敷や地所、街なかで奴隷や召使いとして働かせたのだろう（デルタ北東部に発展しつつあった都市ピ・ラメセス、旧約聖書でいうピトムもその例だった）。それは輝かしい勝利で、タウセレトは毎日の生活でその手応えを感じたはずだし、ひょっとすると家でカナン人の奴隷を使っていたかもしれない。エジプトはまだまだ富める強国だった。

少女だったタウセレトは、メルエンプタハ王の話も耳にしていただろう。王はラメセス2世が結んだ和平条約を尊重し、アナトリア半島が飢饉に見舞われたときにハッティ人の王たちに大量の穀物を届けてやった。彼らは古くからの宿敵だったが、海の民の脅威が深刻だったため、防衛のためにっくき敵とも手を結ばざるをえなかったのだ。それにエジプトには、おそらく古代近東のどの国家よりも、新たな同盟国の苦境を救えるだけの穀物があった。地中海周辺では、圧倒的な力を持っていた国家や政体が次々と滅亡していくが、エジプトは生き残ることができた幸運な国のひとつだった。

エジプトが安定を維持できたもうひとつの理由は、南部のヌビアとクシュにあった。両者が支配下にあるかぎりは、豊かな鉱物資源を武器に交易を有利に進めることができる。メルエンプタハの治世6年にヌビアで起きた反乱が鎮圧されたことを、タウセレトも聞かされたかもしれない。埋蔵量が豊富でエジプトに富をもたらす金鉱は、ぜったいに手放すわけにいかなかったから、鎮圧できたことは朗報だった。だがこのときヌビア人は、隣国エジプトの新たな弱点を感じとっていたようだ。

　タウセレトがいた時代のエジプトは国際化の波が避けられず、平民にも意思決定者にも外国人がたくさんいた。レバント人、カナン人、シリア人、リビュア人、ヌビア人、クシュ人、そして海の民までもが、エジプト支配階層で影響力を強めていたのである。タウセレトが王宮で接する者の多くは、エジプト外の出身だったはずだ。エジプトとレバントは昔からつながりが深かったが、人の出入りがいちばん激しかったのはこの時代だったと思われる。

　旧約聖書にある出エジプト記がいつの話だったかというと、おそらくこの時代である。[8] 皆殺しからの生き残り、割れる海、エジプト軍の全滅といった逸話のなかに、ユダヤ文化の歴史的な記憶がまぎれこんでいるとすれば、符合するのはメルエンプタハ王の時代に数万人のレバント人が捕虜になった史実だろう。その多くはエジプト都市部で奴隷となったが、それ以前からすでにエジプトに同化したレバント人もいて、書記や役人として王に仕えていた。ピ・ラメセスの都、旧約聖書のピトムの建設に従事したのはおそらくこうした外国人であり、彼らは出エジプト記にあるように、切り藁《わら》なしで日干しれんがをつくるよう命じられたのである。

　少女タウセレトの目には、万事順調に映っていたことだろう。反乱は平定され、侵略は撃退し、同盟国の空腹は満たされた。誓いが立てられ、神殿が建立され、見上げるような彫像が完成する。だがそれは見かけだけであって、実は何をするにもすべて手遅れだったのだが、それを知るのはもっとあとだ。エジプト崩壊の種はすでにまかれていた。メルエンプタハの葬祭殿は、アメンヘテプ3世のものをもっぱら流用していた。ブロックは再利用して積みあげ、巨像も既存のものを彫りなおした。それだけではない。ラメセス2世の長すぎる治世と、兄弟間の確執がもたらした不安定な社会はなおも続いていた。メルエンプタハは60ないしは70歳で死去しているが、実の息子たちは多くがすでに世を去っていた。この危険な流れはなおも繰りかえされることになる。

メルエンプタハが記念碑で指名していた王太子はセティ・メルエンプタハだった。エジプト学者たちがセティ2世と呼ぶ人物で、妻がおり、子どもたちも大きかった。セティ2世は父王の死後すぐに即位したようだが、ここでタウセレトが舞台に登場する――セティ2世に妻はいたが、このときすでに子どもを産める年齢は過ぎていた。エジプト王はつねに新しい子孫をつくり、ハーレムには将来の世継ぎになりそうな子どもがいなくてはならない。王自身の年齢は関係ないが、「王の偉大なる妻」には若さが求められる。白羽の矢が立ったタウセレトは、年長の王妃がすでにいるところで、若い王妃というありがたくない役を演じることになった。

それは関係者にとって難しい状況だったにちがいない。「王の偉大なる妻」が2人いて、協力しながら王のハーレムの指揮や、子どもや身分の低い妻たちの管理にあたろうとしていたのだ。年長の王妃（タカトという名前だったと考えられる）には、若いタウセレトを手玉に取るだけの権威と経験がある。いっぽうタウセレトは美しさと若さが武器だ。もしかすると摩擦を避けるために、2人は北部のピ・ラメセスと南部のテーベに分かれ、別々のハーレムを率いていたかもしれない。詳細は不明だが、明らかにお粗末なやりかただった。メルエンプタハの一族はつねに2人のうちどちらかを選ばなくてはならない。古代エジプトでは、真ん中で2つに引き裂いて、これ見よがしにおたがいを競わせる手口はおなじみだった。

　とはいえ古代エジプトの文書記録は、神聖なる王権がいかに完璧で万全であるかを宣伝することが目的であるため、実情や真相はけっして明るみに出ない。エジプト学者は、そこに対立を匂わせる手がかりがないか嗅ぎまわる。カルトゥーシュ内のどの名前がひっかいて消され、代わりにどの名前が入ったか、それがいつ、どこで行われたかをひとつずつ調べていくのだ——歴史再構築の地道な作業である。セティ2世の即位に関しても、研究者全員が認めているわけではなく、疑問視する意見もある。セティ2世の治世1年目は、少なくともテーベ、あるいはそれ以外の場所も含めて、アメンメセスという人物が王だったことを示す証拠もある。アメンメセスはヌビアの政治的支配と金鉱の管理を含め、軍事的に南部と強いつながりを持っていた。アメンメセスも王宮の人間だったから、ラメセス2世の息子だったと思われる。しかし一部の研究者は、すでに老齢に達していたセティ2世の息子であり、自分の母親を飛びこえて「王の偉大なる妻」が新しく選ばれたために、王位への可能性が完全に断たれたと考えている。[9]古代エジプトでは王が長生きしすぎると、しばしばこの種の波風が立つ。成人して地位も権力も手にした息子たちが、ないがしろにされることを良しとしないのだ。

家族の対立や王族間の競争については、具体的な情報源がなくもどかしい。タウセレトの場合は、すでに「王の偉大なる妻」がいたにもかかわらず、2人目として同じ称号を受けたとき、あるいはただの王妃にしては立派な墓が王家の谷につくられたときに、摩擦が表面化したことだろう。[10] あるいはタウセレトが妊娠した噂を聞いて、アメンメセスが自分と親族が後継者候補から脱落したと知ったときだろうか。

ヌビアの正式な総督だったアメンメセスは、政治的な人脈が豊富なうえに、軍事力、経済力、労働力もしっかり握っていたから、南部のナイル渓谷で王に即位することは充分に可能だった。テーベ全体を支配下に置いていたアメンメセスは、治世が短く敵が多かったわりには彫像や石碑、神殿を数多く残している。

あらゆる証拠を突きあわせると、このときエジプトは内乱状態に突入していたようだ。メルエンプタハの息子であり正式な後継者だったセティ2世と、「クシュの王子（ヌビア総督）」であり南部の総督であるアメンメセス、北と南の対立である。散逸して断片的な証拠からは、セティ2世が即位したその年に、アメンメセスが南部のヌビアで王権を宣言したことが読みとれる。戦いは1年半続き、アメンメセスがテーベとその周辺を掌握して終結した。史上最も偉大な王の治世からわずか1世代で、ナイル川デルタとナイル渓谷にそれぞれ王が立ち、火花を散らしている。エジプトの民からすれば、長年続いてきた中央集権と統治制度を当たり前のものと思ってきたが、その確信が一気に崩れたことになる。国は激しく揺さぶられた。[11]

若いほうの「王の偉大なる妻」タウセレトは、次のエジプト王は自分の腹を痛めた子がふさわしいとわかっていた。時機も立場も申し分ない。夫のセティ2世もまだ老いぼれてはいない。タウセレトは王太子を産むために、美しさに磨きをかけ、戦略を練り、細かいことには目をつぶり、王の誘惑に励んだことだろう。

だが実際にはどうだったのか。金鉱を独占したアメンメセスは、テーベにある国営の神殿に巨像を立てはじめる——原材料を確保し、職人を雇うだけの収入があったということだ。エジプト学では、物質的な生産力がつねに権力の基準になる。つくられる彫像の数が多ければ、それ以外の面も順調と見なすのである。アメンメセスは王家の谷に、自分専用の葬祭殿と墓所の建設を開始すると同時に、セティ2世と王妃タウセレトという競合者の墓所建設は中止させた[12]。

だが結局のところ意味はなかった。セティ2世が圧倒的な軍事力でアメンメセスを倒し、テーベでの王様ごっこはわずか数年で終了する。2人の直接対決があったのか、彼らが公私いずれかで言葉をかわしたのか、アメンメセスが公開処刑されたのか。それはわからない。いずれにしても、敵味方に分かれて争いになるのも早ければ、セティ2世と北部が権力を取りもどすのも早かった。勝利したセティ2世は、すぐに抹消と再刻に取りかかる。短い治世のあいだにアメンメセスがつくらせた彫像、石碑、浮き彫り、そしてカルトゥーシュ内の名前を残らず自分の名前に書きかえたのだ——ただし仕事は雑だったようで、古い名前の痕跡がいまも見てとれる。アメンメセスの墓も神性を抜く儀式を行ったうえで破壊し、ヒエログリフは削り、名前は消去した。アメンメセスの遺体が適切な形で埋葬されたかどうかも怪しい。死後世界に王を裏切った者の居場所があるとは思えない。

エジプト全土をふたたび支配することになったセティ2世だが、権力基盤には不安が残っていた。アメンメセスの反乱を多くのテーベ住民が支持したことを考えると、南部には目を光らせる必要があっただろう。そしてこのとき、強烈な人物が表舞台に現れる。国の封印の偉大なる監督官、バイである。「封印」とは錠前と鍵のような管理手段で、神殿や王宮で金銀など価値の高い代替可能物を入れておく宝物庫に用いる。全封印の監督者は、国のすべての宝物——貴金属、トルコ石、紅玉髄、ラピスラズリ、青銅、乳香、没薬も含めて——の管理者だった。

バイはエジプトの大蔵大臣、すなわち金庫番のような立場で、富をちらつかせて影響力を強めていた。セティ2世の権力の足場固めとしてテーベに派遣され、その機会に乗じて個人の野望も果たそうとたくらんだようだ。カルナク神殿にあったセティ2世の王太子の彫刻を消し、代わりに自分の姿を彫らせた[13]。王族でもない高官のこの行動は過去に例がなく、保守的なテーベの人びとは衝撃を受けたにちがいない。

王とその後継者のために用意された神聖な場所に、大蔵大臣——財務に携わる者——がおさまるのは奇妙な話だ。自己愛的な匂いも漂うし、この時代のエジプトではすべてが財産しだいだったということだろう。とつぜん金融トレーダーがテーべの支配者になったようなものだ。しかも驚くことに、バイという人物は外国出身だったようだ——シリアかレバントから、エジプト北東部のデルタに移ってきたと思われる。つまりセティ2世は、テーベやそのほかの場所をどうするかという計画の実行役に、外国人の雇われ金融家を選んだということか。ラメセス王朝の王族たちはセティ2世の権威を軽んじていたから、ほかに信用できる人間がいなかったのかもしれない。もともとはアメンメセスを倒すために外国人傭兵を利用する必要があり、軍隊をまとめあげたバイの功績に報いたとも取れる。いずれにしても、バイが自分のレリーフを彫らせたのはカルナク神殿の正面、最も目立つ場所だった。すべてのテーベ住民に、王をしのぐ権力と影響力を見せつけようとしたのである。

バイがエジプトにいつからいて、どこまでエジプト人に同化していたにせよ、後代の記録はどれも外国生まれであることが強調され、シリア人と呼んで蔑んでいた。[14]それでもセティ2世は彼に大きな恩義があったのだろう。国を再統一したあと、南部の統治を一任し、前例のない形で存在を誇示することを許したからだ。テーベの目抜き通りに、王といっしょにいる自分の姿を、無謀にも王と同じ大きさで描かせたのである——古代エジプトの歴史で、そんなことをやった者はひとりもいなかった。

アクエンアテンに平伏していた日々はまだそれほど遠くなかったのに、エジプトは王冠に反旗を翻し、姿と言葉と行動で王の権威に張りあう時代に入ろうとしていた。成りあがりの大蔵大臣バイの前代未聞の行動はまだ続く。バイは王族でなかったにもかかわらず、王家の谷の王と王妃の墓のすぐ隣に、君主の墓の形式である直線軸に沿った配置で自身の墓所をつくることを命じたのだ。伝統を重んじるテーベの人びとからすると、無礼きわまりない暴挙だった。

タウセレトは「王の偉大なる妻」であり、王朝存続の希望は自分にかかっていると知っていたから、世継ぎを産むためにも夫セティ2世と多くの時間をともにしていたはずだ。けれども2人の関係を伝える証拠や、彼女が男子を産んだという記録はまったく残っていない。時間切れが近づいていた。王は内輪の争いに疲弊し、しかも対立したのが息子だったから、心痛もひときわ大きかっただろう。実際の状況がどうあれ、セティ2世の余命はあまり長くなかった。王家の谷に残るセティ2世の墓所には、建設作業を急ぐ命令が出ていた証拠が残っている。だが少々急いだところで意味はなく、大規模事業の完了を待たずして、治世わずか6年で王は死去した。人類の歴史で多くの男性たちがそうだったように、王座にいたあいだのセティ2世は、エジプトを統治するのではなく、支配権を確保する戦いに終始していた。

エジプトは混迷の時代に突入していた。セティ2世の次に即位したシプタハは、王の唯一の子どもだったが、おそらく脳性麻痺《まひ》から来る内反足をわずらっていた。そして驚くべきことに、両親に関する記録がない。父親はセティ2世、あるいはアメンメセスの可能性もあるが、母親がタウセレトではないことは確かだ。ひょっとすると、王の息子でさえなかったかもしれない。それでもタウセレトは、この少年の摂政役を務めることになる。同じころタウセレトはテーベで「アメンの神妻」の称号を授かり、北部のピ・ラメセスのハーレムから、自分の権力基盤がある南部のテーベに移ったことになっている。ハトシェプストと同じ高位神官の地位を得たわけで、タウセレトも今後この立場を利用して権威を拡大することになる。

タウセレトの新しい地位は、テーベの貴族や神官たちには違和感があり、傲慢にさえ映ったにちがいない。「アメンの神妻」を王族の政治力に利用した例は長いあいだなかったからだ。実子ではなく、王子ですらなかったであろう少年王の摂政をタウセレトが務めることを正当化するために、無理やり持ってきたようにも思える（ハトシェプストも甥に代わって統治を行うために、この宗教的な立場を利用していた）。シプタハは北部のピ・ラメセスではほとんどの時間を過ごすことを考えると、この取りきめは意味があったのだろうか。名前だけで不在の「アメンの神妻」が、デルタで王権を振るうシプタハの助けになったのか。それともタウセレトは名ばかりの摂政として南部にとどまり、ピ・ラメセスではシプタハの玉座の周囲をシリア人バイがうろつき、目を光らせていたのか。いずれにしてもタウセレトは、摂政として多くの記念物をテーベに残していない。結局のところ、国の実権を握っていたのはバイだったようだ。

タウセレトに与えられていた「国全体の偉大で気高き女性」という称号は、第19王朝では摂政王妃を意味すると多くの研究者は考えるが、たとえタウセレトがシプタハの摂政として受けいれられていたとしても、国政で采配を振っていたのはやはりバイだっただろう。短命に終わったセティ2世時代と同じく、バイはシプタハ王の治世でも何かにつけて自分の存在を公に示した。アスワンやその少し下流のゲベル・エル・シルシラの墓に残る彫刻のように、神殿に飾られた少年王のレリーフではバイが王のすぐ背後に控えている。とくに後者の場合、「息子を愛した父親の座に、王として座らせた」のは自分であるという、ほかに例のないあからさまな碑文まで入れている。大蔵大臣の専横はとどまるところを知らなかった。王権に対してこれほど勝手気ままにふるまった平民は、エジプト王国の歴史上初めてである。

バイにここまでいいようにされた少年王シプタハとは、いったい誰だったのか。[15] バイはシプタハの母方の叔父だったとする説もあるが、[16] その正体が判明することはなさそうだ。ただセティの息子だろうと、アメンメセスの息子あるいはバイの甥だろうと、そのことにあまり意味はない。重要なのは、非公式ながら絶大な権力を手にして、王政になくてはならない存在になり、エジプト全土を実質的に支配したいバイにとって、おあつらえむきの手段だったことだ。バイはそのことを理解したうえで、抜け目なくシプタハを王にしたのである。少年王の裁定は、実際は女性の摂政が下すものであり、それは大蔵大臣である自分がいかようにも操作できる。タウセレトは死去した王の妻にすぎない。王の娘でも姉妹でも、ましてや王の母でもないため、自分が王位を主張できる立場にない。高位の女神官としての地位も、バイが算段した可能性がある。シプタハとタウセレトをしかるべき地位に据え、古くからの伝統に従っていることにして、王族とは縁もゆかりもなく、おそらくエジプト人ですらない人間が実権を振るえる体制をつくりあげたのだ。

アメンメセスの敗北、シプタハの即位、タウセレトの摂政就任――すべてはバイが仕組んだことのように思える。野心あふれる大蔵大臣が新たに仕える若き君主は、発見されたミイラからすると即位当時は10歳前後だったと推定され、完全に意のままだった。タウセレトのほうは、女性が王権を獲ることに難色を示す社会のなかで、王位継承者として育てられていない。権謀術数のロールモデルもいなかったし、このときまだ20代はじめという若さだったと思われ、一族の者がいがみあう波乱におびえ、沈みきっていたことだろう。バイがそんな未熟さと恐怖心につけこんで、彼女を政治的な道具として利用するのはいとも簡単だった。

タウセレトは「王の偉大なる妻」でありながら、男子を産むことができないままセティ2世は世を去った。文書記録で主張しているように、バイが次の王を自分で決めたとすれば、自分の庇護を必要とし、自分が「目をかける」必要のある者を選んだことになる（メンチュヘテプ2世が葬られたデル・エル＝バハリ神殿に刻まれた碑文より）[17]。同様にタウセレトも、その性格から御しやすいことを見抜いたバイによって、摂政に選ばれたと仮定できる。本来なら摂政王妃になれる立場ではなかったから、バイの引きたてが不可欠だったはずだ。つまりすべてを仕組み、シプタハとタウセレトの権威はもちろん、生殺与奪の権までも操ったのはバイだった。逃げ場をなくし、自分しか頼れない状況に追いこむ見事な仕事だった[18]。

タウセレトは身動きのとれない状況に置かれた。もう第一王妃ではないし、幼い君主の代理として意思決定者に指名されたとはいえ、その君主は実の子どもではなく、前王、つまり亡夫の子どもでもなければ、摂政といえど立場が不安定だ。そのうえシプタハは身体が弱く、足を引きずって歩く姿を見れば障害の程度は明白だった。タウセレトが摂政を務めたのは、誰からも期待されず、自分と血縁もないうえに、北から南まであまねく恐れられ、憎まれている人間の保護下にある王だったのだ（バイの名前がどう抹消されたかは後述する）。後代の王名表にセティ2世は記されていても、シプタハの名はない――セティ2世の後継者として臣民が支持していれば、名前は残っていたはずである。シプタハはバイが温めてきた野望の道具であり、タウセレトもすぐに同じ運命をたどろうとしていた。

タウセレトは政治的な事情に疎かったが、それでも摂政王妃ともなるとしかるべき敬意を払うのが決まりだ。バイも神殿に巨大な自分のレリーフを描かせるときは、かならずタウセレトもいっしょだった――アブ・シンベル神殿でも、アマダ神殿でも、王家の谷でもそうだった。これを見て、バイとタウセレトが政治的なパートナーだったと解釈する意見もある。タウセレトからすれば共謀に巻きこまれた形で、両者には性的関係もあったというのである。[19] だがこれは、王族女性が外部の人間から権力の手先に利用された明確な証拠ととらえるべきだろう。タウセレトはバイが全権を掌握するための手段だった。死んだ先王の第一王妃という重要な地位を表向きは保ちながら、実際は人間の盾として前に立たされていたのである。権力者として正式な立場にありながら、何の資格もない男性に操られていた女性は、歴史のなかでタウセレトが最初ではない。ただその仕組みを熟知して、やりかえす女性もいたりするのだ。

タウセレトも切り札を何枚か袖に隠していたようだ。バイの権勢は強くなるいっぽうだったが、王家の谷に残る彼女の墓所から判断するに、タウセレトはじっと反撃のときを待っていた。墓は女王にふさわしく敷地が着々と拡大され、装飾もほどこされていた。[20] 最初の手がかりが出てきたのは、ディール・エル＝マディーナ［テーベの王墓をすべて建設し、装飾を施した労働者たちの町。注12を参照］だった。「パセル墓の書記が言うことには、生命と繁栄と健康のファラオが強敵バイを殺した」ことが、シプタハの治世5年の記録に残っていたのだ。[21] ただし理由も詳細もわからない。この文章が見つかったのは王宮でも大神殿でもなく、労働者が暮らす村で、それも石灰岩の破片にインクで走り書きされていた。シプタハ、タウセレト、バイといった関係者の墓の建設に従事していた者が残したものだろう。

ディール・エル＝マディーナの職人たちは、シリア人の大蔵大臣が倒されたと知るや、ただちに作業を中断したはずだ。ささやかな祝宴が開かれたかもしれない。この快挙に、当時まだ15歳だった「ファラオ」シプタハ王に賞賛が集まったはずだ。けれども出しゃばりの外国人をエジプトの権力の殿堂から消す命令を下したのは、まちがいなくタウセレトだった。バイの支配にこれ以上耐えられないと新たな支持者を集め、彼から自由になるべく計画を練っていたのだ。

バイの名前は後世にほとんど記憶されていない。事件から数世代が過ぎたラメセス4世時代の大ハリス・パピルスには、意味ありげな一節が記されている。「それから訪れたのが、シリア人のイルス（自らをつくりし者）が支配者となり、全土を自分の前に服従させる空白の歳月だった。みながイルスとともに略奪に走り、神々を人間のように扱い、神殿に供物を捧げなかった」[22]

のちに「空白の歳月」と評されるぐらいだから、いかに人望がなかったかわかる。バイの死後、エジプト全土の神殿からその存在を抹消する命令が下された。セティ2世が建てたカルナクの三聖船堂には、いまもその痕跡がはっきり残っている（とはいえ細かく観察すると、バイの名前とレリーフがおぼろげに確認できる）。デル・エル＝バハリ、アマダ、カルナクと南部の神殿では、バイの名前も彫像も削りとられ、王家の谷にあった墓も激しい損傷を受けた。

　これでタウセレトは、若いシプタハ王を自分の思うように教育できるようになった。とはいえシプタハはすでにほぼ成年で、そのうえ2年もしないうちに死んでしまう。治世は6年にもならず、年齢も16歳に達していなかったかもしれない。公式な文書記録に説明はないが、タウセレトがその死因はともかく、シプタハにどんな感情を抱いていたかを知る手がかりはある。タウセレトはシプタハの存在をうかがわせる証拠を、すべて抹消する命令を出した。自分の墓所ではシプタハは死んだ夫であるセティ2世に置きかえたし、シプタハ本人の墓も破壊した。王家の谷の発掘調査では、シプタハの石棺やカノプス箱が粉砕されたり、亀裂を入れられたりした状態で見つかっている。[23] 盗掘で壊された可能性もあるが、本人の墓から名前まで削ったとなると穏やかではなく、シプタハが王であったことを否定する意図が明白だ。それとも女性の王になることを公言したタウセレトが、セティ2世の「王の偉大なる妻」だったことを根拠にするべく、国内の記念物で広く知らしめようとしたのか。新しい王家の血統を急いでつくるために、シプタハ王の存在を完全に抹消し、セティ2世から直接自分が王位を引き継ぎ、女性君主になった体裁を整える必要があったのだろう。

　タウセレトは力で王権を奪い、それを男性と共有しなかった点で、エジプトの女王として例のない存在といえるかもしれない。バイ暗殺はシプタハのしわざとされているが、タウセレトが実行犯ではないにせよ、一枚嚙んでいることは明らかだ。さらにタウセレトがシプタハまで殺したという直接の決め手はないが、状況証拠はいくらでもある。シプタハがこの世から消えるとすぐに、タウセレトは即位に向けて動きはじめ、エジプト全土の神殿で儀式を行い、一連の名前を新しく授かった。ホルス名は〈マアトに愛されし力強き雄牛、王としてアトゥムのように美しい〉を意味し北のヘリオポリスとの、即位名は〈アメンに愛されしラーの娘〉を意味し南のテーベとのつながりを表していた。また即位に際して、誕生名も〈ムトに愛されしタウセレト〉を意味するものに変更している。ムトはアメンの配偶者で、血に飢えた激情的なテーベの守護神だ。猛々しい女神と自分を結びつけたのは、貴族たちに自らの姿勢を伝える意図もあったかもしれない。ムトは残忍なこともやってのけるが、それはあくまで正しき真実のため、夫で父親でもある太陽神のためだったからだ。

王位に就いてからのタウセレトは、あくまで真正な血統を保つためと匂わせる行動をとっている。王家の谷にある自分の墓所を拡張し、山腹を深く掘って冥界の書——アムドゥアトの書と門の書——を彫らせた。どちらも本来は君主専用で、女王が使うことは想定されておらず、女王の墓に刻まれたこともなかった。さらに墓に描く自分の姿も、王の青い冠をかぶり、君主らしい姿に修正させている。さらにテーベ西部、氾濫原の端に「数百万年の神殿」の建設を命じた。その空間を神聖化するために鎮壇具を配し、日干しれんがの塔門を立てて、いずれ自分が神として信仰される神殿の威厳を高めたのである。

タウセレトは王としての新しい自分の彫像づくりも命じており、そのひとつが現在のカイロからそう遠くないヘリオポリスの近くにいまも残っている。乳房と締まったウエスト、張りだした腰、細い肩は明らかに女性だが、服装はプリーツの入った長いキルト、シャツ、それに前垂れはラメセス2世などが好んだものだ。現王朝の偉大な神王の流れを汲んでいることを、視覚的に訴えていたのだろう。たしかにこの彫像はラメセス2世のものに似せているが、立場が不安定な女性の王を正当化するには不十分だった。王としての新しい名称は、この彫像の表面に刻まれていた。[24]

過去のハトシェプストと同様、タウセレトも前王の治世を繰りいれて記録している。幼王の統治は自分がいてこそ成立していたのであって、王自身の治世はあってなかったようなものという意思表示である。したがって前王の治世6年がタウセレトの治世6年となった。ただハトシェプストと異なるのは、隣の玉座に男性の王を座らせなかったことだ（シプタハの暗殺がタウセレトの指示だったとすれば、最初から単独統治のつもりだったのだろう）。だが競争の激しい政治状況のなかで、庇護もなければ正統性も怪しい立場が長く続くはずもない。タウセレトは若かったが、王としての治世はシプタハの死後2年ないしは4年で終わっている。[25] これは女性の王に関する重要な共通点を踏襲していた。単独で統治者になった女性の王は在位が数年で終わり、10年以上続いたのは男性の王をともなっていた場合——メルネイト、ハトシェプスト、ネフェルトイティ、クレオパトラ——だけなのである。独力で統治を試みた者の在位は、セベクネフェルウを含めて最長4年だった。女性だったゆえか、男子をすぐに、それもできるだけ多く産むことができなかったためか、あるいはその両方が理由で暗殺されたか、支持を失ったか、策略にはまったか、健康を害したのか。先駆的な女性の単独統治は、短期間で容赦なく打ち切られたのである。

なぜ人間社会は女性の統治をすぐに終わらせたがるのか。旧約聖書に登場するアタルヤは、紀元前9世紀のイスラエル王妃イゼベルの娘で、ユダ王国を統治した。しかしわずか数年で祭司エホヤダによって殺害され、かくまわれていた幼い孫が次の王として即位した。13世紀のエジプトにいた女奴隷シャジャル・アッ=ドゥッルもそうだった。スルタンと結婚した彼女は、夫が殺害されたあとカイロの貴族たちに君主として擁立される。だがそれは危機的状況を回避するための便宜にすぎず、用済みになったとたん、無情にも王座から追放された。最後は裸のまま殴り殺され、カイロの要塞から投げ捨てられた。不憫《ふびん》に思った人びとが埋葬しなければ、死体はそのまま朽ちるにまかされていただろう。

存亡の危機のあいだだけ権力者となり、当面の難局が解消したとなると遠慮なくお払い箱にされる。そんな女性は歴史のなかでたくさん存在していた。それどころか危機そのものが、女性が支配者だったせいにされる。まさに八方ふさがりである。ただタウセレトが単独で王座に就くことができたのは、たとえ現状維持はかなわずとも、王家の血統が重んじられていた証拠だろう。古代エジプトは、すでに権力を行使している者に権力を与える習慣があり、同時に政治がどん底で、分別と慎重さが求められているときにだけ女性に権威を授ける国だった。女性を支配者にいただくのは、それほどお寒い状況だったということだ。バイもシプタハもいなくなり、残るはタウセレトだけ。タウセレトと取り巻きたちは、バイとシプタハを(彼女が殺害を命じたのであれば)始末する前から即位のお膳立てをしていたかもしれないし、神官や廷臣の大部分もタウセレトを王にする方向で合意していたはずだ。そうすれば、ラメセス2世の一族が内輪争いで火花を散らすのを回避できるが、それだけではない。たとえ暗殺の黒幕だったにせよ、タウセレトなら強欲で血の気の多い連中とはちがう形で国を率いてくれるという期待もあった。

それにタウセレトには、セベクネフェルウやハトシェプストとちがって決定的な負い目があった。タウセレトは王の娘でも、王の姉妹でもなく、たんなる王に先立たれた王妃である。倒れる寸前の第19王朝の最後を飾る女性の王としては、あまりに正統性が薄弱だった。

タウセレトは勇気と闘志を持ち、危険を承知で行動し、努力を惜しまなかった。ただそれでも、長く王を続けることはできなかった。タウセレトの治世に完成したもの、建設されたものはほとんどない。ハトシェプストのように男性になったレリーフや彫像を残さなかったのは、いずれたくましく成長し、脅威となる少年王もおらず、在位の長さを競う相手がいなかったからだ。女性としての姿に王の要素を重ね、あくまで自分自身として描かせた点ではセベクネフェルウと同じで、男性化した王になるつもりは毛頭なかった。それに男性の王として自分を演出するだけの支持が得られず、持てる時間もかぎられていたのかもしれない。ハトシェプストの場合は、女性の弱さや不安定さを排除し、男性らしい力を公然と示したかったのであって、男装への熱烈なあこがれがあったわけではない。不屈の精神ゆえに、男性の王として自分を描かせることができたのだ。

だが誰もが理解しているように、タウセレトはハトシェプストではない。それに臣民も、少年王を玉座から引きずりおろしたのはタウセレトだと思っていただろう。何千年もたった現代の私たちが疑うのだから、当時の人も疑いを抱いていたはずだ。つまりタウセレトは最初から不利な立場にあり、守りの態勢から権力を行使しなくてはならなかったのだ。それでも彼女は、過去の女性の王にはできなかったことをやってのけた。自らの野心で王権を獲ったのだ。タウセレトが王になり、世界を支配したことはまぎれもない事実だ。ただ国を治める能力は、歴史の前後に登場したほかの女性の王よりはるかに制限されていた。

タウセレトには業績もなければ子どももいない。即位したときはまだ子どもを産める年齢だった可能性が高く、男子をもうけたいと願ったはずだが、それはかなわなかった。もし性的関係のある恋人がいれば、疑惑のまなざしが大いに向けられたはずだし、そんな人物の存在は記録に残っていない。彼女の息子が王位を継ぐことにはならなかったものの、ラメセス2世に連なる膨大な数の一族は権力を持ちつづける。タウセレトの死の説明は後世に残っていないが、王の資格なしと見なされ、暴力的な形で王座から排除された疑いはある。エレファンティネ島で見つかった石碑には、あいまいな表現ではあるが、タウセレトが退位させられた経緯がこう記されている。「国は大混乱に陥り……（偉大な神が）腕を伸ばして幾多の者から生命と繁栄と健康を有する君主を選びだした……彼を前にした戦士たちは恐怖に心臓をつかまれ、ハヤブサに追われるスズメのように逃げていった[26]」。ラメセス2世の一族に残っていた実力者が、タウセレトとその一派を追いはらって、空席となった玉座に自分を据えたのである。その人物はセトナクト、〈セトは強大なり〉という意味で、第20王朝の創始者となった。統治者が力で引きずりおろされたことが、ついに明確に記録されたのである（ただし誰から王位を奪ったのかは明示していない）。

後代の文書――シリア人のイルス（バイ）に言及した大ハリス・パピルスだ――には、空白の年月を経て新王セトナクトがエジプトの玉座を「浄化した」と書かれている[27]。タウセレトは、セトナクトが殺害した反逆者のひとりということらしい。玉座から浄化されたのはタウセレトだった。このセトナクトとは誰だったのか。王族のひとりか、タウセレトの廷臣か、王宮に出入りしていた人物か。タウセレトの決断と異例の行動に多くの男性たちは衝撃を受けたが、セトナクトもそのひとりだったかもしれない。幼王まで暗殺したタウセレトの暴走に、ラメセス2世の血縁に連なる男性たちが立ちあがって反撃したとも考えられる。セトナクトがタウセレトを完全にたたきつぶすのは、治世2年目のことだったようだ。セトナクトは自ら即位したあと、タウセレトを相手に戦ったのだろうか。そうだとすれば、タウセレトは多少は踏ん張りを見せたものの、最後は王座も民の支持も失ったことになる。

タウセレトの野心は、自己愛と自己利益の追求が先走りしすぎたゆえに、玉座から追いおとされ、悪い印象だけを歴史に刻みつけた。この史実は、古代エジプトの女性も政治的な意志を表に出せなかったという不愉快な真実を浮かびあがらせる。タウセレトは摂政の立場を軽んじ、保護者ではなく攻撃者として行動した。古代エジプトでは女性統治者が何度となく出現してきたが、あくまで王の代理という形をとること、権力を私欲に使わないこと、国全体の利益を前提に合意を形成して行動することが暗黙の了解だった。それを踏みにじり、報いを受けたのがタウセレトだった。

新王朝の初代の王になったセトナクトは、〈力強い腕で反逆者を追いはらい、王権に逆らう敵を打倒せし者〉という意味の即位名を通じて自分の実績を伝え、王権を正当化した。神聖な王権を守るために、反逆者（タウセレト）に鉄槌《てっつい》を下したという主張は露骨すぎるほどだったが、タウセレトのときとちがって、そんなむきだしの野心をとがめる者はいなかった。これは明白な二重基準で、男性による暴力は許されるどころか、箔がついていっそう立派に見えたりする。けれども女性が勇ましいところを見せると、型破りで不安を招くと思われる。即位からわずか数年で死去したセトナクトは、息子のラメセス3世の命令でタウセレトの墓だったところに埋葬された。ディール・エル＝マディーナの労働者たちは、女性であるタウセレトのレリーフを急いで漆喰で塗りつぶし、その上にセトナクトの男性らしい姿を彫った。王を別人の墓に入れるという急ごしらえの仕事だったおかげで、その後漆喰の大部分が崩落し、エジプト学者は謎だった部分を再構築することができた。

王墓は自らの価値を世に示すものだが、タウセレトの墓の流用には奇妙な点がある。タウセレトの名をあえて抹消せず、あちこちに残してあるのだ。またタウセレトの数少ない記念物も破壊した形跡が見られず、彫像には抹消の痕跡もない。さらにラメセス6世［第20王朝5代目の王］の時代になっても、タウセレトの名はカルトゥーシュに囲まれて文書に登場しており、敵であるとか、おとしめるような表現はされていない。第20王朝後半の陶片にも、男子を連れて戦車を駆り、敵の戦車を撃とうとするタウセレトらしき女性が描かれているのだ[28]。紀元前3世紀のマネトの王名表には、テーベの伝説の男性王トゥオリスとして記載されている。攻撃的な行動の数々があまりに男らしかったために、女性であった記憶が抜け落ちてしまったようだ。

タウセレトの存在は激しいそしりも徹底的な抹消もまぬがれて、断片的にではあるが古代エジプトの集合意識に根をおろした。これはほんとうに憶測だが、シプタハは実は自然死だったのに、少年王の死をめぐる疑惑をタウセレトひとりが背負わされた可能性もある。それでも私たち研究者はタウセレトが怪しいと思っているし、古代エジプト人も同じだったはずだ。

タウセレトはシプタハをほんとうに殺したのか。それは大した問題ではない。彼女が代表になった王朝は、内部抗争で弱体化が激しかった。タウセレトという女王は、足元がおぼつかず、終わりが見えていた悲惨な時代が生みだしたのであって、彼女自身が野望を広げすぎた結果ではない。前王であり夫のセティ2世はすでに権勢も影響力もなかったし、王位を継いだシプタハも存在感はなかった。それなのに王朝終焉の原因はタウセレトにあると責められる。タウセレトは内部抗争を乗りきり、雇われ金融家バイから実権を取りもどして、短期間といえども国を統べる最高の地位に就いた。むしろ彼女は、中央集権制が崩壊し、戦いや騒乱が頻発した時代の被害者なのに、当時の混迷ぶりを語るときにしか思い出されないようだ。エジプトの人びとは、政治的な問題があるときにしか女性がその舞台に呼びだされない事実を都合よく忘れ、タウセレトの治世を特徴づける危機的状況は彼女自身が招いたと非難してきたのではないか。

タウセレトは運を自分で創造した者として記憶されるべきだ。さまざまな脅威を排除することはできたものの、将来の権力基盤を固める前に、自身の疑わしい悪事に足元をすくわれた。第19王朝の最後にして最善の希望だったタウセレトは、かぎられた機会をものにして慎重に国を取りしきった女性統治者だった。それなのに成功と呼べる業績がなかったこと、そして女性だったことでしか歴史に名をとどめていない。背後で渦巻く闘争の手先にされ、受け身で反応するだけで、戦略的に関わる意志も能力もなかったという評価なのである。

けれども、脱中央集権が進み、一族の確執が激しさを増していた時代、王族の女性は何であれ権力を持つ立場から遠ざけられていたはずだ。にもかかわらず、のるかそるかの政治的な駆け引きで女性が当事者になったこと自体、驚異的ではないだろうか。タウセレトはまぎれもなく、この複雑きわまりない政治劇で重要な役まわりを演じた。正面切って相手に立ちむかい、自らの手を汚し、女性が行う統治の枠を飛びこえたタウセレトの戦略と実行力は、この本に登場する女性の王のなかでいちばん男性的といえるだろう。

タウセレトのあと、次に女性の王が登場するまで1000年以上待たねばならなかったが、それも不思議ではない。時はプトレマイオス朝で、血統も政治制度もマケドニアの流れを汲む別物になっていた。ただし、そのあいだ女性がまったく無力だったかというとそうではなく、王として正式な形で権力を掌握しなかっただけだ。女性たちは本心を偽り、人知れずナイフをちらつかせ、陰謀を企て、王殺しまで図っていた。

そんな女性たちが現れたのが第20王朝である。セトナクトの息子であるラメセス3世から、力ずくでも王権を奪いとろうとする動きが活発になっていた。首謀者が明るみに出ては計画が頓挫していたが、王の殺害だけは遂行されてしまった。ラメセス3世はテーベのハーレム内で暗殺される。[29] 彼のミイラを調べた最近の研究では、のど元をかき切られて即死したことが明らかになっている。またハーレムの女性たち、王宮の役人、王の息子たちが王に対する共謀、呪術の使用、暴力で裁判にかけられたと伝える膨大なパピルス文書も見つかっている。古代エジプトの文書では、例によって重大な問題を具体的に記すことはないので、罪状の詳細はわからない。ただ残虐な殺害の様子は、しかるべき人びとにはすでに伝わっていたはずだ。王に歯向かった恥ずべき事件をわざわざ文字に書きおこして大事にする理由はなかった。

文書記録を突きあわせ、書かれていない空白を埋めていくと、ティイという名の王妃が息子を王座に据えるために、ひそかにラメセス3世の暗殺計画を練りあげた背景が浮かんでくる。関与を指摘された者は大勢いるが、それも当然のことだろう。「王の偉大なる妻」だったタウセレトと同じで、共謀者のなかに実質的な権力者はひとりもいなかった。神殿での儀式の最中に、あるいはハーレム訪問時に王を殺害することは、計画のなかで最もやりやすい部分だったかもしれない。難しいのはほかの兄弟を押しのけて、これと決めた息子を王座に押しあげるところだった。ラメセス3世の大勢の息子たちも、生命をねらわれたり、陰謀に引きずりこまれたりしたことだろう。タウセレトの時代にくらべて、王位の継承ははるかに複雑な政治劇になっていた。

王の暗殺に関わった者は、呪術――黒魔術と呼んでもいい――を使った罪に問われた。具体的には蝋《ろう》人形をこしらえて、相手を意のままに操ろうとしたのである。事件の全容を明らかにして、関与者をあぶりだすための尋問では、当然のことながら拷問も行われたはずだ。いずれにしても最後に待っているのは死だ。自殺か処刑のどちらかで、後者の場合は、鋭い釘で胸を刺し貫き、肋骨《ろっこつ》で支えて吊るされる。公開の場でゆっくりと死んでいく残酷な方法で、エジプト版磔刑《たっけい》である。裁判記録では、裁判官も汚職と収賄で有罪になっている。友人や家族の罪を軽くしたいハーレムの女性から、性的な供応を受けたのだろう。だがその努力もむなしく、長時間にわたる複雑な審理が3度にわたって行われたのち、38名が死刑になった。

皮肉なことに、王宮のハーレムの描写が最初に登場するのはラメセス3世の時代である。[30] ハーレムは葬祭殿の正面に立つ、守備塔に似た形の門の2階にあったようだ。ラメセス3世は穏やかな笑顔で、かしずく美女たちをやさしく愛撫してご満悦だ。裸の女性たちが王を取りまいて、セネトというボードゲームに興じたり、楽器を演奏したり、ごちそうやその他の贅沢品を差しだしたりしている場面が登場する。女性たちは華やかな独特の髪型で、いずれも思春期前の処女のようだ。王は正式な装束をまとい、かならず玉座に腰をおろしている。女性の顎の下をつかんでいるように見えるものもあれば、下半身をなでているものもある（こうした場面に憤ったのか、後世のキリスト教徒が損傷を加えている）。乱痴気騒ぎや性行為の描写があるわけではないが、女性器をかたどった鳴り物を振っていたり、女性器をかたどった花を持っていたりと、ハーレムで王に提供されていたものがそれとなくわかるようになっている。

ハーレムは神々の命によるものだ。王は「エジプトの雄牛」として、王室の養育所を何百人もの子どもで満たすことが求められる。ハーレムは絢爛な美が咲きほこり、神々が奨励する生殖が行われる場所だった。理想化された場面の陰には、ある程度自由が認められ、それぞれの思惑を持つ女性たちが、無防備な王の息の根を止める危険もひそんでいた。セックスに目がくらんだ王は、何が起こっているかわからないまま絶命することもありえたのだ。

これは、多くの男性がいまも恐れてやまない女性の力だ。自分の運を切りひらいたり、運命を変えたりするために、人知れず大それた悪事に手を染める。そのやり口はいかにも女がやりそうなこと、そして同時に、いかにも古代エジプトでありそうなことと評される。しかし一歩下がって眺めると、一族の数が多すぎて、しかも仲間割れしていた状況が、そうした策略に反映されていたともいえる。規律がゆるみはじめていた体制のなかで、それぞれがささやかな権力手段を有し、対立する利害を抱えながら、王権ほしさにしのぎを削っていた。タウセレトの短命に終わった王位は、第20王朝の末に女性の権力が血ぬられ、翻弄されるという警告だったのかもしれない。

有能で敬意を集める女性の王、国家の危急のときに求められる女性の王は、ふたたび玉座にのぼるだろうか。国が女性の王を必要とすることはあるのか。エジプトが帝国の時代を迎えるにつれて、国の制度として女性は王権から排除され、門戸は完全に閉ざされる。エジプト人の王朝は弱体化するか、完全に消滅してしまい、昔のように強大な君主国が女性の采配を必要とする状況はなくなった。エジプトは強国の覇権争いに巻きこまれ、紀元前676年にはアッシリア人が侵入し、紀元前663年にテーベが奪われた。カルナク神殿の塔門には、燃える旗竿が石に押しつけられた跡がいまも残る。そして紀元前601年と569年には、バビロニアの侵略を二度にわたって阻止しなくてはならなかった。勢いを取りもどしたペルシャ人はバビロニア帝国を滅ぼし、紀元前525年にエジプト軍に圧勝している。

たえまない戦乱のなかで、女性が支配する時代は終わったように思えた。エジプトは男性が統治する帝国のあいだで受けわたしされる戦利品になっていた。どの王朝もせいぜい数世代しか続かず、確固たる権威の柱がなくなると、皮肉なことに王族の女性も勢いを失った。だがエジプトの人びとは、女性が支配者になれば、国の平和と安定を保つためには流血も辞さず、正義の復讐もやってのけることを認識していたし、神聖な社会の統治に女神が一定の役割を果たすことを理解していた。

すべてを失いかけていたエジプトでは、神官たちが女性の神を重視した新しい神殿を建設していた。王を庇護し、ときに力を使って守ってやれるのは女神だけだと考えて、天なる母を崇《あが》め、その姿を描きだすことに力を注いでいたのである。エジプトが周辺の帝国に痛めつけられていたこの時代、少なくとも神々の世界では女性が復権していたともいえる。

このころのエジプトは、文化も宗教も女神をもてはやした。王を誕生させ、守り、鍛えるという女性的な要素を祝福する誕生殿《マンミシ》が登場したのもこの時代だ。神官たちは女性による創造という概念を分析し、熟考を重ね、注解し、あらためて想像をふくらませた。女性の神がかつてないほど深遠で重大な責任を担う、新しい種類の神殿がいくつも建設される。信仰の中心になったのは、カルナクの雌ライオンの女神ムトや、妊娠したカバの女神イペトだった。イペトは新しい生命をはらんで守る神として、カルナクに新しい神殿がつくられている。温和な雌牛の女神ハトホルは、女性らしい美しさと、娘のような従順さの化身であり、デンデラにそのための神殿が建立された。

王宮の城壁の内部では、女性の権力者をふたたび受けいれる素地が整いつつあった。エジプトはアレクサンドロス大王に征服され、彼の死後はマケドニア系ギリシャ人のプトレマイオス朝が300年続く。王族の女性たちはふたたび勢いを持ちはじめるが、今度はただ一族の利益を守るだけでなく、自身の野望を実現することも視野に入れていた。そしてついに、エジプトの王座に女性が就くことになるが、彼女はこれまで見てきた女王をすべての点で超越していた。

第6章　クレオパトラ

歴史的ヒロイン

　クレオパトラはあと少しですべてを手に入れるところだった。絶体絶命の不利な状況に追いこまれながらも、勝利が目前だった。成しとげたことも多い。ローマ帝国に吸収されそうなエジプトをつかんで離さず、名だたる英雄たちを手玉にとってローマの支配を逃れた。持てる手管と外交手腕を駆使して、20年にわたってエジプトの分裂を食いとめ、独立を守ったのだ。

　この本で取りあげた女王のなかでクレオパトラは唯一、自らの生殖能力によって王朝を拡大し、未来の王の母として権力の車輪の中心に自分を据えた人物である。男性と同じように実子による王位の継承を試み、（短期間ではあるが）成功させたのもクレオパトラだけだった。たぐいまれな指導力と健康な子宮が彼女の武器であり、権力者の子どもを妊娠しても妻として従属することはなかった。むしろ彼らを利用して、全エジプトの女王という至高の地位を保ち、強化していった。ユリウス・カエサルとマルクス・アントニウスのどちらかひとりでも、もっとうまく立ちまわってわが身を守り、政治的、軍事的な戦略を迷わず遂行していたなら、クレオパトラはちがった形で後世に記憶されていたはずだ。

クレオパトラが最初に選んだローマの武将カエサルは、権力が強大になりすぎて親族に暗殺された。2番目のアントニウスは、英雄アレクサンドロス大王にならって中央アジアまで遠征するが、手を広げすぎて自滅した。彼らがもっと生きて活躍していたら、クレオパトラは権力を手放すどころか、さらに拡大していただろう（もちろん、彼らがこの歴史的ヒロインと関係を持たなければ、あっけなく生涯を終えることもなかったであろうが）。

クレオパトラは何世紀ぶりかでエジプトに登場した女性の統治者だった。ナイルの地はそれまで500年以上も、アッシリア人やバビロニア人、さらにはマケドニア人に支配されていた。エジプト人は外からの統制によほど嫌気が差していたのだろう。紀元前332年にアレクサンドロス大王が現れたとき、外国人でありながらエジプト式の神王に即位し、ペルシャの圧政から救済してくれた彼を、ナイルの民は大歓迎したのである。とはいえアレクサンドロスの東征がもっと続いていたら、エジプトはマケドニア帝国の一属州に落ちぶれていたはずだ。

だがそうはならなかった。若き大王のとつぜんの死によって領土は副官たちに分配された。マケドニアとギリシャはカッサンドロスが、アナトリアはリュシマコス、ペルシャと中央アジアはセレウコスが引き継ぎ、エジプトはプトレマイオスとその後継者のものになった。

プトレマイオスはマケドニア人であってエジプト出身ではなかったが、一族が地中海沿岸の西側に位置するアレクサンドリアで生活し、統治を行ったという単純な理由で、本国人による支配が復活と相成った。マケドニア人は遠くから搾取する対象ではなく、権力基盤としてエジプトを利用した。エジプトの神王になって奇妙な衣装をまとい、バランスをとるのが難しい王冠を頭にのせて、古めかしい儀式をこなさないと、民は受けいれてくれないことを先達アレクサンドロスから学んでいたからだ。それでもホルス神の化身がふたたび玉座を占めたとあれば、王族の女性たちが実に1000年ぶりに表舞台に戻ってきたのも不思議ではなかった。

クレオパトラ7世——後世の歴史家は彼女をそう呼ぶ——は個性的で多彩な才能の持ち主だった。国家元首だったことはいうまでもないが、人びとの心理に訴えかける力もあった。彼女のレリーフや像はエジプトの母なる女神の神殿と、そしてローマでも捧げられた。また陸海軍を組織・管理するだけでなく、自ら戦場におもむいて戦略や陣形の判断を下し、貴重な経験を積んだ。ナイル川の氾濫が機能していれば、地中海地域のどこよりも労せずして穀物が育ち、金鉱の採掘が順調であれば金も豊富に入手できるエジプトは、あのローマでさえ一目置く経済力を誇っていた。

そしてクレオパトラには性という武器もあった。官能的な側面や生殖能力を隠すことはせず、女性としての魅力を堂々と使って相手を誘惑し、操った最初のエジプト女王といってもいいだろう（それに頼らざるをえなかったともいえるが、性的な戯れが記録として残っているのはクレオパトラが最初である）。感情のままに行動したという評価もたしかにある。けれども、そのおかげでローマの権力者に庇護され、彼らの子どもまで産んで、エジプトが初めて経験する国際化した複雑な世界で立ちまわることができたのだ。

クレオパトラを支えていたのは過去の女王たちだった。息子を王位に就けたメルネイト。王朝最後の統治者を務めあげたセベクネフェルウ。周囲の男性たちを踏み台にして政治の頂点にのぼりつめたハトシェプスト。年齢とともに姿を変え、男性たちが荒らしまくった国を救ったネフェルトイティ。男性のような攻撃性をときおり発揮して政治工作も行ったタウセレト。クレオパトラは彼女たちの肩に足をかけ、もう少しで高く飛びこえるところだった。

エジプト女王としての野心を、プトレマイオス朝の王宮や臣民だけでなく、ローマ人と世界に向けて示したのもクレオパトラが最初だろう。彼女自身の言葉はどこまでも率直で、権力を持つことへの言い訳もない。神の命令を遂行しているだけという逃げ口上もなければ、自分は権威など望んでいないといった自己保身もなかった。クレオパトラは殉教者ではなかった。大胆な野心をそのまま生き残る手段に置きかえたのだ。堕落したプトレマイオス家に育ちながら、際限なく繰りかえされる無情な小競り合いに立ちむかうすべを学んだ。つねに頂点を視野に入れ、その途上で兄弟姉妹を消すこともいとわなかった。

これまでに登場した女王の物語を伝えるのは、建築物や墓、彫像や浮き彫り、ミイラや石碑であり、そこにあるのは理想化された記述や、考古学者が遺跡から読みとる情報だ。書簡や演説、回想録など人間味を感じさせる直接的な史料は存在しない。ところがクレオパトラの場合、ようやく本人の発言や、決定を下すまでの思考過程が記録として登場するようになる。それを読めば、彼女の愛人や敵対者の行動も説明がついて、実際の状況を目撃したように描きだせるのだ。

ただしそうした文書記録は、クレオパトラ自身が書いたものではなく、エジプト寄りの立場でもない。その意味で、クレオパトラの治世の研究には別の難しさがある。クレオパトラ本人の意向は無視して、異文化の視点からローマの政治家や雄弁家が記したものが大部分で、しかも個人の細部ばかりがこれでもかと書きつらねてあるからだ。たとえばローマ帝政期のプルタルコスやカッシウス・ディオの著作は、[1]深い傷跡を残したローマ内戦の色が濃く表れている。ローマ人に深く根ざした例外主義［自国をほかの国々とは異なるものととらえ、ときに優れているとする思想や態度］、エジプトも含むローマ以東の地域への嫌悪と不信感、王権への反発（共和政ローマもひとりの人物への権力集中がいやおうなく進んでいたのだが）がそこかしこに顔を出しているのだ。

古代の歴史家たちの記述は実に詳細だ。クレオパトラが富をこれでもかと見せつけ、貴重な国の資源を気まぐれで浪費しまくり、豪勢な宴《うたげ》は数週間も続いたこと。男性たちをたぶらかして理性も道理も失わせ、善良なるローマ人男性の魂に毒を吹きこんで堕落させたこと。統治者になるためにはなりふりかまわず、芝居がかったヒステリーを起こして相手を思うがままに操ったこと。性欲が旺盛すぎたこと。勝者の戦利品として衆目にさらされることをよしとせず、子どもも顧みずに自殺したこと。これらはすべてローマ人が書いたことなので、そのまま信じてはいけないだろう。

公平な視点でクレオパトラの真の物語に迫ろうとするなら、ローマ人の情報は基本的な事実だけにとどめ、人物像に言及した部分は排除したほうがいい。そうすることで初めて、ハトシェプストやタウセレトのように、人となりに関する情報がまったくない過去の女王と条件がそろうことになる。クレオパトラの意思決定の過程や、彼女が用いた戦略や計画も、政敵の目を通した評価は採用せずに分析する必要があるだろう。

エジプトの君主が全員そうだったように、クレオパトラも本心や素顔は見せず、神のように完璧で抑制のきいた、理想化された姿だけを表に出していた。エジプトの文書記録では、人柄や欠点、世俗的な思惑を明かしたり、論じたりはしていない。クレオパトラが舵取りをしていた権威主義的な体制には、個人の意見を正式な形で共有することはなじまないのである。とはいえ当時の史料には、ローマの宣伝工作的な部分を取りのぞいたとしても、吟味するだけの充分な情報がある。権力者としてエジプトの民に仕え、持てる才能を余すところなく発揮し、熱い期待を一身に集め、政治ゲームにあと一歩で勝利するところだった女性を、生き生きと描きだすことができるのだ。

現代の女性政治家たちも、人格面をあまり強調しすぎると、ホルモンに振りまわされて明晰《めいせき》な思考も決断もできないと思われて不利になることを知っている。ところが男性政治家が感情を抑えきれず、適切な時と場所で涙を見せたりするのは、政治戦略として有利に働くことが多い。同様に男性政治家が妻以外の女性に関心を持ったり、不倫に走ったりすることも、やり手で男らしいと賞賛すらされることもあるのに対し、女性政治家が同じことをしようものなら、安定を破壊する逸脱者扱いをされるだろう。この二重基準をクレオパトラもよく理解していた。

第18王朝のネフェルトイティから第19王朝のタウセレトまでのエジプトの変化を劇的と表現するならば、プトレマイオス家が王権を握ったときは激変の嵐が吹き荒れた。少なくとも4つの帝国から繰りかえし攻撃され、さんざんうまみを吸いあげられていたエジプトは、国際化の波に洗われていた。しかしプトレマイオス朝（前305〜前30）が興ったことで、エジプトでは内に引きこもった統治が復活し[2]、王とホルス神、女王と女神イシスの結びつきがふたたび強くなる。プトレマイオス一族は、神である王のそばに妻、娘、姉妹、母が結集し、猛々しい女神の女王として力を振るう体制を復活させたのだ。

プトレマイオス一族はギリシャに起源を持ちながらも、エジプト古来の神王制度をそのまま採用した。何しろ祖先のアレクサンドロス大王は、シーワ・オアシスの神殿でアメンの神託を受けた人物だ。神王を復活させたのは、大王の敵討ちとしての要素もあった。そして神王を擁立する以上、その保護者役を務める強い女王が出てくるのは当然で、なおかつ王を支配する可能性も生まれる。

エジプト世界を統治した女性たちの物語のなかで、最大の悲劇がそこにある。権威主義が容赦なく強いてくる根深い不平等のなかでしか、女性は正式な形で国を治めることが許されない。ギリシャの民主政しかり、ローマの寡頭政しかりで、女性は脱集権化された体制から締めだされていた。権力が広範囲に共有されていれば、ひとりが脱落してもすぐに代わりが出てくる。王朝を維持し、王位を確実に継承させるために、女性が空席を埋める必要がない。だが王権はそうはいかない。王家の男女のなかで引き継げるのはごく少数で、そうなると女性も重要な役を演じることができる。アレクサンドロス大王自身もマケドニアの有力王族の出身であり、母親のオリュンピアスが無情な政治工作を行っていた。長じてエジプトを征服したアレクサンドロス大王は、排他的、全体主義的で、絶対的な忠誠を強いる体制をその地に植えつけていた。

プトレマイオス家はエジプト古来の王になりきって、ギリシャ風の衣装はまったく着ないか、一部を持ちこんだだけだった。神王らしく大きな冠と首飾りを着け、兄弟姉妹婚まで繰りかえした。プトレマイオス朝は、慎重で現状維持を好むエジプト気質と、中央集権から脱して競争の激しいギリシャ世界が融合した稀有な王朝だった。側近どうしの誹謗《ひぼう》中傷や競争あり、暗殺あり、王殺しまであったが、それでもプトレマイオス朝は300年近く続き、古代エジプトの全王朝のなかで最長を誇ったのである。

プトレマイオス一族を取りまく世界は激しい競争が渦巻いていたが、残忍さが発揮されるのはあくまで王宮内部だった。地理的な条件と穀物が豊かに実る環境のおかげで、エジプトはいまだに外部からの侵略を受けずにすんでおり、恐れるべきはむしろ暗闇で抜かれる短刀だった。プトレマイオス朝も、女王や王妃など王族女性が神聖なる君主制を守り、育て、支え、ときに監督していた点では、エジプト人の王朝と変わらなかった。王族たちの思惑は複雑にからみあい、たがいの息の根を止めようとつねに画策していたが、歴代の王たちはエジプト伝統の保護主義を継承していた。第18王朝のように、近親婚の繰りかえしで濃密な王族関係を構築し、王の息子たち、娘たちが貴族階級を排除して権力を独占していたのである。

プトレマイオス朝の王宮は、アレクサンドロス大王が建設した巨大な港湾都市、アレクサンドリアにあった。大王は当時知られていた古代世界をすべて手中におさめたのもつかのま、前途有望なままバビロンで短い生涯を終えた。エジプトのアレクサンドリアが、交易と信仰と知性で栄えるメトロポリスに成長した姿を、その目で確かめることはできなかった。権力と文化の殿堂がそろうアレクサンドリアは、地中海東部で最大の影響力を持っていた。豊かで多様性があり、商工業もさかんで、中間層が多く暮らしていた——大多数の農民が季節労働に従事し、搾取されるばかりだった従来のエジプト経済とは一線を画している。新しく出現した労働者階級には力があり、税が重すぎたり、国が支出を切りつめたりすると、すぐに反乱が起きた。

それでもアレクサンドリアは「やればできる都市（yes-we-can-city）」だった。世界中から富と人材が流れこみ、豊かな知識と意見が集まってきて、誰もがうまい話を見つけたり、取引をまとめたりしようと必死だ。町にそびえる灯台は、当時世界で最も高い建物として世界の七不思議に数えられた（2番目に高いギザの大ピラミッドも七不思議のひとつだ）。まばゆいばかりの新しい都会には、不安定な若さが息づいていた。いきがる10代の若者のように、ビブロスやバビロンより大きく立派なところを見せようと、急いで飾りたてていたのだ。地中海世界で最大にして最も充実した図書館がつくられたことも、驚きではない。プトレマイオス一族は、古代世界の重鎮的存在の都市にくらべて、景観も経験もいまひとつであることをわかっていたのだろうか。裕福だが敬意は払われない、ドバイのような都市だったのだ。そしてアブダビのように、金で科学者や知識人を誘いこみ、放置されていた外国の蔵書を大量に購入して価値を高めていった。

アレクサンドリアは近代的な工夫も数多く見られた。土地は碁盤の目のように区切られ、ギリシャ人、ユダヤ人、エジプト人それぞれの居住区がつくられた。また金属細工、革のなめし、宝飾品づくりなど、業種ごとの区域も設けられた。ナイル川の氾濫で押しよせてくる水は、ビクトリア湖やエチオピア高地から何千キロも流れてきてかなり汚れている。しかし南側に人工湖をつくることで、市内には清潔な水と空気が入るようになっていた。

アレクサンドリアは港湾都市であり、エジプトの内側ではなく、外側を見わたす位置にあった。権力の中心地としては、自国の殻に閉じこもらなかった最初の都かもしれない。[3] 距離だけなら、アビドスやテーベよりも、ローマやアテネ、エフェソス、アシュケロンのほうが近いのだ。エジプト領内のほとんどはずれに位置するアレクサンドリアは、細分化されて競争の激しい王宮で、昔からの神聖な王権の儀式をマケドニア系の人間が挙行するという支離滅裂ぶりだった。プトレマイオス家は国内各所に伝統的な神殿を建設しておきながら、この港湾都市には地中海の新しい神学体系を吹きこんだ。歴代のファラオは、アレクサンドリアにいながらにしてローマを守護者、資金源、武器商人として頼るようになり、南部は地中海方面に差しだす金や穀物をしぼりとるところとして、たまに目をかけるだけになった。

やがてアレクサンドリアは危うい立場を自覚することになる。地中海全域を吸収しつつあった欲張りなローマは、ぜひともこの都市がほしい。エジプトは地中海のパンかごだったが、領土拡張の絶頂期にあったローマをもってしても、征服は容易ではなかった。すでに莫大な金をエジプトの王たちに融通し、キプロス島を抵当流れで丸ごと手に入れていたが、借金を完済させるためにローマがやれることはなかった。ガリアやブリタンニアのように併合するわけにもいかない。エジプトは長い歴史と風格を備えた国だ。これが族長や異邦人といったまとまりのない連中であれば、ややこしい法律や込みいった徴税制度を振りかざし、効率的な武力で攻めればあっさり陥落するのだが。エジプトは世界最古の地域国家、複雑な統治体制の源流でもあり、独自の洗練された文化を誇る。それだけではない。エジプトが属州になれば、指名された長官が必然的に世界の支配者となるであろうことをローマの議員たちはよくわかっていた。つまりエジプト併合は、元老院議員から選ばれる属州長官に強大すぎる力を与えてしまうのだ。ローマ国内も激しい競争が続いていたから、ナイル川の国はいましばらくプトレマイオス家にまかせておくほうが楽だった。こうしてエジプト問題は先送りにされていたのである。

　アレクサンドリアにくらべると、ローマはかなり地味な町だった。マラリアが多発する湿地が広がり、大理石の大きな柱や装飾的なフリーズ［古典建築において、柱の上部に水平につくられる構造の中層部分］もようやく登場しはじめたところだった。そのいっぽうでローマ市民は、東洋の放埒《ほうらつ》や政治の退廃を軽蔑しきっており、道徳面では自分たちのほうが優秀だと考えていた。だがエジプトのほうは、ローマより劣っているとは微塵も感じていなかったようだ。紀元前58年、クレオパトラが11歳か12歳のとき、父王プトレマイオス12世に連れられてローマを訪問しているが、通りは不潔で湿気が多く、堂々たる建築物もない町に何の感興も湧かなかったことだろう。

プトレマイオス一族とローマのねじれた力関係を、クレオパトラは少女のころから理解していた。彼女の最大の弱点は性格などではなかった。それはクレオパトラがプトレマイオス朝最後の統治者として受け継いだ、経済的に衰弱しきったエジプトだった。プトレマイオス12世はローマの富裕な貴族たちから借金を重ね、その金額はローマがいつ領内に侵入してエジプトを征服してもおかしくないほどふくれあがっていた。浪費もあるが、繰りかえし起きていた深刻な旱魃も一因だった。プトレマイオス12世からクレオパトラの時代、ナイル川の水位はつねに低い状態だった。エジプトでは小麦や大麦が手間いらずですぐに育ち、大きな実をつけていたのに、いまでは収穫が減って食いつなぐのもおぼつかない。水位が少しばかり上昇して、耕作可能な土地が増えることもあれば、水位がまったく上がらないこともあった。プトレマイオス12世とクレオパトラの時代には、余剰農産物は完全に底を突いていた。都市部を中心に税を重くしたことも、困難な状況に拍車をかけた。[4] エジプトの存在理由ともいえるナイル川が機能せず、国が弱りきっていたこのとき、貪欲な帝国の餌食になっていてもおかしくない。クレオパトラが長期的な視野を持っていたかどうかはともかく、エジプトが生き残る望みは自分の王族、さらには国の外に見いださねばならないことは理解していたはずだ。

そこでクレオパトラは、ことあるごとにプトレマイオス家から距離を置こうと画策する。もともと彼女は、誰が敵になるかわからず、つねに毒殺を警戒するという疑心暗鬼の環境で育った。父王の妃《きさき》であるクレオパトラ5世［古代エジプト史における「〜世」は現代の区分である。プトレマイオス12世の妻クレオパトラ・トリファエナは5世もしくは6世、あるいは5世と6世は同一人物だという説もある］は、クレオパトラが誕生したころに文書記録から消滅し、プトレマイオス12世の子どもたちが父から王座を奪おうとしていたころに復活している。ファラオの息子や娘はひとりとして自然死で終わっていない。クレオパトラは自害したと伝えられており、ほかの者はほとんどが成人前に戦闘や暗殺で一族の人間に殺されている。これほどの恐怖と不安のなかで育つと、どんな人間になるのか。生き残る技術に長けているのはもちろんだが、おとなになるにつれて、創造的な戦略家ができあがったにちがいない——危急の状況を切りぬけるために、必要ならば自分の感情を捨てることができる人間である。

プトレマイオス家の人間として生きることは、持続性のＰＴＳＤ（心的外傷後ストレス障害）を経験するようなものだった。下心のある同盟関係、胸に押しあてられる冷たい刃。過剰なまでの毒物の知識は、家庭内の化学兵器戦の様相を呈していた。[5] 王族の人間にはそれぞれ側近がいて、策略で重要な役まわりを演じていた。プトレマイオス家の息子や娘に仕える取り巻きには、家庭教師や戦略家を務めるギリシャ出身の知識人がいれば、軍人もいて、金貸しや行政官もいた。アレクサンドリアの住民である彼らは、プトレマイオス家の王子や王女をも監督していたようだ——修辞学、政治、外国語といった教育を授け、彼らが成長して政争に加わるようになると、自らの思惑に沿うよう誘導したのである。まだ小さいときは、取り巻きが代理で戦うこともあった。助言者たちは潜在的な危険を耳にささやき、敵を排除し、対立者を中傷し、競争相手を引きずりおろすために手を組んで、自分が面倒を見る王子や王女を頂点に押しあげようと暗躍した。アレクサンドリアには、争いや対立をあおる空気が充満していたのである。

それは魂がすさむ生活だったにちがいない。兄が妹を殺し、妻が夫を陥れ、父が娘を処刑する。それでいて一族の血統を守り、よそ者を入れないために近親婚を繰りかえすのだ。[6] プトレマイオス家の一員であることは、危険と困難をともなった。

プトレマイオス朝が長く続いたことを考えると、ギリシャ語を話す歴代ファラオが、王権の維持に最も重要な役割を果たしていた伝統の制度――ハーレム――を採用しなかったことは意外だ。おそらくハーレムに女性たちを集めると多くの問題が発生し、口や手を出す人間も出てくると危惧したのだろう。プトレマイオス朝では、複数の女性に子どもを産ませて世継ぎ候補を確保するのではなく、王が公式に結婚するのは、相手が同母あるいは異母の姉妹であっても一度にひとりだけで、代わりに非公式な手段が用意されていた（非公認の関係で生まれた子は婚外子の烙印《らくいん》を押され、政治的な可能性は閉ざされていたが）。近親婚だけでは、王朝は300年も世代をつなぐことはできない。君主である王の愛人が産んだ私生児の男子は、むろん正統な後継者ではないが、それでも次王の最善の選択肢になることがある。クレオパトラ7世自身も、プトレマイオス12世とそのいとこであり姪でもあるクレオパトラ5世のあいだに生まれたのではなく、ファラオが愛人に産ませた子の可能性がある[7]（そうだとすれば、クレオパトラ7世はエジプト人の血を半分ないしは4分の1引いているのかもしれない――プトレマイオス朝の過去の王が自国の言葉を学ぼうとしなかったのに対し、クレオパトラがエジプト語を話せたのもそれで説明がつくのではないか）。[8]

君主の民族的な出自や法的な立場はともかく、プトレマイオス朝はエジプト学者が「連続的単婚」と呼ぶ形式を保っていた。[9] つまり兄弟姉妹であれ、いとこや姪であれ、一度に結婚するのはひとりということだ。結婚生活が破綻したときは、状況を是正したり、新しい相手とやりなおしたりする道もいろいろあった。ローマ人と同じように離婚も可能だったが、プトレマイオス朝で多かったのは配偶者を殺すことだ。2000年後の英国で、やはり単婚制度で身動きがとれなかったヘンリー8世は、彼なりの独創的な方法で状況を打開したが、それはプトレマイオス朝がやっていたことと変わりなかった。王や王妃の手で殺されることは、古代エジプトのマケドニア人王朝ではありふれたことだったのだ。

集約的な子づくり体制を導入しなかったプトレマイオス朝だが、王の神格化は早いうちから正式に採用していた。卑劣な権謀術数をごまかすには宗教がうってつけだと理解していたのだろう。プトレマイオス2世はファラオをまつる神殿信仰を創始している。そこでは一族の女性が高く崇められ、男性たちと並んで王族女性も観念的な影響力を与えられていた。プトレマイオス2世と、その姉であり妻でもあるアルシノエ2世は〈姉弟神々〉を意味するテオイ・アデルフォイと呼ばれ、硬貨にそろって描かれたり、神殿での祭儀に並んで登場したりした。[10]

プトレマイオス王家の内部抗争は、いろんな意味で一族の女性たちの政治力を鍛えた。彼女たちは同盟関係を仲介し、紛争を解決し、対抗者をつぶす。誰と手を組み、誰の支持を得られるかが駆け引きを左右した。自分ひとりの足で立つ者はひとりもいない。おのおのが土地を持ち、収入があり、支持者や指導者、行政官がいて、人脈を駆使しながら、おたがいを操り、取りこみ、押さえつけようと躍起になっていた。一族の人間関係がからみあい、重なりあうさまは、現代のサウジアラビアを思わせる。王宮での些細《ささい》な意見の食いちがいから不和と分裂の波が広がって、財産の所有者が入れかわり、神官が交代させられ、行政官が異動になる。どこに落とし穴がひそんでいるかわからないから、王宮内で派閥を構築し、人材と収入の損失を防ぐ手段として婚姻を活用するのが賢明だった。自分より広い土地と有力な支持者を持っているという理由で、姉妹と結婚することもあっただろう。実際に、プトレマイオス6世は姉妹のクレオパトラ2世を対等に扱わなくてはならなかったはずだ。[11] 兄を倒して王になったプトレマイオス8世は、そのクレオパトラ2世を妻にした。クレオパトラ2世は忠誠を誓い、共同で統治を行う相手が兄から弟に移ったことになる。兄弟のどちらも、幅広い同盟関係を持つクレオパトラ2世に王妃として支えてもらう必要があったのだ。

プトレマイオス家の女性たちはかなりの権力を与えられており、それを武器におたがいを倒そうとすることもあった。仲良し姉妹という関係は存在しなかった。たとえばクレオパトラ3世は、母クレオパトラ2世に敵対して王妃の座から引きずりおろし、母の弟プトレマイオス8世と結婚して血縁の足場を固めた。そして女神イシスの現身《うつしみ》を意味する名前を自らにつけ、そのための神殿信仰を創始した。

だが、追いおとされた家族たちがそれに甘んじるはずがない。クレオパトラ2世は叔父と姪の連合に武力で対抗し、首尾よく2人をエジプトから追放することに成功した。プトレマイオス8世は報復として、クレオパトラ2世とのあいだにもうけた男子を殺害する。クレオパトラ2世の誕生日、アレクサンドリアの王宮には男子の切断された頭部と両手両足が届いたという。

プトレマイオス8世とクレオパトラ3世は自分たちの軍を率いてクレオパトラ2世を玉座からおろ

し、国外追放にするが、最後には和解が成立した。疑念と苦悩で結びつき、残忍さをこれでもかと発揮した3人組が、アレクサンドリアで共同統治を行うという奇妙な結末である。プトレマイオス一族が複雑で危険な生涯を送ったことはまちがいない。血族間の忠誠心はすべてであり、同時に何の意味もなかった。こんな環境で育ったクレオパトラ7世だから、自分も似たような人生を送ると思っていたはずだ。

紀元前80年、プトレマイオス12世が即位する。ただし彼はプトレマイオス9世の婚外子だった（ほかの世継ぎ候補はすでにこの世になく、多くが殺されていた）。先代から引き継いだ膨大な債務を返済するために、キプロス島をローマに譲渡すると申しでたところ、アレクサンドリアの廷臣たちの激しい怒りを買う。紀元前58年、国を追放されたプトレマイオス12世はローマの債権者たちのもとに逃げこんだ。

プトレマイオス12世には娘が3人、息子が2人おり、それぞれが父の不在を利用しようとした。長女のクレオパトラ6世はさっそく父の王座を奪ったが、出すぎたまねと見なされたか、おそらく妹であるベレニケ4世の差し金で殺害されている。長女と父がいなくなったのをいいことに、今度はベレニケ4世が王に即位する。この種の政変では、家族の誰かと結婚することで基盤を強化するものだが、弟たちはまだ3、4歳だった。そこで当面は単独統治を試みたが、アレクサンドリアの助言者たちが、結婚して共同統治をせよとやかましい。そこでベレニケ4世はいとこのセレウコスと結婚した──シリアのセレウコス朝と同じ名前の王子で、マケドニア系の強大な一族が結びつく強力な縁組だった。しかし婚礼から1週間後、セレウコスは窒息死する。ベレニケ4世の再婚相手はアナトリアの強国を率いるアルケラオス王だった。だがベレニケは、アルケラオスが分限を超えて共同統治者になることをぜったいに許さなかった。姉のクレオパトラ6世同様、獰猛《どうもう》な性格だったベレニケ4世の治世も長くは続かなかった。紀元前55年、ローマの支援を受けた父プトレマイオス12世がアレクサンドリアに帰還して娘を倒し、王座を取りもどした（つまるところ抜け目ない債権者たちが、債務者に収入源を確保させたかったのだ）。

プトレマイオス朝エジプトでは同盟関係がすべてであり、支援者の協力を固めることはいつの時代も賢明な行動だ。そこで王に復帰したプトレマイオス12世は、権力を誰かと共有してポートフォリオを多様化するために、当時14歳だったクレオパトラ7世を共同統治者に指名する。彼女が父王と寝床をともにした証拠はないが、姉ベレニケ4世が首をはねられたときは、父王の隣で処刑の様子を見ていたはずだ。

クレオパトラがマルクス・アントニウスに最初に会ったのもこのころだった。マルクス・アントニウスは当時25歳の美青年で、軍事・外交面でローマの利益を確保するためにアレクサンドリアに派遣されていた。アントニウスはこのときクレオパトラに恋をしたと述懐しているが、クレオパトラのほうは求愛に応えたかどうか一度も明言していない。少なくとも友人関係が始まったのだろう。クレオパトラはまだ若かったが、自分が置かれた冷酷無比な世界の掟はすでに学んでいた。王座にある者は無情であらねばならぬと理解しつつ、わが身を守って同盟関係を構築する戦略をいくつも習得して、ローマの顔色をうかがう必要も承知していた。ベレニケ4世の処刑もやむなしと思っていただろう。この時代のエジプトは、いろんな意味で第1王朝のメルネイト王妃のエジプトに戻っていた。王座を獲るために、直近の家族を容赦なく消していく。権力を持つと、守るものもそれだけ多くなるのだ。

ローマの陣取りゲームは加速するいっぽうで、エジプトが最大の賞品であることはクレオパトラもわかっていたはずだ。武将たちはあえてすぐに手は出さず、舌なめずりしながら国を包囲している。彼らの競争関係を利用すれば、ローマから軍事的、資金的な支援を引きだせるとクレオパトラは考えた。では誰に取りいればいいだろう？　ローマは権力争いと内部抗争が渦巻き、政治体制も頻繁に変わって、ねらいを定めにくい状況にある。オバマの米国がトランプの米国になったときのように、新しい指導者が命令の基準を変え、過去の政策や外交関係をひっくりかえす国を相手に、クレオパトラはどう立ちまわるべきか。共和政ローマは脱集権で好戦的な元老院が強い力を持っていたが、紆余《うよ》曲折を経て皇帝が君臨する帝政へと移行することになる。エジプト侵略の戦いが、ローマ初の世襲君主制の誕生につながるかどうかはともかく、ローマとエジプトの抜きさしならない関係が軸になることはまちがいなかった。

プトレマイオス12世はこの状況に対処するべく、ローマの元老院議員のなかで戦略的にいちばん有利な人物と手を組もうとしていた。クレオパトラはそんな父を間近に見ていたはずだ。国家体制そのものが変わろうとしていたローマで、エジプトは台風の目になり、クレオパトラの下した数々の決断によって、ローマはあれほど嫌悪していた独裁主義の瀬戸際まで押しやられる。だがこの時点では、ローマはまだ（かろうじて）共和政が機能しており、エジプトの王とも同盟国の君主として外交関係を結んでいた。巨額の債務にあえぐプトレマイオス12世は、ローマ亡命時に遺言をしたためることを強いられる。

その遺言は、娘のクレオパトラ7世と幼い息子プトレマイオス13世を後継者に指名し、ローマがエジプトを併合した際には、2人を王と女王としてローマ市民の監督下に置くという内容だった。プトレマイオス12世が世を去ると、ローマは2人の若い新米君主を後見するという名目で、大手を振ってエジプトの政治に介入できるようになった。ブリタンニアのブーディカ女王に対し、女性君主に男子の世継ぎがいない場合、ローマが正式にブリタンニアを併合して属州総督の監督下に入れるという規定を振りかざしたのと同じである。[12] 法律を武器にするのは、ローマ人お得意の戦術なのだ。とはいえエジプトははるかに手ごわい国だ。複雑な解釈論争の土俵にはのぼらないだろうし、リビュアやフェニキア、それにローマ内の親エジプト派と国際同盟を結成されでもしたら太刀打ちできない。

プトレマイオス12世は自分の死がそう遠くないことを知っていたのか、2人の子どもに「新しい神々」「愛情あふれるきょうだい」という称号を贈り、18歳のクレオパトラと弟の政治的関係を（できれば恋愛感情も）確定させた。それはクレオパトラにとって終了宣言に等しかった。翌年父王が世を去ると、プトレマイオス13世に王権を独占させたい側近たちは、介入も同盟関係も無用とばかりに、経験豊かなクレオパトラを引きずりおろしにかかった。彼女には死んでもらうしかない。

そのころローマの内戦も激化していた。ポンペイウスとユリウス・カエサルは地中海全域を舞台に、個人的な戦いを繰りひろげる。2人のうちどちらが、若きプトレマイオス13世につくのか。難しい問いが何度も投げかけられる。王が(正確には王の助言者たちが)選択したのは、父王の盟友でもあったポンペイウスで、船と兵と物資を彼に提供した。クレオパトラは形のうえではまだ共同統治者であり、残っている証拠から判断するに、ポンペイウス支持の方針に従ったようである。けれどもそのいっぽうで、別の可能性も模索していた。それどころか、ごく若いときから政治的な策謀をめぐらせていた様子もある(紀元前49年にエジプトを訪問したポンペイウスの息子グナエウス・ポンペイウスと性的関係を持ったようだ)[13]。それがほんとうならば、クレオパトラの情と政治の二本立て外交に沿ったものだ。ポンペイウスとプトレマイオス13世の関係を絶ち、ポンペイウスの支援と愛情を一身に受けるための賢い方法だったといえる。

アレクサンドリアでは、クレオパトラ7世とプトレマイオス13世の政略合戦が過熱していた。クレオパトラは次の手を打つ。両者が共同統治者になってわずか数カ月のうちに、多くの記念碑に自分の名を単独統治者として刻ませたのだ。プトレマイオス13世も黙っていない。ポンペイウスに働きかけて、クレオパトラを共同統治者の地位からはずさせた。父王の遺言にそむくことになるが、ローマはもともと女性の指導者を信用していないので、難しいことではなかっただろう。プトレマイオス13世はポンペイウスの軍事力を頼みに、単独統治者となる。クレオパトラはアレクサンドリアを脱出し、王国初期の都だった南のテーベを経由して、シリアに逃げこむ。シリアの国々は一度ならずポンペイウスに裏切られた経験があり、クレオパトラには好都合だった。この地でクレオパトラは弟と対決するべく兵を集めた――祖国から追放された20代はじめの女性にしては、なかなかの行動である。クレオパトラは大軍を率いてシナイ半島を横断してエジプトに戻り、ナイル川デルタの東側に陣営を構えて、アレクサンドリアで王座を奪還する計画を練った。

だがまもなく事態は急変し、エジプトだけの問題ではなくなる。ゲームの規則だけでなく、参加者の顔ぶれまで変わったのだ。ポンペイウスとユリウス・カエサルはギリシャで激突し、大敗したポンペイウスが逃亡先に選んだのがエジプトだった（ローマ人がエジプトに亡命し、プトレマイオス朝の王がローマに亡命する事例が多いことは興味深い）。

ローマの心証を悪くしたくないプトレマイオス13世にとって、これは一大事だった。若き王の側近たちは、乗る馬をまちがえたことをただちに悟る。ポンペイウスの船団が港に到着したとき、選択肢はいくつかあった。上陸を断り、アレクサンドリアを態勢立てなおしの拠点に使うことを拒否する。あるいは敗将を殺して、ほんとうはどちらの味方なのかを勝者に伝えるのだ。

プトレマイオス13世は劇的効果があるほうを選んだ。ポンペイウスの首というおぞましい贈り物をユリウス・カエサルに届けたのだ。ローマの歴史家カッシウス・ディオによると、カエサルは義理の息子の首を見て泣きくずれたという[14]。ローマ人も家族間の裏切りや競争と無縁ではなかったようだ。だからこそローマ人とプトレマイオス一族はおたがいを深く理解していたのだろう。戦略的、政治的な思惑が同一線上にあったのだ。

ポンペイウスを生きたままユリウス・カエサルに引きわたすという第3の選択肢もあったが、プトレマイオス13世と側近たちは検討しなかったようだ。これは文化のちがいだろう。ローマでは家族どうしが政治的に対立しても、最後まで法にのっとり、名誉を尊重して戦う。ところが地中海世界の多くの地域では、法にはずれたうしろ暗い方法であっても、敵対者はすみやかに始末することが最善とされていた。だがユリウス・カエサルは、それが自分の利益になるとしても、義理の息子を陥れて殺すことは公然と拒絶しなければならなかった。

ポンペイウスの殺害で多くのことが明確になってきた。アレクサンドリア入りしたユリウス・カエサルの気持ちは急速にクレオパトラに傾き、プトレマイオス13世とその一派への不信感を強める。ナイル川デルタに駐留していたクレオパトラに、密偵からの報告が届く。アレクサンドリアの王宮に入ったカエサルに、プトレマイオス13世はポンペイウスの首を贈ったらしい。この野蛮で子どもじみた贈り物が完全に見当ちがいであることは、クレオパトラも気づいただろう。この情報をもとに、クレオパトラは動くならいまだと判断する。ひそかにアレクサンドリアに入り、ユリウス・カエサルに直接会うことにしたのだ（プルタルコスの記述を信じるならば寝具袋に入って運ばせたとなっており、ハリウッド映画のようにじゅうたんに巻かれたわけではない）。カエサルはいまエジプトにいて、弟王に立腹している。自分はデルタの東側に大軍を待機させている。すべての条件が整ったいまこそ、攻勢に出るべきだ。

プトレマイオス13世と助言者たちは動転した。クレオパトラが自分たちを出しぬいて、カエサルと一対一の会談を行ったと知ったとき、すべては終わったと観念したにちがいない。クレオパトラの交渉は、それがどんな形だったにせよ成功した。カエサルはプトレマイオス12世の遺言を出してきて（動かぬ法的証拠が大好きなローマ人として、実物を持参していたのだ）、クレオパトラ7世をプトレマイオス13世の共同統治者とするよう求めた。さらにプトレマイオス13世の権力を弱め、おそらくは家族を分断するために、キプロス島に新しい王国を建設して、妹のアルシノエ4世と弟のプトレマイオス14世――当時それぞれ13歳、11歳ぐらいだった――を共同統治者にした。これがクレオパトラ7世と弟妹との確執の始まりであり、少なくとものちの敵対関係の理由になったと思われる。プトレマイオス家に育ったことで、すでに憎悪の種がまかれていたのかもしれないが。いずれにしてもプトレマイオス12世の子どもたちは、きょうだいを殺すことに何のためらいも覚えなかった。

紀元前48年、プトレマイオス13世はカエサルがまだエジプトを出発せず、クレオパトラと王宮にこもっていたときに攻撃を開始する。後世の歴史家のいうアレクサンドリア戦争だ。港で足止めを食らい、物資の補給が断たれたカエサルは報復として火矢を放たせ、有名なアレクサンドリア図書館を（全部、あるいは部分的に）焼失させる。プトレマイオス13世の助言者たちは、ここでまた大きな計算ちがいをした。カエサルとクレオパトラは（ひしと抱きあって）約4カ月間おたがいを守りぬく。このときクレオパトラは21歳、カエサルは52歳だった。東方のアナトリア、シリア、レバントにあまた居ならぶカエサルの同盟国は、クレオパトラと利害が一致しており、開戦の報を聞きつけるや援軍を送りこんだ。プトレマイオス13世は姉のアルシノエ4世と連合して、クレオパトラ7世の打倒をめざしたが、戦いで生命を落とした。アルシノエ4世は捕虜となり、紀元前46年にカエサルがローマに凱旋《がいせん》したときには鎖につながれて引きまわされ、その後アナトリアにあるエフェソスのアルテミス神殿に保護された。

カエサルがアレクサンドリアに凱旋すると、人びとは歓喜に沸いた。クレオパトラの選択はまちがっておらず、しかもすでにカエサルの子を身ごもっていたと思われる。ローマで最も力のある政治家の子どもを産む女王に、いまさら夫は必要だろうか。クレオパトラは本書で取りあげた女王のなかで、まるで男性のように生殖能力を政治の武器にした最初の人物だった。美貌だったかどうかはともかく、クレオパトラはローマを動かす有力者を誘惑できるほど魅力があり、相手の心をつかんで離さず、鋭い外交感覚の持ち主だった。だから父王の遺言を果たすようにというカエサルの指示で、弟のプトレマイオス14世と玉座を並べたときも、クレオパトラは不満を口にしなかったはずだ。弟を正式な共同統治者にすることが、政治的に必要だと（少なくともローマにとっては）理解していたからだ――ただし弟とのあいだに子どもをつくる必要はないし、そもそもすでに子を宿しているのでは無理な話だ。共同統治が始まったとき、クレオパトラはアレクサンドリアの王宮でカエサルと生活していた。

クレオパトラはカエサルの子、もしかすると息子を産むことになる。この事実はむろんカエサルも知っていたはずだ。この時点でカエサルの存命の実子はひとりだけで、しかも女子だった。これから誕生する赤ん坊は、50パーセントの確率でユリウス・カエサル直系の後継者となる。問題は合法性だ。カエサルにはローマに正妻がいて、クレオパトラとは結婚していない。クレオパトラのほうも、弟の妻になっているのでカエサルとは結婚できない。カエサルとの子どもが非嫡出子になることは、クレオパトラ最大の失点だったともいえるが、かといってそれを避けるすべもなかった。クレオパトラとカエサルが結婚に踏みきれば、それぞれエジプトとローマでの権威は失墜したにちがいないからだ。

カエサルはクレオパトラの妊娠をどう思っていたのか。それをうかがわせる記述はないが、必要以上にエジプトにとどまり、ナイル川を船で旅して南はスーダンまで出かけ、地理への好奇心からナイル川の源流を探検したりと楽しい日々を送っていた。そのあいだにもクレオパトラのおなかは大きくなっていく。政治的な嗅覚を働かせて、出産前にエジプトを発《た》ち、ローマに戻ることにしたものの、代わりにローマ兵を4軍団残していった（1軍団が数千人規模）。カエサルの留守中にクレオパトラとまだ見ぬ子を守る名目だが、エジプトの未来はローマが握っていて、たえず監視の目を光らせているとあからさまに知らしめていた。

紀元前47年、クレオパトラは男子を出産し、プトレマイオス・カエサル・テオス・フィロパトル・フィロメトルと命名した。〈プトレマイオス・カエサル、神はその父と母を愛す〉という意味で、両親を明示するとともに、息子に託す野望が込められていた。キプロス島では、ホルスに乳を与えるイシスのように、赤ん坊に授乳する自分の姿を描いた硬貨を発行させている。ギリシャ語を話すエジプト人は、赤ん坊を〈小さなカエサル〉を意味するカエサリオンと呼んだ。〈父親が誰であるかはみな知っていたが、この子がどういう立場なのかは誰もわからなかった。

カエサルがローマに帰国したあと、クレオパトラと弟のプトレマイオス14世は表向きは共同統治を続け、紀元前46年にはいっしょに旅行もしている。プトレマイオス14世は姉が大政治家の庇護を受けていると知っていたはずで、権力争いをする気配はなかった——少なくともいまのところは。プトレマイオス一族の暗殺の系譜を踏まえると、クレオパトラは赤ん坊を可能なかぎり手元に置いていたと推察される。母親とともにローマ入りしたときは、どこに行っても場の空気をなごませたことだろう。

カエサルはクレオパトラや息子に対する心情を記録に残していないが、フォルム［古代ローマの公共広場］に新造したウェヌス・ゲネトリクス（母神ビーナス）神殿にクレオパトラの黄金像を建立している。エジプトの愛人を母なる女神として市民に披露したのである。

ユリウス・カエサルにとって、エジプトの富は権力を強化するうえで不可欠だった。エジプトが巨額の債務を負っていることも、有利な材料になりうる。黄金像の設置はいろんな方向での態度表明だった。カエサリオンが息子であるとは正式に認めないまでも、ウェヌス神殿にクレオパトラ像を立てることで、アフリカの農業大国との個人的な結びつきを元老院の政敵たちに印象づけた。あらゆる力関係が動きはじめていた。カエサルは玉座の陰からエジプトを支配し、その報酬を独占する。クレオパトラとの政治的な、あるいはそれ以外でのつながりを公表し、独裁官として絶対的な権力を構築していくカエサルは、ローマのライバルたちからすればもはや容認しがたい存在だった。紀元前44年、ユリウス・カエサルはほかの元老院議員たちによって暗殺される。このときクレオパトラは、3歳になった息子とともにローマ再訪中だった。正式な息子として、また後継者として認知させることが目的だったと考えられるが、何も得られずにイタリア半島を去る。ローマ市民は母なる女神として歓呼したかもしれないが

（それを裏づける直接の証拠はないが）[15]、貴族たちはエジプトの女王に支援も法的立場もいっさい与えなかった。

あとから考えるに、ローマで最も多くの栄誉に輝く英雄に取りいるというクレオパトラの戦略は、それが誰であったにしても失敗する運命にあった。クレオパトラとつながることで、排除すべき人物という烙印を背中に押され、生命の危険にさらされるからだ。だが彼らにとってほんとうの災いはクレオパトラではなく、エジプトの富だった。クレオパトラ自身、そしてローマの愛人たちがこの真実を理解していたかどうかは、いまとなっては想像するしかない。

ローマにはもう庇護してくれる者はいない。カエサルを暗殺した者たちはエジプト、そしてクレオパトラにねらいを定めている。クレオパトラは権力基盤を固める必要に迫られた。

クレオパトラがまず実行したのは、共同統治者である弟のプトレマイオス14世を殺すことだった。方法は毒殺だったので、すぐに片がついた。ただしクレオパトラが単独で統治者になるよりは、男性を横に置いたほうが権力は維持しやすい。そこで息子のカエサリオンを共同統治者に引きあげる。父親がユリウス・カエサルであることは周知の事実なので、これをきっかけにローマとの政治的関係が興味深い方向に展開する。ハトシェプストと同様、クレオパトラも単独統治はありえないとわかっており、少なくともそういう態度を貫く分別は持っていた。ローマの内戦は情勢が刻々と変わっており、どちらの側につくか決めなくてはならない。前回は、弟とちがって自分が正解だったにもかかわらず、選んだ相手が殺されてしまった。今回クレオパトラは、カエサルを暗殺した一派と対立するマルクス・アントニウスとオクタウィアヌスを支持すると決めた。オクタウィアヌスはカエサルの姪の息子で、正式な後継者である。彼らは紀元前42年のフィリッピの戦いで、カエサルを暗殺したブルトゥスと共謀者たちに勝利した。クレオパトラの選択は正解だったが、プトレマイオス15世として即位した息子の父親がカエサルであることを考えると、難しい問題もはらんでいた。

ユリウス・カエサルの腹心の部下だったマルクス・アントニウスは、いまやローマで敵なしの軍人であり、クレオパトラにとって政治的には申し分ない相手だ。マルクス・アントニウスのほうもぴったりの縁組だと思ったようで、クレオパトラに手紙を送り、アレクサンドリアを離れてギリシャのタルソスに来るようにとうながした。マルクス・アントニウスは兵士や同盟国に渡す報酬の算段をつける必要があり、クレオパトラはローマに庇護者を必要としていた。マルクス・アントニウスの将来に不安を感じていたクレオパトラは、のらりくらりと返答を引きのばす。しびれを切らしたマルクス・アントニウスは、とうとうエジプトに直接使者を送った。ここに2人の思惑が渦巻いている。クレオパトラとしてはローマに支持者がほしかっただろうが、マルクス・アントニウスが必要としているのはクレオパトラというより彼女の富であり、政治的パートナーの名を借りたてっとりばやい資金源だ。それをわかっていたクレオパトラは、タルソス入りで富裕と豪奢をこれでもかと見せつけることにした。クレオパトラは女神の扮装で、豪華絢爛な平底船を何隻も連ねてタルソスに到着したという証言が残っている。その話はローマにも届き、人びとは常軌を逸した浪費ぶりを非難した。[16] 華々しい演出が事実だったとすれば、クレオパトラはむろん承知のうえだった。マルクス・アントニウスにかぎらず、ローマの実力者たちに、自分が不可欠な存在であると釘を刺しておかねばならない。クレオパトラに選ばれたら最後、政治で共闘する以外に道はないことを、富を通じて発信していたのである。

そんなことに湯水のように金を使うのはむだだと思うかもしれない。だがそれは、豊富な資金をちらつかせて相手を誘いこむための、周到に計算された演出だった。ローマ人は農業を土台にした質実剛健な生活を何より尊ぶと古代の歴史家は書いているから、過剰なまでの富の誇示に眉をひそめたはずだと私たちは考えがちだ。だが帝政期に入ったローマでは、皇帝たちが輪をかけて贅沢で放埒な生活を送っていたことを忘れてはいけない。クレオパトラの策略は短期的には成功するが、長期的には彼女自身とエジプトを破滅に追いやることになる。

このときマルクス・アントニウスは41歳、クレオパトラは28歳。世間から見ても、おたがいの性格に関しても良い組みあわせだった。カエサルと同様、アントニウスが既婚者だったことも好都合だった。配偶者がいない男性は、のちのち面倒なことになる。

ローマ世界は急速に方向性を失いつつあり、周縁地域も混乱の渦に引きずりこまれていた。地中海東部を掌握して、ローマの敵対者をたたきのめしたアントニウスは、資金面の支援を必要としていた。プルタルコスによると、タルソスでのアントニウスとクレオパトラは競って豪勢な祝宴を張り、勝利したのはクレオパトラだった。マルクス・アントニウスと兵士たちは、クレオパトラが開いた宴席から黄金の皿や調度までみやげに持ちかえったという。クレオパトラは新しい愛を金で買っていたようなものだった。こうしてローマ人武将の籠絡に成功したクレオパトラは、いよいよ次の大一番に打って出る。近くのエフェソスに逃げている妹アルシノエ4世の殺害をマルクス・アントニウスに依頼したのだ。ここまで踏みこんだ行動には理由があったはずだ。アルシノエ4世がローマと同盟を組んで、エジプトの王座をねらっているとの知らせを受けたのかもしれない。アントニウスとしても、アルシノエ4世を支援して姉と王位争いをさせる動きは、断じて許せなかった。アルシノエ4世は、かくまわれていたアルテミス神殿の階段で絶命した。プトレマイオス一族のなかに争う者はいなくなり、クレオパトラと息子カエサリオンの地位は確固たるものになった。

紀元前41年、マルクス・アントニウスはアレクサンドリアを訪問し、クレオパトラの王宮に滞在した。軍を帯同しなかったのは、エジプトに対して露骨に軍事力を見せつけると、ローマに戻ったあとでカエサルのように殺されると考えたのだろう。クレオパトラはというと、ローマと個人的かつ親密な関係を結んで王の地位を守るという、かつて父王がやったことを忠実に繰りかえした。この滞在で両者の同盟関係は確かなものになった。クレオパトラはアントニウスに船と穀物を提供し、アントニウスはお返しに、プトレマイオス家が失った土地を法に触れることなく回復させた。オクタウィアヌス、レピドゥスと三頭政治を行っていたおかげだ。クレオパトラにしてみれば、父王を救い、何世紀ものあいだエジプトを守ってきたのがローマとの同盟であり、今回もそれが最善の答えだった。

ただしクレオパトラが子どもを産める年齢の女性であるために、政治的な関係に性的な要素が入ってくる。すでにユリウス・カエサルとのあいだに男子が生まれているが、年齢は7歳で、世継ぎとしてはまだ幼くて無力だ。長きにわたって地位を不動のものにするには、子どもがもっとほしい。ハーレムではなく自分の子宮に頼るしかないので、相手は慎重に選ぶ必要があった。

マルクス・アントニウスは、紀元前41年から40年の冬をエジプトで過ごしている。滞在中の記録は美食と不摂生の描写で埋まっており、金と権力を見せつけられたローマの貴族たちはいきりたったことだろう。やがてクレオパトラはアントニウスと政治的に手を組んだだけでなく、妊娠もしているらしいという噂がローマを駆けめぐった。前にも聞いた話だ。ローマの善良なる男性がまたもたぶらかされたのか。このままでは、ローマとエジプト双方の流れを汲む王朝が東方に立つことになる。オクタウィアヌスを筆頭とする有力者たちが脅威を覚えるのも当然だろう。アントニウスはエジプトに急接近したことで、兵力維持の資金を確保できた。だがそれはあくまで当面の利得であり、長期的にはユリウス・カエサルと同様、エジプトとの関係を理由に敵対者の標的にされてしまうのだ。

アントニウスもクレオパトラも、それはわかっていたはずだ。紀元前40年、女王が提供した200隻の船団とともにアントニウスがアレクサンドリアを離れたとき、ローマでは内戦がふたたび激化していた。アントニウスはクレオパトラと組むことで、望むものを手に入れた。それはクレオパトラも同じで、まもなく彼女は双子を産む。

それでもアントニウスは、エジプトとの関係を持ったことは軽率だったと考え、以後3年以上クレオパトラの存在を意識から追いやり、北アフリカに近づこうともしなかった。大混乱に陥っていたローマを立てなおす必要もあった。妻のフルウィアがアントニウスの盟友オクタウィアヌスに戦争を仕掛け、敗北後に死去していた。正妻を亡くしたアントニウスは、新しい妻をめとることができる。元老院はアントニウスとオクタウィアヌスを和解させ、東西で権力を二分させるために、オクタウィアヌスの姉オクタウィアと結婚するよう求めた。これがローマ式の連続的単婚術である——有力貴族を婚姻関係で結びつけ、権力と資源をめぐる競争に制限をかけるのだ。忠誠を誓う相手がたえず入れかわる政治風土のなかで、男性も女性も結婚、離婚、再婚を何度も繰りかえしては、ほかの一族と同盟し、子孫を残していく。生涯に3度、4度と結婚して、そのたびに子どもをもうけることもめずらしくなかった。元老院が反目する家どうしの縁組を命じることもあった。いずれ離婚は避けられないとわかっていても、両家の思惑を束ね、衝突を未然に防ぐことを期待してのことだ。当然のことながら、この種の政略結婚は殺伐としていて、あまり効果もない。アントニウスとオクタウィアの結婚は、まさにその一例だった。

アントニウスの再婚を知ったクレオパトラはどんな心境だったか、そもそも気にとめていなかったのか、それはわからない。政略結婚の意味はよく理解していたし、ローマの実力者と関係を持ったのも、政治的な利益を期待してのことだ。最初の子どもの父親は別の女性と結婚していたし、今度もそうだった。クレオパトラが双子を身ごもったときからして、アントニウスは既婚者だった。生まれる子どもはローマでもプトレマイオス朝でも「正式な」婚外子なのだから、気に病んでもしかたがない。外からの脅威に対して守りを固めるのに必死だった自国エジプトは、そんなことを気にする余裕もなかった。もうすぐ10歳になるカエサリオンも婚外子だが、神聖な共同統治王として堂々と君臨しているではないか。さらにアントニウスを性的に征服したことで、世継ぎ候補がもう2人増えた——アレクサンドロス、クレオパトラと命名された双子である。古代世界で双子を産むことは大きな危険をともなっていたから、クレオパトラ7世は子宮が健康で体質も強靭だったようだ。さらに妊娠も戦略的だったと思われ、自分があくまで単独でエジプトの王位に就くために、政治的に利益にならない男性とのあいだに子どもはつくらなかった。正式な夫を持たなかったことは、権力を持つ女性として最善の選択だったともいえる。

ところがマルクス・アントニウスのほうは、すぐにクレオパトラが必要になった。紀元前37年、アナトリアのアンティオキアにいたアントニウスは、シリア遠征の資金と資源を調達しなければならず、クレオパトラに使いを出した。クレオパトラは3人の子どもとともにアンティオキアに到着する。アントニウスは双子をわが子と認め、それぞれ名前に〈月〉と〈太陽〉を意味する言葉を追加して、アレクサンドロス・ヘリオス、クレオパトラ・セレネとした。かつて異郷の地で目撃した皆既日食にちなんでいるという名目だった。[17]

軍事侵攻を助けてもらったアントニウスは、クレオパトラに格段の配慮を行った。地中海東部にはローマに友好的な同盟国が多数あり、エジプトはそのひとつにすぎなかったにもかかわらず、特別な恩恵を受けた。三頭政治の執政に与えられた権限で、フェニキアとレバントの沿岸、シリア内陸部、アラビア半島の広大な土地、クレタ島の一部、それにリビュアを回復させて、２００年前のプトレマイオス朝エジプトの領土をほぼ再現してやったのである。[18]

ローマ人からすると、アントニウスの行動は目に余るものだった。クレオパトラに与えた土地はいずれもローマが派遣した総督の統治下にあり、アントニウスが自由にしていいはずがない。制度上は執政であるアントニウスが決定できることだが、国全体を揺るがす影響があり、自己利益のためであることは明白だった。本来なら、戦争でも起こさないかぎりこれらの土地をわがものにはできないし、現状の統治者もクレオパトラのように言いなりにはならないはずだ。アントニウスは東方の領土をクレオパトラに与えることで、エジプトを通じて入ってくる資金と権力を洗浄し、個人の欲望と軍備増強に振りむける仕組みをつくろうとしていた。

だがアントニウスの計略は失敗した。クレオパトラに土地を与えた話がローマに伝わり、人びとはアントニウスが双子を認知したことを知る――保守的な家族観を重んじるローマでは、問題ある行為と言わざるをえなかった。東方にクレオパトラとアントニウスの王朝が開かれることが、正式に宣言されたのだ。オクタウィアヌスからすれば、アントニウスの背中にはこれ以上ないほどくっきりと標的が描かれていた。

アントニウスがシリアに遠征しているあいだ、クレオパトラは大きなおなかを抱えてエジプトに帰国し、アントニウスの息子を産みおとす。赤ん坊は何百年も前の偉大な先祖、プトレマイオス2世フィラデルフォスにちなんでプトレマイオス・フィラデルフォスと命名された。エジプトが地中海東部全域を圧倒的に支配していた時代の追想である。クレオパトラにとっては願った以上の状況だった。プトレマイオス朝の版図を取りもどし、ローマ最強の武将の庇護を受けている。ローマの権力に直結するアントニウスの子どもが3人もいて、共同統治王カエサリオンの父は、殉難した聖人ユリウス・カエサルその人だ。カエサリオンは当時12、3歳で、多くの経験を積み、もうすぐ成年を迎えようとしている。子どもたちはすくすくと育ち、世知を身につけて、大国を取りしきる母を助けてくれるはずだ。自分のときとちがって、兄弟姉妹が熾烈《しれつ》な権力争いをするはずがないとクレオパトラは高をくくっていたのだろう。そしてマルクス・アントニウスは、アレクサンドロス大王のように世界を征服する野望の実現に向けて、一歩を踏みだしたばかりだった。

ローマの元老院は、北西アジアのパルティアを征服してローマの栄光を拡大することを求め、アントニウスも了承した。これが死の罠であることを、オクタウィアヌスは知っていたはずだ。過去のパルティア遠征はすべて大混乱に陥ったあげく敗走して終わっており、今回も同じ展開になるはずだ。アントニウスはそれから数年間、れんがの壁を打ち壊してローマ支配を確立しようと何度も挑戦した。だがいずれも失敗に終わり、資金は枯渇して多くの兵を失い、自らの政治的な立場も弱くなった。クレオパトラは遠征に同行しなかったにもかかわらず、ローマではアントニウスの失敗はクレオパトラのせいにされた。いわくアントニウスは彼女のもとに戻りたい一心で、理性も戦略的思考もなくしてしまった、クレオパトラはエジプトの魔術や秘薬を使ってアントニウスの知性を腐らせた、アントニウスはクレオパトラに骨抜きにされた……。ヤハウェ以外の神々を信仰するようアハブ王に勧めたイスラエルの王妃イゼベルしかり、怪力の男サムソンを売りわたした愛人デリラしかり、女性はときに男性を誘惑して破滅させる。そんな先入観は現代の私たちにも根づいている。エイブラハム・リンカーン大統領が南北戦争で失敗を繰りかえしたのは、ファーストレディであるメアリー・トッド・リンカーンのせいだ。英国のエドワード8世は、離婚歴のある愛人ウォリス・シンプソンに操られて王位を放棄した。ビル・クリントンが道を踏みはずしたのは、冷徹な妻ヒラリーが悪い。

戦線から帰還したアントニウスを、クレオパトラはレバント沿岸で出迎えた。彼自身と軍のための補給も用意していた。パルティア侵攻が実を結ばないことはおそらくこの時点でわかっていたが、クレオパトラは全財産を賭けたのだ。エジプトを侵略から守るためには、マルクス・アントニウスが最後にして最善の同盟相手だった。個人的な関係がどうだったにせよ、クレオパトラはアントニウスの軍事行動に資金を提供してきた。2人のあいだには子どもが3人生まれ、ローマに対抗する王朝を東方に開こうとしている。いかに無謀であろうと、アントニウスの野心を応援する以外に道はなかった。

遠征が大失敗に終わり、面目を完全に失ったアントニウスは、もはやローマに帰るわけにいかない。ともかく痛手から立ちなおろうとアレクサンドリアに逃げこんだが、二度とローマの地を踏むことはなかった。ローマの歴史家たちは、アントニウスの妻がローマ帰国を何度も呼びかけたにもかかわらず、クレオパトラがあの手この手で引きとめて、エジプトから出そうとしなかったと書いている。泣きおとしやヒステリー、あるいは急激にやせるなどして、アントニウスの関心を自分に向けさせたというのだ[19]。それが真実だったか、それともローマ人らしい中傷だったかは問題ではない。アントニウスはアレクサンドリアにとどまり、クレオパトラと手を組んで、ともに未来を思い描いていたのである。

アントニウスはアルメニアに短期遠征を行い、反抗的な王とその一族を捕らえてアレクサンドリアに凱旋した。ローマに戻れないにしても、何らかの形で勝利を披露する場がほしかったのだろう。

これ見よがしなこの凱旋は、2つの問題を引きおこす。ローマの勝利をエジプトという異国で祝い、ローマが占領した国の捕虜を、黄金の玉座に座る異国の女王の前に引きだしたことは、共和政体に自負を持ち、王国に懐疑的な元老院の心証を大いに害した。これは反逆とまではいかずとも、祖国への不忠義ではないか。それに、この勝利が茶番であることは周知の事実だった。パルティア遠征の失敗はつとに知れわたっており、いまさら近隣小国で捕虜にした王族を黄金の鎖につなぎ、ギリシャ神話のディオニュソス神に扮したアントニウスが儀式に登場したところで、政敵オクタウィアヌスに攻撃材料を与えるだけだった。アントニウスが東方の女王に誘惑されてすっかり堕落し、地中海制覇をたくらむ不埒な王になりさがった事実をこれでもかと強調できる。オクタウィアヌスはアントニウスのアレクサンドリア凱旋を、「勝利のようなもの」にすぎないと切り捨てている[20]。ローマ国内の宣伝工作で勝利しつつあったのはオクタウィアヌスだった。

パルティア遠征でアントニウスの政治的立場は一気に不利になった。クレオパトラは、アントニウスがお荷物になっていることに気がついていたかもしれない。それでも紀元前34年、情勢の逆転はいつでも可能だとばかりに、クレオパトラは地中海東部の広大な地域がエジプトの支配下に入ったことを世界に宣言し、領土の一部を子どもたちに分けあたえた。壮大で華やかな祝賀行事を挙行することに全力を傾けたのは、権力があるように見せびらかすことが、権力を手に入れる手段だと考えたからだろう。

アレクサンドリアには大理石のギュムナシオン［体育・軍事訓練施設。古代ギリシャ発祥］が建設され、クレオパトラとアントニウスはそれぞれ黄金の玉座に鎮座したとローマの記録に残っている。2人の前には、子どもたちが座る小さな玉座が4つ並んでいる。儀式は目もくらむほどの規模と華やかさで、最も輝かしい祖先であり、やはり贅を尽くした行事を何度も開いたプトレマイオス2世にならっていた。クレオパトラがエジプト、キプロス、リビュア、シリアの女王であることが、ものものしい調子で公式に宣言される。13歳になったカエサリオンは「諸王の王」の称号を受け、正式にプトレマイオス15世として、クレオパトラに並ぶエジプト王に即位した。6歳のアレクサンドロス・ヘリオスはアルメニア、メディア、パルティアの王となるが、パルティアはエジプトからさすがに遠すぎた。6歳のクレオパトラ・セレネはクレタ島と、現在のリビアにあたるキュレネの支配者になり、まだ2歳のプトレマイオス・フィラデルフォスもシリアとアナトリアの王に即位している。これはローマの属州から領土を奪う形になり、ローマにとっては明らかな脅威だった。記念に発行された新硬貨には、ヘレニズムの王と王妃の様式でアントニウスとクレオパトラが描かれていた。硬貨はローマに持ちこまれ、アントニウスが古代の独裁者然として玉座に座っていた報告と合わせて、酒宴や政治論議の場でさぞ話題になったことだろう。そのうえアントニウス自身も、東方の領土はクレオパトラと子どもたちに正式に再分配されるべきだと書簡を送っている。その厚顔無恥ぶりにローマの貴族たちは衝撃を受け、政界におけるアントニウスの悪評は決定的になった。

アントニウスとクレオパトラが地中海東部に新しい王朝の創始を宣言した以上、ローマもそれについて協議するしかない。クレオパトラと子どもたちに東方の領土の権利を与えるというアントニウスの行動に、はたして合法性はあるのか。元老院は激しい議論になった。アントニウスは不在とはいえ、ローマには支持者が多数いて、元老院でもアントニウスを懸命に擁護した。対立する陣営は非難の応酬になる。婚外子であろうとなかろうと、カエサリオンはユリウス・カエサルの血を引く真の後継者だという主張が、あくまで合法性を重視したいオクタウィアヌス派に立ちはだかる。アントニウスとオクタウィアヌスの最終決戦に向けて、すべてが加速していた。

いまやローマの政治をどの角度から論じても、クレオパトラの名がかならず出てくる。ユリウス・カエサルの唯一の男子を産んだことに加えて、アントニウスとのあいだにもうけた子どもたちを、版図拡大の小道具にしていた。アレクサンドリアでクレオパトラと暮らすアントニウスはもう何年もローマに帰らず、正妻は放置したままで、元老院の支持者に自分の主張を代弁させている。もはや戦争は避けられそうになく、分断が深刻なローマではクレオパトラの評価は地に落ちていた。アントニウスはパルティアでみじめな敗北を喫したとはいえ、まだ英雄として愛され、人気が高い。オクタウィアヌス一派は、アントニウスを中傷する下劣な「フェイクニュース」を流すとき、矛先を同国人に直接向けないようクレオパトラの名を利用した。オクタウィアヌスにとって、クレオパトラはアントニウスからの最高の贈り物だった。クレオパトラはローマ最高の指導者を誘惑し、魔法をかけて堕落させた。彼はそのせいで正気を失い、パルティア遠征にも失敗した。不埒な異国の女のせいで、ローマは分裂し、辛酸をなめている。異国の流儀を押しとおし、贅沢三昧にふけり、利己的で注目を浴びたがる女。傲慢で無慈悲、気まぐれでヒステリーを起こす――そんな女にローマが屈服するようなことは、なんとしても食いとめなくてはならない。何のことはない、私たちがクレオパトラと聞いて想像する姿は、アントニウスを名指しすることなく非難するために、政治的に捏造《ねつぞう》もしくは誇張されたものだったのだ。[21]

アントニウスがお荷物だとクレオパトラが思っているように、アントニウスもクレオパトラとの関係が障害になりつつあると感じていただろう。ローマでのアントニウスの評価が最悪なのも、成りあがりの女王に原因がある。ローマ人はどんな形であれ、女性による統治に懐疑的なのだ。ローマで女性が政治的な力を持つのは、皇帝のもとで統治が一本化されてからである。それも皇帝の妻、娘、姉妹、母親という立場に限定され、単独で統治を行うことはなかった。共和政のいまは、女性による支配は保守的なローマの価値観と法を否定する概念であり、クレオパトラはローマの善良なる貴族たちが恐れるすべてを象徴していた。

権力者である男性の欠点を直視する前に、女性が悪者にされてしまうのはなぜだろう。たとえば映画監督のウディ・アレンは性的関心に疑わしい面があるが、そこはおとがめなしで、むしろミア・ファローなど「ヒステリックな」女性のせいにされる。マーティン・ルーサー・キング・ジュニアは、奔放な女性関係が割り引いて伝えられる。マハトマ・ガンディーは妻に暴力を振るったことを自伝にも書いているが、自ら認めたことで擁護され、そういう状況をつくった妻が悪いとまで言われる。英雄の顔に泥を塗ることは好まれず、代わりに女性に罪を着せるのだ。クレオパトラもそのことを知っていたはずだ。

アントニウスからオクタウィアへの正式な離縁状が届いたことが（もちろんローマではクレオパトラがそそのかしたことになっていた）、最後の決め手になったようだ。オクタウィアヌスはウェスタ神殿に押しかけ、渋る巫女《みこ》たちから力ずくでアントニウスの遺言状を奪う。オクタウィアヌスが遺言状を朗読し、アントニウスの最後の望みが明らかになると、ローマに衝撃が走った。カエサリオンをユリウス・カエサルの後継者に指名するとともに、クレオパトラの子どもたちに東方の領土を分配したことは合法であると主張し、あまつさえ死後はローマではなく、クレオパトラとともにアレクサンドリアに埋葬してほしいと書かれていたからだ。この遺言状の真偽をめぐっては、研究者がいやというほど議論してきたが、答えはわからない。わかっているのは、オクタウィアヌスがこの遺言状を利用して、アントニウスは身持ちの悪いエジプト人女王と地中海世界を支配する野望を持ち、ローマの首都をアレクサンドリアにするつもりだと主張したことだ。ローマにいないアントニウスは弁解もできない。エジプトに長居したことが裏目に出てしまった。

ウェスタ神殿に押しいったオクタウィアヌスの大胆な行動に納得した元老院は、宣戦布告に踏みきる。ただし相手はかつて元老院議員だったマルクス・アントニウスではなく、クレオパトラおよびエジプトである。クレオパトラを標的にしておけば、同国人アントニウスへの軍事攻撃は容認されるという政治的判断だった。三頭政治はいまや有名無実で、オクタウィアヌスとの関係は失われ、執政官でも元老院議員でもなくなったアントニウスは、住むところはもちろん、費用をはじめとする軍事的支援、東方領土とのつながりまで、すべてクレオパトラに頼るほかない。東方の同盟国は、おそらく反ローマの旗印のもとで、最初のうちは多くの船と兵、物資を提供した。ローマによる支配をいよいよ断ち切れるという期待もあっただろう。だが情勢が世界を二分する戦いの様相を呈してくると、現実が見えてきたはずだ。クレオパトラ率いるエジプト海軍は、数でこそローマにまさっているが、急いでかきあつめた船を召集兵が操作するので動きが遅い。訓練を徹底したオクタウィアヌス軍の攻撃力にはとうていかなわなかった。

このアクティウムの海戦までの状況に関しては、たがいに言い分の異なるたぐいの逸話がたくさんある。たとえば古代の歴史家たちは、アントニウスはイタリア半島の港でオクタウィアヌスの船隊を攻撃しようとしたが、クレオパトラがそれを押しとどめて東方での対決を選んだと書いている。またアントニウスとその支持者は、優秀な歩兵隊で地上戦に持ちこみたかったが、愛するエジプトへの進入路ができてしまうことをクレオパトラがいやがり、アクティウムでの海戦をあくまで主張したという[22]。実際どうだったのか、またクレオパトラが何を言ったのかはともかく、開戦直前に重要な支持者の多くが寝返ったため、アントニウスとクレオパトラが負けることはすでに明白だった。

海戦の火蓋が切られたが、アントニウスとクレオパトラの軍は予想どおり完敗だった。クレオパトラは敗色が濃厚になると、戦闘の途中で快速船の大半を引きあげ、オクタウィアヌスの戦列を突っ切って全速力でエジプトに帰還したという。ローマ側はこれに飛びついて、戦線離脱したクレオパトラの不実ぶりを宣伝した。アントニウスは戦略らしい戦略も展開しないまま、打ちひしがれてクレオパトラを追うように港を出たとされる。この逸話で重要なのは、自分の船団を無傷で脱出させることしか考えていなかったクレオパトラと、軍人として解決策を模索したアントニウスの対比である。たしかにクレオパトラの行動は女性的とも言えるが、現実的なこの選択を誰が非難できるだろう？

実際のところ、アントニウスもクレオパトラも反撃を試みようとした。アントニウスは地上からのエジプト攻撃に備え、歩兵隊を整備するためにリビュアに向かう。クレオパトラは帆を張り、旗を掲げて、まるで勝利したかのようにアレクサンドリアに帰還すると、さっそく資金集めを開始した。

ところが2人はたちまち厚い壁にぶつかる。アントニウスがリビュア駐留のローマ軍を徴用するという話を聞きつけた司令官が、アントニウスのリビュア入りを拒絶したあげく、オクタウィアヌス派に正式に乗りかえたのだ。地中海東部で頼りにしていたローマ軍すべてで同じことが起こった。アルバニアやユダヤといった属州までもが、残らず優勢な側に寝返ったのだ。第三者の記録によると、離反の報が次々と入ってきたとき、アントニウスは自殺しようとして周囲が止めたという。アレクサンドリアに戻ってきたアントニウスは憔悴《しょうすい》し、酩酊して口もきけないありさまだった。

エジプトの港湾都市アレクサンドリアで、クレオパトラとアントニウスは有力な友人も味方も失い、2人だけになってしまった。市民たちも最新情勢を知るやいなや、地中海東方の住民と同じく自己保身に走った。クレオパトラの子どもたちがこの状況をどう受けとめたのかは想像するしかないが、好ましく思ってはいなかったはずだ。プトレマイオス家の人間である以上、反動の怖さは知っていただろう。君主として持ちあげられていたが、現実は盤上の駒として、母親の戦略どおりに動かされていたにすぎない。そしていまは、おのれの運命を座して待つしかなかった。ひたすら待つだけの長く苦しい日々を送りながら、出口戦略が見つかることを期待するが、願いはかなわなかった。

明晰な思考ができなくなったアントニウスに代わって、クレオパトラが自らオクタウィアヌスとの交渉に臨むことになった。自分は亡命するが、息子カエサリオンをエジプト王にすること。エジプトは以前のようにローマの忠実かつ協力的な同盟国に戻り、独立国の立場を維持すること。それがクレオパトラの要求だった。エチオピアあるいはインドへの逃亡も検討したと伝えられるが、それがほんとうだとしたら、クレオパトラは逃げることをあきらめて、オクタウィアヌスと交渉せざるをえなかったことになる。ローマ側の記述によれば、アントニウスは酒におぼれて役に立たず、クレオパトラが惨敗した兵力をかきあつめなくてはならなかったという。

クレオパトラはロードス島に駐留していたオクタウィアヌスに、子どもたちの助命を願う手紙を何通も送ったが、なしのつぶてだったと伝えられる。アントニウスもオクタウィアヌスに手紙を出したものの、そのたびに使者は殺されてしまった——外交儀礼では最大の侮辱行為だ。ようやく届いたオクタウィアヌスの返答は、自分と家族の生命を守りたければ、アントニウスを処刑せよというものだった。だが、ローマの視点でのみ語られる歴史から、いったい何がわかるのか。もしこれが事実であり、わが子とわが国土を救えるとなっても、クレオパトラは要求を実行しなかったし、できたはずがない。最も価値ある財産だったはずの息子カエサリオンが、重荷となってのしかかる。こんなことなら、マケドニア系の兄弟との近親婚で子どもをもうけ、プトレマイオス家の純血を守って王位を引き継いだほうがよかったかもしれない。カエサリオンはいずれユリウス・カエサルの直系を理由に、ローマの最高権力まで脅かしかねない。そんなファラオをオクタウィアヌスが支援するはずがない。
クレオパトラは、この数十年に自分が下した決断にがんじがらめになっていた。ローマ人とのあいだにもうけた子どもたちが、自分を破滅へ追いやろうとしている。クレオパトラは子どもたちを確固たる支配者に据えようと何度も試みたが、彼らにどんな運命が降りかかるかわかっていなかったし、それはおかまいなしだったというのが、ローマ人による説明だ。けれども、それは進退きわまったクレオパトラの戦略をローマ人の視点から解釈したものにすぎない。政治力学を充分すぎるほど認識していた可能性のほうを、むしろ最初に検討すべきではないだろうか。もしかすると、アントニウスを敵であるオクタウィアヌスに差しだす提案をしていたかもしれないし、カエサリオンに加えてわが子をもうひとりエジプトの共同統治王にすることを考えていたかもしれない。ただクレオパトラがそうした条件を提示したとしても、オクタウィアヌスはけっして外に漏らさなかったし、それは当然のことだろう。宣伝工作ではすでにローマが勝利しており、オクタウィアヌスは好きなように話をこしらえることができた。オクタウィアヌスのローマ凱旋に際して、捕虜として引きまわされると知ったクレオパトラは、自殺することを選んで準備を開始した――それが今日に伝わる歴史だ。[23]
だが最終決着に至るまでには、まだいくつも戦いがあった。紀元前30年、オクタウィアヌスはレバントからシナイ半島を横断して、陸路でアレクサンドリアに軍勢を送りこんだ。この戦いでアントニウスは勝利したものの、彼ひとりではどうにもならない事実も露呈する。まず海軍がオクタウィアヌス側につき、アントニウス軍のなかでも最も目をかけていたであろう精鋭の騎馬隊がそれに続いた。もはやこれまで。ローマ側の報告によると、アントニウスは英雄らしく死のうと剣で自分の腹を刺す。だが致命傷にはならず、苦悶《くもん》しながらゆっくり衰弱していった。涙を誘う悲恋物語では、クレオパトラはアレクサンドリアにある自分の墓所を最後の隠れ家として、ひと握りの召使いを連れ、大量の財宝を持って逃げこんでいた。アレクサンドリアに到着した瀕死のアントニウスは、吊りあげられて上階の窓から運びこまれたという。クレオパトラは最後まで自分勝手で、どの扉も内側からかんぬきがかかり、特殊な仕掛けのために開けることができなかったとローマ人は語る。エジプト魔術が威力を発揮したのだろう。

このころクレオパトラは、どの毒薬がいちばん楽に死ねるか、召使いを使って試していたと伝えられる。もとはといえば自分が原因なのに、なんとかして苦痛から逃れようとする非情で利己的なクレオパトラ像を演出するにはもってこいの逸話だ。それだけではない。クレオパトラはオクタウィアヌスに、自分の王宮を奪おうものなら、莫大な財産を燃やして灰にすると脅しをかけた。死ぬ間際に至っても虚無的で自分本位な性格を印象づけるうえで、これもまた効果的な材料である。こうした逸話に事実が少しでも入っているのか、それは確かめるすべがない。ただローマが発信源であることを考えると、きわめて疑わしいといわざるをえない[24]。追いつめられたクレオパトラはアレクサンドリアで身動きがとれなくなり、深く暗い穴からいかにして抜けだすか思案を重ねたが、彼女も子どもたちも脱出はできなかった——真実と呼べるのはこれだけである。

ついにアレクサンドリアに入城したオクタウィアヌスだが、少なくともローマ人の立場からすると政治状況は複雑だった。ただちにエジプトを征服してしまうと、ローマ国内での力関係が崩れ、経済的な支配権が自分ひとりに集中しすぎる。クレオパトラを殺さずにエジプト王の座にとどまらせ、アントニウスと同じ手法でエジプトの資金を洗浄し、自分の金庫に流しこもうにも、子どもたちがいるので無理だ。クレオパトラはユリウス・カエサルの唯一の息子の母親であり、マルクス・アントニウスとのあいだにも3人の子どもをもうけている。ローマの政治と血縁関係でここまで深くからむ同盟国はほかにない。クレオパトラをエジプト女王にしておく、あるいはカエサリオンを王にしておくことは、オクタウィアヌスの政治的地位を危うくするだろう。かといってほかの子どもを代わりに王座に据えれば、愛されしローマの英雄の息子は指導力なしと烙印を押すようなものだ。

エジプトをいますぐ征服し、ローマの属州として直接支配する以外に道はなかった。脅威となっていたローマの政敵たちはすでに恐れるに足らず、ここに来てようやくオクタウィアヌスがナイルの地を掌握できることになった。エジプト征服を足がかりに、オクタウィアヌスは元老院の第一人者を意味するプリンケプスに就任する。カエサルの後継者として、拡大する帝国の最初の指導者になったのだ。クレオパトラは図らずも、歴代ローマ皇帝の最初のひとりをつくりだしたことになる。

青年になったカエサリオンは、プトレマイオス15世として側近とともに南に亡命していた。アントニウスとの3人の子どもはオクタウィアヌスに捕らえられ、ローマに移送されるところだった。クレオパトラが自らの生命を絶つ手段を実行したのは——一部始終が目撃されていたが——このときだ。毒蛇を使ったか、どうにかして手に入れた毒薬を飲んだか、あるいは歴史に残っていないまったく別の方法だったか。子どもたちを道連れにすることも考えたかもしれないが、さすがにそれはしのびなかった。ローマ人が自殺に見せかけて殺害した可能性もあるが、それを裏づける証拠はない。いずれにしても、39歳で生涯を終えるそのときも、ローマに伝わるクレオパトラの逸話は退廃的な美しさに彩られ、姑息《こそく》な算段と苦痛のない死へのこだわりが強調された。[25] クレオパトラは特別にあつらえさせた風呂に入り、華やかな衣装に身を包み、贅をきわめた最後の食事をすませたという。食卓には、自殺の手段であるエジプトコブラをしのばせたイチジクのかごもあっただろうか。オクタウィアヌスの部下たちが到着したとき、クレオパトラは王冠を着けた正装で霊廟で息絶えており、その美しさに手を触れることもはばかられたという。少なくともオクタウィアヌスは後世の私たちにそう信じさせようとした。

　自殺の方法については、これまでうんざりするほど論議されてきた。ほとんどの歴史家は、利己的で人をあざむく卑劣な女が、どうやって自殺を遂げたのかを解き明かすことに執心する。だが具体的な方法はもはや意味がない。直接であれ間接であれ、クレオパトラを殺したのはローマ帝国だった。彼女のような死にかたは、ローマ人とその帝国機構のなかではめずらしいものではなかった。強欲に拡大を続ける帝国に屈した統治者は数えきれないほどおり、クレオパトラもそのひとりにすぎなかったのだ。クレオパトラはローマの圧倒的な軍事力に対抗し、自分の利益とわが子の存在をローマの利害にからめ、ローマ最大の英雄たちとのあいだにもうけた息子や娘を盛りたてて、ローマと肩を並べられる王朝を開こうとさえした。けれども結局は、ローマに歯向かった女性指導者の例外にはなりえず、エジプトの過去の女性ファラオと同じく敗北させられたのである。

クレオパトラの死後、ローマの属州となったエジプトはコルネリウス・ガッルスが総督と軍総司令官を兼ねることになった。エジプトの運命を決めるのは、ファラオではなく官僚の仕事になった。エジプトの富はローマの古参兵に流れ、ローマのために使われた。ローマ帝国に吸収されたことで、エジプト人による支配は終わりを告げる。それが回復するのは2000年後の1950年代、英国による占領から実質的に解放されたときだ。

クレオパトラの息子カエサリオンは南に逃げていたが、母亡きあとのエジプト王に即位させるから急いで戻るようにという知らせを受けとった。側近たちはこれが計略だと知っていたかどうか。ともかく一行はきびすを返してアレクサンドリアをめざした。だがそこで待っていたオクタウィアヌスは、カエサルの後継者は自分だけだと思っていた。カエサリオンは帰路で殺されたと伝えられている[26]。だがこの逸話も、カエサリオンの愚直さを強調するための作り話かもしれない。

オクタウィアヌスはプトレマイオス家の君主候補をひとりも残すまいと、クレオパトラの16歳のいとこまで殺した（研究者はこの少年をアレクサンドリアのパディバステトと呼んでいる）。王権奪還の動きは完全に封じられる。こうしてプトレマイオス家の血筋を根絶やしにしたオクタウィアヌスは、カエサルの唯一の後継者となり、エジプトを完全にわがものにした。大伯父であるユリウス・カエサルの名は、ローマ帝国の頂点に君臨する権力と同義語になる。オクタウィアヌスは、〈偉大なるカエサル〉を意味するカエサル・アウグストゥスという新しい称号をつくって自ら名のることにした。紀元前44年3月15日にローマで暗殺された元老院議員で軍人の栄光を引き継ぐことを世に示したのだ。のちには、オクタウィアヌスがマルクス・アントニウスとクレオパトラ連合軍に最終的に勝利した記念に、その月をアウグストゥスと呼ぶことに決めている（英語でAugust）。ユリウス・カエサルをしのぶ葬礼競技会のとき、のちにカエサル彗星《すいせい》と呼ばれる彗星が空に出現したことから、オクタウィアヌスはカエサルは現人神であると宣言し、自らは〈神の息子〉を意味するディビ・フィリウスを名のった。見事な広報作戦である。

ローマにとってありがたいことに、新しい権威主義体制と、それを神から授かったかのように見せる演出に関しては、エジプトというお手本があった。あれほど王政を嫌悪していたローマ人なのに、カエサルの名を冠した独裁者の称号をあれこれひねりだした。帝国となったローマは、後継者選びの法的裏づけとユリウス信仰でお化粧してはいるが、君主が新しい王朝を開いたのと何ら変わりはなく、まぎれもない王政だった。

アントニウスの太陽と月の子どもであるアレクサンドロス・ヘリオスとクレオパトラ・セレネは、紀元前29年のオクタウィアヌスの凱旋で行進させられ、ローマ全市民のさらし者になった。2人が預けられたのは、マルクス・アントニウスの元妻であるオクタウィアだった。クレオパトラが『風と共に去りぬ』のスカーレット・オハラだとすれば、懐の深い母オクタウィアはさしずめメラニー・ハミルトンで、2人を実の子どものように養育した。アレクサンドロス・ヘリオスと、弟プトレマイオス・フィラデルフォスの名前は、すぐに記録から消える。オクタウィアヌスが関与しているのかどうか、それはわからない。クレオパトラ・セレネは成長して、北アフリカのヌミディア王ユバ2世と結婚している。生まれた息子につけた名前は大胆にもプトレマイオスだったが、のちに第3代ローマ皇帝カリグラに処刑される[27]――クレオパトラとマルクス・アントニウスの孫は、ローマ帝国の脅威と見なされたのだ。プトレマイオス家とローマの英雄が生みだした一族は、いっときはローマに比肩する王朝を開く勢いだったが、この処刑によって完全に消滅した。

性を武器にした戦略はことごとく成功し、戦いに勝利し、子どもたちを育て、いくつも同盟を結んで立ちまわった。にもかかわらず、クレオパトラは破滅した。その失脚の背景には2つの要因がある。最も重要だったのはナイル川とその水不足だった。クレオパトラが王位に就いて戦略を練りはじめる以前から、長期的な気候変動は不穏な影を投げかけていた。穀物が手間いらずで収穫できて、資金調達も容易だったエジプトでは、余剰農産物こそが力の基盤だった。それを失った状況で、クレオパトラはつねに苦しい戦いを強いられていた。もうひとつの要因は、勢力を拡大するだけでなく、国として進化していたローマ帝国を相手に、自分の立場を探らなくてはならなかったことだ。国際化が進み、ローマの混乱する国内政治のあおりを受ける地中海世界においては、ローマの債権者や軍人たちと良好な関係を築かないことには始まらない。それに古代世界のなかでエジプトはずば抜けた存在ではなく、その上をいく強い国家や帝国がいくらでもあった。それゆえクレオパトラは、野心に燃えながらも過ちを避けられない男性たちの協力に頼らざるをえなかった。もしその必要がなかったら、歴史はまったくちがう展開になっていただろう。だが現実のプトレマイオス朝エジプトは、反目しあう超帝国の思惑のあいだで危険な綱わたりをするしかなかった。

クレオパトラが戦争と子づくりのために選んだローマの実力者は、軍人として自信過剰であり、それがエジプトの悲劇的な終焉を決定づけた。クレオパトラがマルクス・アントニウスの戦いに加勢する必要に迫られたことで、エジプトはもはや回復不能なまでに弱体化し、ローマ支配を阻止することができなかった。クレオパトラが愛人に永遠の愛を捧げ、あまりに多くのものを与えて、一目瞭然の弱点を見過ごしたことが、エジプトの命取りになったのかもしれない。だが何千年も時が過ぎ、シェイクスピアからハリウッド映画まで、歴史にはローマ側による誹謗中傷があふれている今日、クレオパトラのアントニウスへの愛がほんものだったかどうかなど、どうやって判断できるのか。アントニウスがあれほど無防備でなければ（あるいはオクタウィアヌスがあれほど明敏でなければ）、クレオパトラは東方に強大な国をつくってローマ帝国と競い、舞台の主役を長男カエサリオンに譲っただろうか。それでもすぐにエジプトは征服され、どこか別の帝国に組みこまれていたことだろう。いずれにしても、クレオパトラがエジプト世界最後の女王だったことに変わりはない。

クレオパトラがこの本に出てくるほかの女性たちとちがうのは、その名が死後にも輝きつづけたことだ。ローマに立ちむかったことで、クレオパトラは東方で英雄となり、殉教者となった。3世紀パルミラの女王ゼノビアはクレオパトラの末裔《まつえい》を自称し、彼女をお手本としてローマに戦いを挑んだ。[28] クレオパトラの名が長く残ったのは、イシス神と同一視されたおかげかもしれない。おそらくそれも手伝ってイシス信仰はローマ帝国に輸出され、そこから世界に伝播《でんぱ》した。エジプトの神秘的な女神信仰が、クレオパトラの死後に野火のように広がったことは偶然ではないだろう。[29] 子どもの守り神であり、愛する人や息子（イシスにとってのオシリス、ホルス）の庇護者として崇められたクレオパトラは、死んだあとではあるが、強大な帝国に逆転勝利したともいえる。クレオパトラと同時代に生きていたガリラヤのイエスもまた、彼なりのやりかたでローマ帝国と戦った。イエスもまた敗北して殉教し、彼を信仰する神秘的な宗教は絶大な支持を集めている。信仰うんぬんはさておき、クレオパトラとイエス・キリストの歴史と背景を比較することは興味深い。

ローマが流した誤情報や宣伝をすべて無視すれば、クレオパトラが残したものは含蓄に富んでいる。まず、女神という形で人びとが女性の力につながる手段をつくりだした。過去にはハトシェプストが、女神ムトの神殿で酩酊祭を開催し、ネフェルトイティは昔の信仰をよみがえらせた。ハトシェプストの名をすんなり発音できる人はいないが、クレオパトラの名前はすぐに口をついて出てくる。それは強欲なふしだら女、気まぐれで感情的な気分屋、堕落した女王としてだ。しかしローマに敗北した側からすれば、荒々しい庇護者であり、反乱の先導者でもあり、優れた戦略家、臣民の救済に力を注いだ女性なのである。そして現代の女性もまた、そんな極端に二分された評価と闘っているのだ。ローマの詩人は賛辞を惜しまず、シェイクスピアは戯曲の主人公に選び、エリザベス・テイラーは生涯の代表作を得た。クレオパトラの最期が悲劇なのは、野望の実現に肉迫したがゆえだ。ローマにとって恐るべき存在だった彼女の自殺は、もはや国王殺しと変わらないだろう。だがクレオパトラの良い部分が徹底的に圧殺されているとあって、はたして真実を探るすべはあるのだろうか。

おわりに　なぜ女性が世界を支配すべきなのか

古代エジプトには、女性は指導者になるべからずという法はなかったし、女性指導者を厳しく難じることもなかった。王政の仕組みも柔軟で、女性が（たまにならず）王位に就くことも可能であり、必要に迫られて女性の王を立てることもあった。国が誕生した当初から、女性が政治の実権を握ることが可能だったのだ。

もちろん、女性権力者に対する反発も予想できた。女性ファラオが王座から押しだされると、また別の女性が道を切りひらいて王座にのぼるが、それもはじかれる運命にある。3000年にわたる古代エジプトの複雑な歴史において、国政の最上部で同じことが6、7回繰りかえされた。そのたびに王座は手が届きにくくなり、女性たちは時間をかけて新しい戦略を練り、より大きな権力を求めるようになった。メルネイトは女性の国家元首として初めて国を治めながらも、王の称号を主張することはできなかった。しかし最後のクレオパトラは、大胆にも要求がとどまるところを知らなかった。それだけに転落も急降下で、女性権力者としての立場が奪われただけでなく、外国による支配まで許してしまった。

エジプトの女性統治者たちがこの世界に残したもの、それは神性を帯びた女性の力だ。イシス信仰は古代の地中海全域に浸透して、活力のある女神の数々の行動が賛美された。女性の力という概念はキリスト教の聖母マリアにも見られる。彼女は自らの生殖能力なしに神の化身を地上に産むことができる女性であり、それは古代エジプトのヌト女神が、すべての困難に打ち勝つ強さと神と人々への献身をもって、太陽神を生みだすことと同じだった。

オシリスにしろホルスにしろ、ユダヤ人の王イエスにしろ、神聖なる王は、その立場を守ってくれる神聖な女王を求める。両者は硬貨の表と裏のようにおたがいを必要としており、女性らしい姿で力強く守ってくれる存在は、古代エジプト神学と同じくキリスト教でも維持された。その力は、家族や王朝を、そしてキリストを守るために行使されるとあって、奪われるどころかかさ上げされている。ただし、ひとたび男性の権力とのつながりを失うと、その力は徹底的に憎まれ、拒絶される——だからハトシェプストの権威は甥によって抹消されたし、単独統治の野望を抱いたタウセレトは追放され、ローマの英雄たちを支配したクレオパトラは自殺に追いこまれ、(自らの発案だとすれば)工夫を凝らした方法で生涯を終えた。

けれども(正当な)男性指導者を支えるためであれば、女性の力は正しく好ましいものとして絶賛される。聖母マリアは息子イエスを勇敢に守ろうとした。ヘロデ王がイエス殺害を命じたときも、聖家族がエジプトへの逃亡を余儀なくされたときも、処刑前にユダヤとローマの官憲に追われたときもそうだった。今日でも、暗殺された将軍の娘が一族の王朝を救うために総選挙に出馬すれば、国民は熱狂的に支持する。行動が自分の利益のためかどうか――良い女性か否かはそこを基準に判定される。

感情的で移り気で、状況しだいでやさしく懐に抱きいれるのも、残忍に生命を奪うのもお手のもの――古代エジプトの女王たちは、単独であれ他者のためであれ、そんな女性の才能を悪びれることなく活用するすべを心得ていた。今日では、女性的な特質は否定的にとらえられることが多い。たとえば職場の会議で攻撃の矛先が向いたとき、女性は机をたたいて激高するのではなく、泣きだす傾向がある。考えが変わりやすいのも、優柔不断で合意形成を阻むと危険視される。だが古代エジプトにおいては、その特徴が女性の活用の鍵となった――ものごとの裏の面にも考えがおよび、時間をかけて最善の決定を下し、いつくしみ、小言をしつこく繰りかえし、負けず嫌いで恨みを忘れず、そして愛を注ぐという資質によって。

エジプトの女性は魔女にもなれば女神にもなる。激しい性格の守護者でありながら、無力な女性になり、妖婦にもなれば母親にもなる。エジプトでは、この多面性――二心性というべきか――がもたらす害よりも、利点のほうが評価された。女性の力は、すべての希望が断たれた暗黒のときに発揮される。そのことに理解がおよべば、ほかの国や民族でも同じ評価が下されたにちがいない。エジプトは老いて衰弱した国であり、女性の力で民を支配するよりほかに道はなかった。統治される側の意思がどうあれ、女主人に従ってもらう。それが権威主義ということだ。

古代エジプトは国家の終了時間を何度も超過し、迫りくる死の影を突きぬけて、反対側に活路を見いだしてきたといえるだろう。自分がしっかりしていれば、母親や姉妹、娘にあれこれ指図される必要などないと思うかもしれない。けれども、長い歴史のなかでありとあらゆる浮沈を経験し、勝利もみじめな敗北もくぐりぬけてきた古代エジプト人は、女性の権力が民族の最後の希望になることを知っていた。

この本で紹介した6人の女性たち――メルネイト、セベクネフェルウ、ハトシェプスト、ネフェルトイティ、タウセレト、クレオパトラ――は、悲劇で終わった壮大な叙事詩を織りなしている。悲劇の理由は彼女たちの失敗ではなく（国土と王朝を破滅から救う離れわざをやってのけた者もいる）、失敗者と見なされたり、浮き彫りや彫像が抹消されて忘れられたりしたことにある。また逆風の時代に女性統治者を立て、民に受けいれさせたのは、独裁体制のなせるわざだった。

現代の権力構造のなかで完全な男女平等をめざすとき、古代エジプトで強権を振るった君主たちから学べることはたくさんある。とりわけ現代の民主主義体制に根強く残る、女性支配者への強烈な嫌悪感に関しては重要な洞察が得られるだろう。権力を持つ女性は身内の利益しか眼中にないという思いこみが、女性の権力志向への反発や疑念を生むのかもしれない。集権が排除された現代の政界では泥仕合や個人攻撃が日常茶飯事で、そんな世界に属する女性は信用ならないと感じるのだろうか。女性兵士を戦闘の最前線に立たせないのと同じで、苛烈な政争に女性は耐えられないという配慮があるのかもしれない。それでいて、女性には子どもや孫に奉仕することを期待し、野心を堂々と表明する女性には疑いの目を向ける。

競争の激しい非集権社会では、高学歴で才気あふれる女性がその意図を誤解され、最初からはじかれることもある。賃金格差はいまなお大きく、セクシャルハラスメントや性加害も絶えることがない。政府で重職に就く女性は少なく、企業を率いる立場の女性もなかなか見当たらない。科学やテクノロジー、あるいは数学の分野では、認知構造の異なる女性は勝負できないとされている。こうした状況はすべて、自らのためになることを正しく判断できない人類の未熟ぶりを物語っている。

私が講演の締めくくりによく引用するのが、友人がフェイスブックに上げた「男の1日」「女の1日」と題する投稿だ。前者は楽しくも悲しくもなさそうな無表情の顔文字がずらりと並ぶ。後者はというと大喜びのすぐ隣が激怒で、次は大泣きと、感情の変化に富んだ顔文字が続く。

女性が権力から遠ざけられる理由が、この顔文字に端的に表現されている。女性は気分が良いと高く舞いあがり、落ちこむと底が見えない。感情が極端で、人びとをまとめる立場に向いていないということだ。だが古代エジプト人には、女性は感情に走るから統治者になれないという考えは存在しなかった。彼らは真実を知っていたのだ。些細なことに過剰反応していきりたち、征服欲と支配欲を暴走させた男たちが、敵の手足を切りおとし、殺戮《さつりく》し、強姦《ごうかん》してきたのだと。

男性は感情的ではないかというと、それを裏づける研究結果はない。男性は自分の感情を把握できていないだけのようだ。[1] 男性は1日の気分の変動が女性にくらべると小さいというが、人間社会で暴力を振るい、殺人を犯すことが圧倒的に多いのは男女どちらだろう？　自爆テロの実行犯、連続殺人犯は？　戦いを煽動《せんどう》し、続行したがるのは？　答えは明らかであり、そうなると女性は感情的だという認識を改めざるをえない。むしろ女性はジェットコースターのように感情が激しく動くために、そうした行動を実行するより早く「感じて」しまう。強い怒りを感じたら、それを抑えつけて家庭や社会での暴力という形で噴出させるのではなく、先に友人や家族にぶちまける。自分が奥底に不安を抱えていても、いじめたり突っかかったりといった攻撃的な行動で表面化させるのではなく、まず誰かにそれを伝える。

女性は優柔不断で、玉虫色の思考をする傾向があることは多くの研究でその可能性が示されている——多様な意見を求めるべきだし、それが可能だとわかっているのだ。[2] その慎重さが生命を救うこともある。男性は持ち前の決断力で、核ミサイルの発射ボタンを迷わず押すだろう。だが疑いをぬぐえない女性はボタンから手を離し、もう一度考えてみるはずだ。女性は尊敬されて恐れられるよりも、好かれたい欲求がはるかに強いのかもしれない。それゆえの従順さは、恋人や夫、子どもにつけこまれやすいが、女性が橋渡しをすることで生まれるのは真実と和解であって、けっして焦土ではない。

女性統治者たちは一族への共感や実際的な保護のためだけに動くわけではないし、名誉のために動くのでもない。メルネイトは、息子の王位を守ろうとする執念が近親者への情を上回った。セベクネフェルウは高圧的、攻撃的な統治を行わなかったがゆえに、王朝の幕をおろす役をまかされたのだろう。ハトシェプストが貴族たちを金持ちにしてやったのは、摂政王妃による統治を享受させるためだった。ネフェルトイティは狂信的な夫の乱心を押しとどめ、長く傍流に追いやられていた神官たちと合意を形成した。タウセレトがセトナクトに敗れたであろう理由は、彼のような冷酷さを持ちあわせていなかったからだ。そしてクレオパトラは、女の能力を余すところなく使って相手の顔色を読み、ローマの実力者たちと恋愛関係を結んで、国家防衛と家族のつながりを抱きあわせにしてエジプトの存続を図った。

女性は手や口を出すことは少なく、むしろ人の話に耳を傾けるほうだというのが社会の固定観念であり、科学的な研究でも裏づけられている。男性が完全に見逃すような相手の表情を女性は即座に認識できるのだが、それが否定的な文脈で論じられることもある（もっと積極的に意見を述べないと、良いアイデアを同僚に横取りされるとか、いまの男社会で出世するには男のようにふるまわないとだめだ、と説教される）[3]。けれども古代エジプトでは、慎重で守りを重視するが、変わりやすい女性の思考パターンを前向きにとらえていた――強硬路線で突進したり、銃を抜いたり、怒りにまかせて和平協定を破ったりするのを止めたいようなときは、とくに頼りにしていた。女性の感情的な面は弱さでも欠点でもなく、危機的な時代に前進するための最も建設的な手段だったのだ。

古代エジプトの歴史は、女性の統治は男性とまったくちがうということを教えてくれる。男性の王や米国の映画プロデューサーのように、ハーレムで何百人という女性に性的奉仕をさせることはないし、自分だけでなく一族のために統治を行う。戦争の危機が迫っても、そのまま突入するのではなく、回避することがほとんどだ。そして何より、国がいちばん弱りきったときに召集される。

もちろん例外はある。男性的な行動をする女性もいれば、その逆もある。進化生物学の研究者が女性の脳は理系の職業に適さないと決めつけたり[4]、女性は嫉妬深いからビジネスの世界に不向きだ、行動がわかりやすいから戦闘要員にならないなどと誰かが主張したりしようものなら、女性を安易におとしめていると厳しく批判される。けれども、その変わりやすくて怖がりなところが女性の強みであり、無数の感情とつながる手段なのだ。地球温暖化、人口の大量移動、終わることのない戦乱、巨大企業の大衆支配、核の脅威から人類を救うのは、女性ならではの消極性、優柔不断さではないだろうか。試してみれば、得るものはあるはずだ。

古代エジプト人は女性の力を賢く利用して、男性からの攻撃の芽を摘み、戦争を回避して危機を切りぬけ、3000年以上も独自の文化を保ってきた。仕事を終えた女性統治者の扱いは粗末だったかもしれないが、女性なら危険を避けて、軟着陸をめざす舵取りができると知っていた。歴史のなかで女性が何度もファラオに選ばれたのは、それが理由だった。彼女たちは基本的に戦争を始めないし、強姦も絞殺もしない。地に足のついた政治をする。手柄を独占しないし、社会もそれを許さない。野心をちらつかせると激しい非難にさらされるから、最初から持とうとしない。古代エジプトでは、そんな女性が繰りかえし人びとを救済してきた。私たちは古代の歴史に立ちかえって、もう一度女性たちに救いを求めるべきなのかもしれない。

謝辞

この本の各章は、それぞれの時代や特定の統治者を専門とするエジプト学者にお世話になった。メルネイトではローレル・ベストックとエレン・モリス。セベクネフェルウではユリア・ブドカとゲイ・キャレンダーに感謝したい。ハトシェプストは2014年に私自身が伝記を出版した関係で最も身近に感じているが、それだけにお世話になった人も多い。とくにベッツィー・ブライアンとJJ・シャーリーは、ハトシェプストの人物理解に重要な役割を果たしてくれた。ネフェルトイティの章は、ニコラス・リーブス、ジム・アレン、ドミトリ・ラブリの研究がなければ執筆はできなかった。タウセレトはエイダン・ドドソン、リチャード・ウィルキンソン、ヘザー・マッカーシー、ピアス・ポール・クリースマンにお世話になった。最後のクレオパトラは、ジュリア・サンプソン、ジョイス・ティルズリー、ドゥエイン・ローラーの研究がなければ書けなかっただろう。エジプト学における女性学的研究はまだ数十年と歴史が浅いが、ジョイス・ティルズリー、アン・メイシー・ロス、ゲイ・ロビンズ、ゲイ・キャレンダー、ベッツィー・ブライアンといった研究者たちの助けがあって、興味深いこの領域に足を踏みいれることができた。ただし女性と権力に関する独自の見解、また本書の誤りや誤解はすべて筆者の責任であり、彼らの非ではない。

UCLAで長年続いている講座「古代世界の女性と権力」は、受講者がのべ数百人にもなるが、投げかけられた質問や反対意見、受講者が見せた困惑や情熱は大きな励みになった。この本を執筆中は仕事にも遅れが出て、論文がなかなかできあがらず同僚たちをずいぶん待たせてしまった。辛抱強く待ってくれたアレッシア・アメンタ、ロジェリオ・ソーサ、ヘレン・ストラドウィックにお礼を述べたい。棺の論文にはこれから取りかかります。約束します。

UCLAで私が指導する大学院生たちは、古代エジプトの女性権力者に関心を奪われた私にとても寛容だった。ダニエル・カンデロラとローズ・キャンベルは関係する論文を見つけてはフォルダに保存してくれたし、原稿を読んで貴重な意見も聞かせてくれた。とくにキャリー・アーバックル・マクラウドとマリッサ・スティーブンズは、博士論文を戻すのに長く待たせてしまった（2人とも無事に博士になった）。つねに注意を怠らないイサマラ・ラミレスは、UCLAの近東言語文化学科の学科長だった私のスケジュールと行動をきっちり監視してくれた。イサマラが背後で見張っていなかったら、この本を書きあげることはできなかった。ぜったいに。

レベッカ・ピーボディー、あなたはライティンググループの最高のパートナー。おたがい子どもがいて、キャリアを積んで、書く仕事も続けているからめったに会えないけれど、賢明なあなたは出版と作戦づくり全般における優れた反響板だと思う。それで思いだしたけれど、久しぶりに来週、娘たちを連れて遊びにおいで。

著作権エージェントのマーク・ジェラルドは、なぜか私に見切りをつけることなく、ナショナル ジオグラフィック・ブックスという申し分のない新天地を見つけてくれた。彼が私の何を買ってくれているのかわからないが、エジプト学に関する一般向けノンフィクションを世に送るという私のささやかな挑戦を支援してくれる。

ナショナル ジオグラフィック・ブックスのリーザ・トマス、ヒラリー・ブラック、アリソン・ジョンソンの指導と情熱は、なぜ女性が権力を持つべきか、女性の権力行使の方法がいかに男性と異なるかということをあらためて実感させてくれる。私の過密日程を考慮して、彼女たちが担当者をリンダ・カーボーンにしてくれたことに感謝する。リンダはすべての章で文章を1行ずつ、注に至るまで、批判は抜きに粘り強く検討してくれた。どうにか仕事を進めることができたのは、まちがいなく彼女のおかげだ。そして「NG Live!」や黄色い表紙の雑誌など、多彩なメディアを展開するナショナル ジオグラフィックに祝福あれ。あのナショジオ・ファミリーの一員になれたなんて、自分でも信じられない。

私の調査助手であるアンバー・マイヤーズ・ウェルズは、この本の仕事に全力で取りくんでくれた。調査、注、画像、編集の作業を支えるかたわら、私の仕事を管理して、大学院生の推薦状提出が遅れないよう気を配ってくれた。アンバーに救われるたび、「ほんとに愛してる、アンバー。あなたの子どもを産みたいぐらい」と言う私に、「子どもはもうたくさんいるのでけっこうです」と応じてくれた。

ミケル・マッカーシーは息子のベビーシッターだが、私にはそれ以上の存在だ。養育権をめぐる裁判で頭も心もへとへとのとき、かならずそばにいてくれた。日曜に執筆に専念したいときや、恐怖のロサンゼルス郡少年裁判所の殺伐とした法廷で不安と疑念に耐えなくてはならないとき、ミケルは顔色ひとつ変えずに現れては、息子の面倒を見てくれた。荒れ狂う海にそびえる慰めと勇気の岩がミケルだった。私生活が大波乱のなかにあって、本を書くなどとんでもないときに私が執筆できたのは、ミケルが息子の安全を守り、抱きしめて大切にしてくれて、元気と刺激まで与えてくれるとわかっていたからだ。

最後になったが、家族にはほんとうにお世話になった。前作からこの本までのあいだに、私の人生は重大な危機に直面して、人間の善や真実を信じる気持ちも激しく揺さぶられた。信頼し、愛してきた人にやさしさのかけらもないことが判明して、何が正しくて何がまちがいなのかわからなくなり、良い悪いの価値観をつくりなおさなくてはならなかった。感情的にも経済的にもどん底だった私を救ってくれた家族、私が戻るのをずっと待ってくれた父と母、私を見捨てなかったきょうだいたち、私を許してくれた姉、みんなに幸せが訪れますように。

大切な息子のジュリアンが見せる度胸、意志、頑固さ、喜びは、人生に手応えを感じさせてくれる。私は服従させられることも多いが、彼の知恵に驚くこともしばしばで、多くのことを学んでいる。新しい息子と娘であり、偽りのない愛情で接してくれるブランデンとキンバリーには、私の人生にやってきてくれてありがとうと伝えたい。

新しい夫レミーには、自分でも意外ではあるけれど、ずしりと響く真実の愛を捧げたい。ラーメンとウイスキーに目がなくて、絵画と陶芸、人工衛星と山が好きなレミーの鋭い着眼にうながされ、私は立ちどまって人間と環境のあれこれを細部まで考えるようになった。すべての点で母と意見が一致し、毎朝コーヒーを運んでくれて、大柄な私がうるさく騒ぎたてても受けいれて、誰にも負けないくらい私を大切にしてくれるレミー、私の心は生涯ずっと、その先もあなたのもの。レミーに永遠の感謝を。

解説

河江肖剰《かわえゆきのり》

古代エジプトといえば、巨大なピラミッドや屹立《きつりつ》するオベリスク、黄金のマスクや墓の壁に刻まれた象形文字といった神秘や謎に満ちあふれた文明というイメージがある。しかしこの本では、そういったお決まりの遺跡や遺物には触れず、人の営為、それも女性の支配者に焦点を当てている。さらに、彼女たちの存在を当時の社会や文化のコンテクストにおいて理解し、現代も含めた人類史のなかで、それがどのような意味を持つのかを明らかにしようとしている。

登場するのは、エジプト文明開闢《かいびゃく》の今から4800年前に登場した勇猛なメルネイト王妃から、3500年前に真に偉大なファラオとしてエジプトに君臨したハトシェプスト女王、そして2000年前にエジプト最後の女王として即位し死後も輝きつづけたクレオパトラなど、3000年のエジプト史を網羅するような6人の女性支配者たちである。

彼女たちの活躍についてはそれぞれの章を読んでほしいが、そもそも古代エジプトにおいて女性の役割はどのようなものであったのだろう？　文書として残されている史料や、夫婦の彫像やレリーフなどから、当時の男女の捉え方や違いについて知ることができる。たとえば、古王国の傑作と見なされているラーヘテプとネフェレトの夫婦の座像には、ピラミッド時代の男女の理想を見ることができる。像の大きさは同じだが、男性は外で働くため肌が褐色に日焼けしているのに対し、女性は家のなかで家事を行うと考えられていたため肌の色は白い。さらに男性には「ヘリオポリスの大司祭」、「軍司令官」、「広間の偉大な者の長」など10のタイトルが書かれているが、女性のほうには「王の知人」としか書かれていない。

新王国時代の王家の谷の職人であったセンネジェムの墓のレリーフには、来世において妻であるイイネフェルティと仲睦まじく、農作業を行っている場面が描かれている。彼女はセンネジェムとともに小麦を刈り取り、亜麻を引きぬき、畑を耕す手伝いをしているが、常に夫に付き従うように描かれている。

古代エジプトのジェンダーについての興味深い思想は、死後の扱い方にも表れている。当時の医学では、人間の生殖は主に男性が行い、性交の際に胎児を女性に移すと見なされていた。そのため時代にもよるが、亡くなった女性は自分だけでは再生する能力を持たず、生物学的な障壁に直面すると考えられていた。そこで神官は女性のミイラを一時的に男性に変身させるという呪文を使い、棺に男性の肌の色のような褐色の塗料を塗り、さらに男性代名詞で呼びかける呪文を唱えた。その後、女性は元の女性の姿に戻り、来世で女性として生まれ変わるために自らを再び変容させたのである。

こういったことから分かるのは、古代エジプトはやはり男性中心の社会であり、女性の社会的地位は限定的なもので、基本的には専業主婦として夫に従い家を守ることだと考えられていたということだ。財産の相続や所有、一部の職業に就くことも許されていたが、それにもかなりの制約があり、さらに死生観にも生物学上の優劣が存在していると見なされていた。このような社会のなかで、女性がいかにして国家を統治することができたのだろうか？

この際、前提として考えなければならないのは、地理的な社会文化の違いはもとより、現代と古代のあいだに横たわる数千年という圧倒的な時間の壁の存在である。私たち現代人が当たり前だと思っていることは、古代では異端的な思想、あるいは存在すらしていない。当時の常識は現代のそれとは異なることは少なからずある。数千年前に生きた人と現代人との比較は慎重に行う必要がある。しかしこの本の筆者であるカーラ・クーニー教授は挑戦的だ。比較や想像を躊躇せず行い、その文体からは時間の壁の存在すら感じさせない。彼女は、あたかもつい先日政権に就いた女性の首相について語るかのように、古代エジプトの女性の支配者について語る。古代エジプトの家父長制における女性の権力者のリスクについて、米国のクリントン大統領のファーストレディーだったヒラリー・クリントンを例に挙げて説明し、物質的に極めて恵まれた環境のなか、追従する取り巻きや一族に囲まれたアクエンアテン王の現代版として、北朝鮮の金正恩を例に挙げる。クーニー教授にとっての壁は、古代と現代のあいだにあるのではなく、男性と女性のあいだにあり、その壁を乗り越え、支配者として古代エジプトに君臨した女王や王妃たちを生き生きと取りあげることで、現在のフェミニズム問題に切りこんでいくのである。

そこではこれまで慎重に扱われてきた事柄に対しても、大胆に持論を述べていく。たとえば「ハーレム」という単語は、オスマントルコのエロチックな意味合いを持つ施設を彷彿《ほうふつ》させるが、実際にはそれだけではない複合的な行政機関であることが考古学的な史料から示唆されている（日本語だと、そのあたりを考慮してか「後宮」と訳されることがある）。しかし、クーニー教授はそういった考えを「妊娠できる若い女性をたくさん集め、王に子どもをもうけさせて次世代につなげる戦略であることに変わりはない」と一蹴する。かつて否定された「人身御供」の習慣についても最新の研究を紹介しながら、初期王朝時代の王権をめぐる恐ろしく血なまぐさい争いを鮮明に描き、そこで活躍する王妃と彼女の心情についてまで推測していく。

最終的に、クーニー教授は、現代の我々がエジプトの女性支配者からどのようなことが学べるのかを教えてくれる。それは一見ステレオタイプの見解のように思えるかもしれないが、数千年の歴史の重さと学術的な研究成果をもって語るその回答にはうなずく読者も少なくないだろう。

今回の翻訳作業はかなり大変だったのではないかと思う。通常のエジプト学の本とは異なり、クーニー教授はカジュアルな散文で、時に挑発的とも言える内容を書いているが、学術的に確定していないことは論文を引用し、可能性や推量を表す表現を用いることで慎重に展開している。さらに、行間にはエジプト学のマニアックな知識も散りばめられており、意味が判別しづらい箇所も多々あったように思う。そういったことをひとつひとつ確認していると、日本語監修作業には思ったよりも時間がかかってしまった。訳者の藤井留美さんと編集者の葛西陽子さんと小林恵さんには、スケジュールの大幅調整や細かい点の修正など、いろいろとご迷惑をおかけしました。この場を借りて、改めて感謝いたします。

おわりに

1 R. J. Simon and S. Baxter, "Gender and Violent Crime," in *Violent Crime; Violent Criminals*, edited by N. A. Weiner and M. E. Wolfgang (Newbury Park, Calif.: Sage, 1989), 171-197; Anne Campbell, *A Mind of Her Own: The Evolutionary Psychology of Women*, 2nd ed. (Oxford, UK: Oxford University Press, 2013). とくに女性とその攻撃性を男性と比較した第3章を参照。こうした研究に関する最近の論調に関しては、Dorian Furtuna, "Homo Aggressivus. Male Aggression: Why Are Men More Violent?," *Psychology Today* (September 22, 2014), https://www.psychologytoday.com/blog/homo-aggressivus/201409/male-aggression; Ian Hughes, "Why Are Men More Likely to Be Violent Than Women?," *TheJournal.ie* (February 26, 2015), http://www.thejournal.ie/readme/violence-against-women-1959171-Feb2015/ を参照。

2 Roger D. Masters and Frans B. M. De Waal, "Gender and Political Cognition: Integrating Evolutionary Biology and Political Science," *Politics and the Life Sciences* 8, no.1 (1989): 3-39

3 わかりやすい例は Sheryl Sandberg, *Lean In: Women, Work, and the Will to Lead* (New York: Random House, 2013)。〔邦訳：『LEAN IN（リーン・イン） 女性、仕事、リーダーへの意欲』日経BP、2013年刊〕

4 Mari Ruti, *The Age of Scientific Sexism: How Evolutionary Psychology Promotes Gender Profiling and Fans the Battle of the Sexes* (New York and London: Bloomsbury Publishing, 2015) を参照。

たが、アントニウスに対しては、おのずと敵になるとわかっていたのでそれは行わなかった（クレオパトラを裏切ってオクタウィアヌスの側につくはずがなかった)。彼らは支持者がアントニウスを難詰することも期待した。なぜなら同胞は彼を怒らせるようなことは何もしていないのに、エジプト女王のために自国に戦いを仕掛けたからだ」

22 アクティウムの海戦の古代の文章はJones, Cleopatra: A Sourcebook, 147-149を参照。

23 クレオパトラの自殺と思われる死に関するフロルスおよびカッシウス・ディオの記述は、Jones, *Cleopatra: A Sourcebook*, 190を参照。

24 クレオパトラの死はJones, *Cleopatra: A Sourcebook*, 180-201で扱われている。

25 プルタルコスは「アントニウスの生涯」のなかで、クレオパトラは39歳で死んだと述べている。Jones, *Cleopatra: A Sourcebook*, 194も参照。

26 Jones, *Cleopatra: A Sourcebook*, 201に収録の *The Divine Augustus*, 17.3-18から、この出来事に関するスエトニウスの記述も読まれたい。

27 カッシウス・ディオによる *Roman History*, 25.1では、プトレマイオスはその富に嫉妬したカリグラに暗殺されたと示唆しているが、スエトニウスは歴史書 *Caligula*, 35.2で、劇場の観客がプトレマイオスの紫のマントを賞賛したことで、カリグラの怒りに火がついたとしている。後代の歴史家アンソニー・A・バレットは、プトレマイオスの暗殺に政治的な動機の可能性を指摘している。Cassius Dio, *Roman History*, Volume VII: Books 56-60, trans. Carey; Suetonius, *The Lives of the Twelve Caesars*, translated by John Carew Rolfe (Loeb Classical Library); Barrett, *Caligula: The Abuse of Power* (London: Routledge, 2015), 159-160を参照。

28 ゼノビアの生涯に関する詳細はPatricia Southern, *Empress Zenobia: Palmyra's Rebel Queen* (New York: Continuum, 2008); Patricia Southern, *The Roman Empire from Severus to Constantine* (London: Routledge, 2001); Richard Stoneman, *Palmyra and Its Empire: Zenobia's Revolt Against Rome* (Ann Arbor: University of Michigan, 1994)を参照。

29 Hugh Bowden, *Mystery Cults of the Ancient World* (Princeton, N.J.: Princeton University Press, 2010); Kathrin Kleibl, *Iseion: Raumgestaltung und Kultpraxis in den Heiligtümern Gräco-Ägyptischer Götter im Mittelmeerraum* (Worms, Germany: Wernersche Verlagsgesellschaft, 2009)

10 *Ptolemy II Philadelphus and His World*, edited by P. McKechnie and P. Guillaume (Leiden, Netherlands: Brill, 2008) を参照。

11 プトレマイオス6世から8世までの複雑な歴史は、Hölbl, *A History of the Ptolemaic Empire*, 181-194 を参照。

12 M. Aldhouse-Green, *Boudica Britannia: Rebel, War-Leader and Queen* (Harlow, UK: Pearson Education, 2006)

13 Prudence J. Jones, "The Life of Antony," in *Cleopatra: A Sourcebook*, 101-102

14 Jones, *Cleopatra: A Sourcebook* および *The Roman History* (http://penelope.uchicago.edu/Thayer/e/woman/texts/cassius_dio/42*.html) より、Earnest Cary (Loeb Classical Library) によるカッシウス・ディオの book 42 の英訳を参照。

15 「ローマ人」の拒絶ぶりしか伝わっていないが、ローマ人もいろいろだったはずだ。ローマ帝国でのイシス信仰拡大は、貴族以外のローマ人のあいだでクレオパトラおよび彼女が象徴するものが支持されていたことを物語る。興味ぶかいのは、アラブ世界でクレオパトラは学者、科学者、哲学者であり、ローマの侵略に対して自由を守るために戦った英雄になっていることだ。Okasha El-Daly's *Egyptology: The Missing Millennium* [London: UCL Press, 2005] を参照。

16 プルタルコスによるアントニウスの生涯の記述、book LXII, 99-100 に関しては、Jones, *Cleopatra: A Sourcebook* を参照。

17 Michel Chauveau, *Cleopatra: Beyond the Myth* (Ithaca, N.Y.: Cornell University Press, 2002), 60

18 Jones, *Cleopatra: A Sourcebook*, 36, 55, 58-59, 140 のプルタルコスの "Life of Antony" のレファレンスを参照。

19 Mary Boatwright, *The Romans from Village to Empire* (Oxford, UK: Oxford UniversityPress, 2004), 269-271 を参照。

20 Duane W. Roller, *Cleopatra: A Biography* (Oxford, UK: Oxford University Press, 2011), 99

21 Jones, *Cleopatra: A Sourcebook*, 147-149 より、カッシウス・ディオの *Roman History* 50.4.3-6 を参照。「(アントニウスは) 彼女に魔法をかけられたようだった。彼女は彼のみならず助言者たちも魅了し、とりこにして、あげくにローマ人を支配したいと望むようになった……票決でクレオパトラに宣戦布告することになっ

phy, and History of the Egyptian Delta during the Pharaonic Period, edited by A. Nibbi [Oxford, UK: DE Publications, 1986]を参照)。そうではなく、広大な地中海を望む位置に初めて誕生した都市がアレクサンドリアだった(P. M. Fraser, *Ptolemaic Alexandria* I-III [Oxford, UK: Clarendon, 1972]を参照)。

4 会計に関する決定および税制の詳細はchapter 5, "Creating a New Economic Order," in Joseph Manning's *The Last Pharaohs*, 117-164を参照。

5 たとえばL. Colliers and F. P. Retief, "Poisons, Poisoning and the Drug Trade in Ancient Rome," *Akroterion* 45 (2000): 88-100を参照。

6 Sheila L. Anger, "The Power of Excess: Royal Incest and the Ptolemaic Dynasty," *Anthropologica* 48, no.2 (2006): 165-186を参照。

7 クレオパトラ5世がクレオパトラ7世の母だという主張もあるが、それを明示する証拠はない。情報が完全に欠落していることから、母方家系が意図的に隠されたと考える研究者がほとんどだ。ただドゥエイン・ローラーは大胆にも「母親ははっきりしないが、エジプトのプタハの神官一族に属すると同時に、マケドニアの流れも汲んでいるだろう」と述べ、*Cleopatra: A Biography* [Oxford, UK: Oxford University Press, 2011], 15)、Waldemar Heckel, *Who's Who in the Age of Alexander the Great: Prosopography of Alexander's Empire* (London: Blackwell, 2006), 165-166を引用している。クレオパトラがエジプト人の血を引くという説の最初の言及に関しては、Werner Huß, "Die Herkunft der Kleopatra Philopator," *Aegyptus* 70 (1990): 191-203を参照。

8 クレオパトラの母親が謎に包まれているので、彼女自身がどの民族に属するかもさかんに議論されている。クレオパトラがエジプト語を話せたとする古代の文献が複数あることを状況証拠として、母親がエジプト人またはその血を引いているか、少なくとも何らかの理由でエジプト文化に親しんでいたと考える研究者がほとんどだ。ドゥエイン・ローラーは、クレオパトラは「おそらく4分の3がマケドニア人、4分の1がエジプト人だと思われる。エジプト人の血を半分引いた母親が、エジプト文化と文明の知識と敬意を娘に教えこんだのだろう」と述べている(Roller, *Cleopatra*, 15)。Roller, "Cleopatra's True Racial Background (and Does It Really matter?)" *Oxford University Press Blog* (December 2010), http://blog.oup.com/2010/12/cleopatra-2/も参照。

9 Joyce Tyldesley, "Foremost of Women: The Female Pharaohs of Ancient Egypt," in *Tausret: Forgotten Queen and Pharaoh of Egypt*, edited by Richard H. Wilkinson (Oxford, UK: Oxford University Press, 2012), 22

26 Dino Bidoli, "Stele des Konig Setnacht," *Mitteilungen des Deutschen Archäologischen Instituts, Abteilung Kairo* 28 (1972): 193-200; Rosemarie Drenkhahn, *Die Elephantine-Stele des Sethnacht und ihr historischer Hintegrund* (Wiesbaden, Germany: Harrassowitz Verlag, 1980), 44-45 を参照。英訳は Dodson, *Poisoned Legacy*, 119 に拠る。

27 Dodson, *Poisoned Legacy*, 120 に収録された文章は以下のとおり。「神々は平和に気持ちが傾き、国を正常で適切な状態にするために、その身体から息子をこしらえて偉大な玉座に据え、全土の支配者とした。ウセルカウラーセテプエンラー・メリアメン、ラー・セトナクト・メリラー・メリアメンの息子。彼は怒るとケプリ・セトとなった。反乱が起きていた全土に秩序をもたらし、エジプトの地にいた反逆者を殺し、エジプトの偉大な玉座を浄化して、アトゥムの玉座に座って二国の統治者となった」

28 この陶片に関しては、Wilkinson, ed., *Tausret*, 45 を参照。

29 Susan Redford, *The Harem Comspiracy* (DeKalb, Ill.: Northern Illinois University Press, 2002); Zahi Hawass, Somaia Ismail, Ashraf Selim, Sahar N. Saleem, Dina Fathalla, Sally Wasef, Ahmed Z. Gad, Rama Saad, Suzan Fares, Hany Amer, Paul Gostner, Yehia Z. Gad, Carsten M. Pusch, Albert R. Zink, "Revisiting the Harem Conspiracy and Death of Ramesses III: Anthropological, Forensic, Radiological, and Genetic Study," *British Medical Journal* (December 17, 2012); Pascal Vernus, *Affairs and Scandals in Ancient Egypt* (Ithaca, N.Y.: Cornell University Press, 2003), 109-120

30 The Epigraphic Survey, *Medinet Habu*, VIII: *The Eastern High Gate* (OIP 94) (Chicago: University of Chicago Press, 1970), https://oi.uchicago.edu/research/publications/oip/medinet-habu-vol-viii-eastern-high-gate-translations-texts

第6章　クレオパトラ

1 クレオパトラに関するギリシャ・ローマの情報は、Prudence J. Jones, *Cleopatra: A Sourcebook* (Norman: University of Oklahoma Press, 2006) に簡潔にまとまっている。

2 プトレマイオス期の歴史と政治に関しては J. G. Manning, *The Last Pharaohs: Egypt under the Ptolomies, 305-30 BC* (Princeton, N. J.: Princeton University Press, 2009); Günther Hölbl, *A History of the Ptolemaic Empire* (London: Routledge, 2001) を参照。

3 テル・エル=ダバア、タニス、ピ・ラメセスもエジプトの外側を見わたす位置にあったと主張する研究者もおり、川およびレバントを外側とすればそのとおりだが、これらの都市はメンフィスおよび上エジプトのナイル渓谷の両方に行きやすく、まぎれもなくエジプト領の内側に位置していた（*The Archaeology, Geogra-*

文字の文書では、「エジプト国の偉大な王の護衛の頭、バヤ」と記されている。J. Freu, “La Tablette RS86.2230 et la Phase Finale du Royaume d’Ugarit,” syria 65 (1988): 395-398; Dodson, *Poisoned Legacy*, 102-103を参照。別の文書（デル・エル=バハリにある第11王朝メンチュヘテプ2世葬祭殿の演壇に彫られた浮き彫りの一部）によると、バイはシプタハ王に対し「ひとりのときは私の目でものを見る」よう指示していたという。Dodson, *Poisoned Legacy*, 88; Kenneth A. Kitchen, *Ramesside Inscriptions: Historical and Biographical*, volume IV (Oxford, UK: Blackwell, 1968-1990), 370

19 ドドソンはこう書いている（Dodson, *Poisoned Legacy*, 100)。「タウセレトとバイの関係は完全な憶測の域を出ないが、アマダでは明確に、王家の谷では暗黙に示された並列の位置関係は王族の配偶者を彷彿させる。女王が夫に先立たれており、バイの妻の存在は知られていないことから、2人を恋人、さらには配偶者どうしと見なしたい誘惑に駆られるが、そうした結論はあくまで憶測であり、歴史フィクションでしかないことは強調しておこう」

20 以下を参照。Hartwig Altenmüller, “Tausret und Sethnacht,” *Journal of Egyptian Archaeology* 68 (1982): 107-115; Altenmüller, “The Tomb of Tauber and Setnakht,” in *The Treasures of the Valley of the Kings*, edited by Kent Weeks (Cairo: American University in Cairo Press, 2001), 222-231; Roehrig, “Forgotten Treasures,” in Wilkinson, ed., *Tausret*

21 Pierre Grandet, “L’Execution du Chancelier Bay. O. IFAO 1864,” *Bulletin de l’Institut Français d’Archéologie Oríentale* 100 (2000): 339-356

22 Pierre Grandet, *Le Papyrus Harris I (BM 9999)* (Cairo: Institut Français d’Archéologie Orientale, 1994), plate 76を参照。英訳はDodson, *Poisoned Legacy*, 90に拠る。

23 タウセレトの墓に関する考古学の報告は以下を参照。Hartwig Altenmüller, “Das Grab der Königin Tausret im Tal der Könige von Theben. Erster Vorbericht über die Arbeiten des Archäologischen Instituts der Universität Hamburg im Winter 1982/83,” *Studien zur Altägyptischen Kultur* 10 (1983): 1-24. シプタハの埋葬に関しては、Altenmüller, “Das Verspätete Begräbnis des Siptah,” *Göttinger Miszellen* 145 (1995): 29-36およびAltenmüller “Das Präsumtive Begräbnis des Siptah,” *Studien zur Altägyptischen Kultur* 23 (1996): 1-9を参照。

24 この彫像の詳細はRoehrig, “Forgetten Treasures,” in Wilkinson, ed., *Tausret*, 55-58を参照。

25 期間に関してはいまも議論されている。Dodson, *Poisoned Legacy*, 116 –117およびWilkinson, ed., *Tausret*, 97を参照。

ティ2世とタウセレトのほうだったと思われる。そもそもモセはアメンメセスではなく、まったく別の人間だった可能性もある。Dodson, *Poisoned Legacy*, 58-67を参照。

13 Dodson, *Poisoned Legacy*, figure 72

14 エジプトは外国人嫌いだったが、エジプト化はつねに可能だった。問題は見た目や作法、肌の色が濃いか薄いかではなく、服装と行動と話しかただった。それでも正しきエジプト化には時間がかかる。バイはエジプト在住がそれほど長くなかったか、自分の出自である非エジプト文化を頑なに守っていたと思われる。レバントにおけるエジプト化の例については、Carolyn R. Higginbotham, *Egyptianization and Elite Emulation in Ramesside Palestine* (Leiden, Boston, and Cologne: Brill, 2000) を参照。

15 シプタハははたしてセティ2世の息子だったのかどうかは、研究者も興味をそそられるところだ。事実だけを拾っていこう。王名表と統治年数からするとセティ2世の在位は6年に満たない。すでにいた息子たちを回避し、新しくつくられたハーレムで男子が生まれたとしても、年齢はせいぜい5歳だった。シプタハのミイラは年齢が15、6歳だったことがわかっている。セティ2世の治世がわずか6年なので、シプタハが新しいハーレムで生まれたのだとしたら、ミイラも10歳ないしは11歳のはずだ。シプタハの母親は、早くにセティ2世の妻になったタカトだったのか。だがタカトとのあいだの男子は全員が成人して地位を確立していたし、タカトはセティ2世が即位する前から妊娠・出産できる年齢を超えていた。セティ2世とアメンメセスの確執、目まぐるしい王権の移動を考えると、セティ2世の年長の息子たちは戦闘で命を落としたか、年齢がうんと離れた末弟を世継ぎにすると主張する父王に無視されたようだ。シプタハをアメンメセスの息子、すなわちセティ2世の孫であり、対立してきた集団が一からやりなおすために妥協で選ばれた王だと考える研究者もいる。Dodson, *Poisoned Legacy*, 93

16 シプタハの母親はスタイリャという女性であり、シリア出身であることを示すためにこの名前を用い、少女のときエジプトのハーレムに連れてこられたという説を提唱する研究者もいる（Thomas Schneider, “Siptah und Beja: Neubeurteilung einer Historischen Konstellation,” *Zeitschrift der Ägyptischen Sprache* 130 [2003]: 134-146; Callender, “Queen Tausret and the End of Dynasty 19,” *Studien zur Altägyptischen Kultur* 32 [2004]: 81-104)。

17 Dodson, *Poisoned Legacy*, 88, figure 84

18 バイは外交関係でも暗躍していた。シリアの都市ウガリットで見つかった楔形

Mediterranean Bronze Age 1450-1100 B.C. (London: Osprey, 2015) を参照。

7　この石碑の英訳は、Miriam Lichtheim, *Ancient Egyptian Literature*, Volume II: *The New Kingdom* (Berkeley: University of California Press, 1976), 73-78 を参照。

8　古代エジプトと出エジプト記をめぐる議論の概要は、Kent R. Weeks, *The Lost Tomb* (NewYork: William Morrow, 1998), 275-279 を参照。

9　Dodson, *Poisoned Legacy*, 31-46

10　王家の谷に墓を建設することはたいした話でないように思えるが、女性権力者への風当たりが強かったこの時代、「王の偉大なる妻」の埋葬としては異例の栄誉だった。ただし説明は難しい。あるエジプト学者は、王の墓所と並んで安息の場所が用意されたのは、タウセレトがセティ２世より年上で、ほとんど共同統治者のような立場だったからと説明している（C. H. Roehrig, "Forgotten Treasures: Tausret as Seen in Her Monuments," in *Tausret: Forgotten Queen and Pharaoh of Egypt*, edited by Richard H. Wilkinson [Oxford, UK: Oxford University Press, 2012], 50-51）。だがこの論考でローリグが再構築した歴史のとおりだとすれば、セティ２世は即位時に成人男性ではなく少年で、メルエンプタハがハーレムで産ませた最後のほうの息子でなければならない。ここではその説を採用しないが、この問題がいまも活発に論議されていることがわかるだろう。

11　即位に際してアメンメセスにつけられた称号は「創造者のためにテーベを偉大なものにできる大きな力の持ち主」「テーベの統治者アメンメセス」など、テーベ一色である。Jürgen von Beckerath, *Handbuch der Ägyptischen Königsnamen* (Mainz, Germany: Philipp von Zabern, 1999), 158-159 を参照。アメンメセスは話の半分をわざと隠すような人間ではなかったようで、自分が勝ちとったもの——南部——だけを主張した。北部への攻撃も計画しており、ナイル川デルタもわが物にして統治の範囲が全エジプトに広がった暁には、即位名を変えるつもりだった可能性もある。

12　ディール・エル=マディーナは、テーベの王族の墓所をすべて建設し、装飾をほどこした労働者たちの村だった。ここで見つかった文章では、敵対する王が「メセ」「モセ」と呼ばれているが、おそらくアメンメセスの短縮形だろう。こんなふうに無遠慮かつくだけた調子で呼ばれる理由ははっきりしない。王権を奪取しようがしまいが、アメンメセスの命令は忠実に実行された。聖書に出てくるモーゼとの類似から、王への反乱といった共通する要素が研究者の関心を呼んでいる（R. Krauss, *Moise le Pharaon* [Moncao: Editions du Rocher, 2000]）。ただしアメンメセスの支持基盤は南部のヌビアであり、レバントやカナンではなかった。傭兵軍と行政支援を目当てにカナンに接近したのは、アメンメセスではなくセ

44　ニコラス・リーブスと筆者の意見はこの点で異なる。顔面のプレートが一度はずされ、少年王ツタンカーメンの顔で再装着されたとリーブスは見る。しかし筆者は、ほかの棺とも一致することからネフェルトイティの顔のまま埋葬されたと考えている。ほかの棺には、ツタンカーメン用という名目で、共同統治王ネフェルトイティのために準備された一式から再利用した証拠が見られる。棺から仮面、内棺に至るまですべてのイメージが同じなのであれば、それは共同統治王ネフェルトイティのために製作されたものを、名前の碑文だけツタンカーメンに変えたのであって、顔面のプレートには手を加えていないというのが筆者の見立てである。ちなみにツタンカーメンの名前のヒエログリフの下に、本来のネフェルネフェルウアテンの名前が彫られた痕跡が確認できる点では、リーブスのみならずレイ・ジョンソンとマルク・ガボルドも同意している。ツタンカーメンのマスクは、明らかに前の統治者のマスクを再利用している。Reeves, “Tutankhamun’s Mask Reconsidered” を参照。

第5章　タウセレト

1　直前の第18王朝は後継者の名前しか残っていなかったので、ラメセス2世の数多くの息子たちについて語れること自体驚きだ。父ラメセス2世の後を継いだのはメルエンプタハだったが、神殿に残る記録では13番目の息子で、思った以上に順位が低い。ほかの息子たちが、父王の長い治世のあいだに（大っぴらに、あるいはひそかに）競争していたことは明らかだ。メルエンプタハの位置づけに関しては Kenneth A. Kitchen, *Pharaoh Triumphant: The Life and Times of Ramses II, King of Egypt* (London: Warminster, 1983), 97-124 を参照。

2　Aidan Dodson, *Poisoned Legacy: The Fall of the Nineteenth Egyptian Dynasty* (Cairo: The American University in Cairo Press, 2016), 9

3　ラメセス2世は姉妹のひとりヘヌトミラーと結婚したが、ほとんど言及されず、権力のある地位にもなかった。Kitchen, *Pharaoh Triumphant*, 98 を参照。

4　たとえばエイダン・ドドソンとディアン・ヒルトンが *Complete Royal Families of Ancient Egypt*〔『エジプト歴代王朝史：全系図付』〕で、仮定にもとづいて第19王朝を再構築している。

5　青銅器時代の終焉に関する詳細は以下を参照。Eric Cline, *1177 B.C.: The Year Civilization Collapsed* (Princeton, N. J.: Princeton University Press, 2014)〔エリック・H・クライン『B.C.1177：古代グローバル文明の崩壊』筑摩書房、2018年刊〕

6　「海の民」に関する詳細は Eric Cline and David O’Connor, *Mysterious Lands* (London: University College London Press, 2003); R. D’Amato and A. Salimbeti, *The Sea Peoples of the*

座になり、最終的に少年王ネブケペルラー・トゥトアンクアテン、改名後はネブケペルラー・トゥトアンクアメンの玉座として使われたというのがリーブスの主張だ。かなり込みいっているが、ネフェルトイティの役割の変遷——王妃から共同統治王、そして単独王——を裏づける有力な証拠だ。つまり玉座はツタンカーメンに与えられるまで、一貫してネフェルトイティのものだったのである。

41　ヒッタイトとエジプトの歴史を結びつけようと、これまで膨大な紙幅が費やされてきた。ヒッタイトの文書に登場する、王妃の死んだ夫で王であるニプクルリアは、ネブケペルラー・ツタンカーメンのこととされる。ニコラス・リーブスは王妃とはネフェルトイティのことだと考えるが（*Akhenaten: Egypt's False Prophet,* 176-177 を参照）、ツタンカーメンの妻アンクエスエンアメンの可能性が高いとする見かたもある。アンクエスエンアメンは「従者」、おそらく非王族のアイと結婚しなくてはならなかったからだ。私たちの知るかぎり、ネフェルトイティもメリトアテンも従者と結婚はしていない（Aldred, *Akhenaten, King of Egypt,* 297）。アクエンアテンの死後、娘であり妻だったメリトアテンは「従者」たる弟とのつながりを持ちたくないがために、女王として君臨したという説もある。それによると、ヒッタイトのツァナンツァがエジプトにやってきて、謎めいた短命のスメンクカーラーになったという（Gabolde, *D'Akhenaton à Toutânkhamon,* 187-191）。その証拠には多くの変更があり、混乱を招いている。

42　紀元前3世紀の神官で歴史家のマネトは、歴史的に正確な王名表——はみだし者も異端も全部含めた——の作者として知られるが、王名表自体は、時代が下った古典期の著作の引用でしか知ることはできず、在位30年10カ月のアメノフィスはアメンヘテプ3世と推察される。その次に登場する在位36年5カ月のオルスは、そのあとすぐアクエンアテンとなるアメンヘテプ4世だろう。次は「彼の娘アセンケレス」が12年1カ月、その弟ラソティスが9年在位したことになっている。もし「彼の娘アセンケレス」がネフェルトイティのことならば（とくに彼女の即位名はアンクケペルウラーであるので）、ラソティスはツタンカーメンと同定しうる。ラソティス以降の王は、アセンケレス1世と2世という2人の男性の王であり、アイとホルエムヘブのことかもしれない。マネトが残した女性の権力の歴史は、われわれがアマルナ時代について知っていることとよく合致する。Waddell, *Manetho,* 102-103 を参照。

43　額にコブラとハゲワシの王章があしらわれているほかの唯一の例は王妃で、具体的にはアブ・シンベル小神殿にある第19王朝のネフェルトイリである。(C. Desroches-Noblecourt and C. Kuentz, *Le Petit Temple d'Abou Simbel,* 2 volumes. [Cairo: Ministère de la Culture/ Centre de documentation et d'étude sur l'ancienne Égypte, 1968]); Marco Zecchi, *Abu Simbel: Aswan and the Nubian Temples* (Cairo: The American University in Cairo Press, 2004)

37 Norman de Garis Davies, *The Rock Tombs of el Amarna* (London: Egypt Exploration Fund, 1903)を参照。墓は治世12～15年に建立されているが、装飾は後年に追加もしくは変更されてきた。治世15年よりあとに、テル・エル=アマルナで建築や装飾が新たに行われたかどうかについては、ほとんどの研究者は懐疑的であり、少なくともそれを示す証拠はない。ただし、ネフェルネフェルウアテンがスメンクカーラーになった治世17年に、メリラー(2世)の墓が変更されていたとしたら、変更後の浮き彫りは上記の主張と合致する。さもないと、女性のスメンクカーラー像は、この王の治世がアマルナ在住時、すなわちアクエンアテンの治世中だったことになり、矛盾が生じる。

38 ツタンカーメンの多数の彫像およびアイやホルエムヘブの彫像を新たに分析したところ、スメンクカーラーもしくはそれ以前のほかの王が依頼した可能性が明らかになった。ツタンカーメンの副葬品が、前の時代の王のためにつくられたという近年の分析とも一致する。ツタンカーメンもしくはアイとされるカイロの巨像(JE 59869)は、本来はアメンヘテプ3世の像だったが、おそらくスメンクカーラー王になったネフェルトイティが彫り直しを命じたものだと筆者は考える。唇の濃赤色は、ベルリンにあるネフェルトイティの胸像の唇と同じ色だ。鼻の部分に修正が加えられている点も、ベルリンの胸像と似ている。この彫像にはホルエムヘブのカルトゥーシュが彫られているが、様式から判断するとツタンカーメン時代のものだ。

39 ただしHawass, Gad, and Ismail, "Ancestry and Pathology in King Tutankhamun's Family"も参照。それによるとDNA解析の結果、「若いほうの淑女」と呼ばれるミイラはネフェルトイティであり、ツタンカーメンとの一致も見られるという。

40 ツタンカーメンの墓には、ネフェルネフェルウアテンとスメンクカーラーとの密接な関係を示す証拠もある。たとえば球形の花瓶(JE 62172)にはアクエンアテンとスメンクカーラーの二重名が彫られ、ツタンカーメンの(祖)母と父を際だたせている(*Horst Beinlich and Mohamed Saleh, Corpus der Hieroglyphischen Inschriften aus dem Grab des Tutanchamun* [Oxford, UK: Griffith Institute, 1989])。ほかにも棺やマスク、臓器を入れる内棺などから、アンクケペルウラー・ネフェルネフェルウアテンのものを再利用したことがうかがえる。ツタンカーメンの黄金の玉座も、アクエンアテンの治世終盤から持ち主が代わるとそれに合わせて装飾に手を加えられ、一種の考古学的層位になっている。ニコラス・リーブスは、2014年6月19日にエジプトにあるニューヨーク大学アメリカ研究センターで行った「ツタンカーメンの黄金の玉座」と題する講演で、再利用の事実を立証している。リーブスの主張では、玉座はもともとアクエンアテンの妻ネフェルトイティ・ネフェルネフェルウアテンのためにつくられたが、その後共同統治者であるアンクケペルウラー・ネフェルネフェルウアテン用に変更が加えられた。さらに次王アンクケペルウラー・スメンクカーラーが単独王になったときの玉

34 アクエンアテンの墓はすでに散逸しており、また王がテル・エル=アマルナからテーベに移送されたことはほぼ確実だ。多くの副葬品が、とくにKV（王家の谷、King's Valleyの頭文字）55で発見されている（M. R. Bell, "An Armchair Excavation of KV 55," *Journal of the American Research Center in Egypt* 27 [1990]: 97-137を参照）。ザヒ・ハワスが示すように、アクエンアテンの遺体がKV55で発見された可能性もある。Hawass, Gad, and Ismail, "Ancestry and Pathology in King Tutankhamun's Family"を参照。

35 米国学派の第一人者はジェームズ・P・アレン（"The Amarna Succession," in Brand, ed., *Causing His Name to Live*）だ。英国学派の代表はニコラス・リーブス（*Akhenaten: Egypt's False Prophet*）だが、エイダン・ドドソンはアマルナの歴史と継承についてリーブスとは異なる立場をとっている（*Amarna Sunrise* [Cairo: The American University in Cairo Press, 2014]; *Amarna Sunset* [Cairo: The American University in Cairo Press, 2009]）。フランス学派を率いるのはドミトリ・ラボリー（*Akhenaton*）で、マルク・ガボルド（*D'Akhenaton à Toutânkhamon*）の影響が大きい。

36 スメンクカーラーとネフェルトイティを同一視するエジプト学者はほとんどいないが、例外として知られるのがニコラス・リーブスである。ジェームズ・アレン（"The Amarna Succession"）やエイダン・ドドソン（*Amarna Sunset*）を含むエジプト学者の大半は、スメンクカーラーとネフェルネフェルウアテンは別人だと考える。だがスメンクカーラーがネフェルトイティでないとしたら、アンクケペルウラーという同じ即位名を持つ王が2人存在し、その2人が「王の偉大なる妻」メリトアテンを共有していたことになる。
ネフェルネフェルウアテンとスメンクカーラーの順序をめぐっても意見が大きく分かれており、ドドソンはネフェルネフェルウアテンはスメンクカーラーよりあとで、その逆はないと考える。いっぽうネフェルネフェルウアテンが先に即位した説を展開するのはリーブスで、ツタンカーメンの副葬品はネフェルネフェルウアテンの再利用であることから、ネフェルネフェルウアテンはスメンクカーラーに名前を変えたとき、自分用の副葬品を処分してもっと良いものに取りかえたのだという。その墓自体がまだ特定されていないため、新しいほうの副葬品は当然見つかっていない。Reeves, "The Burial of Nefertiti?" *Amarna Royal Tombs Project, Occasional Paper No.1* (2015)とReeves, "Tutankhamun's Mask Reconsidered," *Bulletin of the Egyptological Seminar* 19 (2015): 511-526を参照。2018年5月、フランチェスコ・ポルチェリ率いるイタリア調査団が行ったツタンカーメン墓の3回目のレーダー調査は、リーブスが主張する隠し部屋は存在しないと結論づけた。2017年春に電気抵抗トモグラフィー（ERT）を用いて実施した調査で、空間が検知できなかったためである。ただし第3回調査では、英国の調査団がより強力な長波長技術も使用しており、その結果は本稿執筆時点（2018年7月）でまだ発表されていない。したがってリーブス説に判定を下すのは尚早である。

“Neferneferuaten,” *Göttinger Miszellen* 4 (1973): 15-17

26 Reeves, *Akhenaten: Egypt's False Prophet*, 172-173

27 ユニバーシティ・カレッジ・ロンドンのピートリー・エジプト考古学博物館にあるこの石碑（UC 410）については、James P. Allen, “The Amarna Succession,” in *Causing his Name to Live: Studies in Egyptian Epitraphy and History in Memory of William J. Murnane*, edited by P. Brand (Leiden, Netherlands: Brill, 2009), 9-20を参照。

28 Arielle Kozloff, “Bubonic Plague in the Reign of Amenhotep III?,” KMT (2006): 36-46

29 Laboury, *Akhenaton*, 325

30 ニコラス・リーブスは次のように述べている。「煽動的な品々の所有が発覚するのを恐れ、アメン神の名前に通じる3つの記号は、それが過去の王の誕生名を囲む小さなカルトゥーシュ内にあるものでも、すべてたがねややすりで削りとられた。恐怖が先立つ自己検閲とおもねるような忠誠心は、この国を疑心暗鬼が支配しつつあったことを物語る」。*Akhenaten: Egypt's False Prophet*, 154

31 Ibid., 155, W. G. Waddell, *Manetho* (London: W. Heinemann Ltd., 1940), 131

32 共同統治王ネフェルトイティが、アケトアテンと従来の拠点であるテーベを行き来していたことをうかがわせる証拠がある。テーベ西部のパウアフの墓（テーベ岩窟墓第139号）に残る、ネフェルネフェルウアテン王治世3年に書かれたグラフィティには彼女が単独で登場しており、共同統治3年もしくはその後の単独統治3年のどちらかの時点で、アメン信仰がテーベでふたたび認められたことを示唆している。グラフィティの内容は、カルナク神殿にひそみしアメン神の賛歌で、エジプトの民の深い悲嘆を記録している。一部を以下に記す。「ああ、連続の主よわれらのもとにお戻りください。あなたはすべてが存在する前からここにあり、すべてが消えたあともここにあります。あなたによって暗闇がもたらされ、あなたがともした明かりのおかげであなたを見ることができます。あなたの魂は永遠で、その美しくいとおしい顔も衰えを知らず、かなたから現れたあなたは、しもべである書記のパウアフにその姿を見せてくださるのです」。これは明らかに、アクエンアテンの治世終盤の紀元前1338年に起きた日食のことであり、テーベの隠れし神アメンが太陽を消したと示唆している。アクエンアテンの信仰は、民ではなく天体それ自体から公然と非難されたわけで、おそらく王は立ちなおることができなかったと思われる。文章の英訳はMurnane, *Texts from the Amarna Period in Egypt*, 207-208を参照。

33 王族の年齢推定はLaboury, *Akhenaton*, 329を参照。

16 アマルナ文書に関しては以下を参照。William L. Moran, *The Amarna Letters* (Baltimore: Johns Hopkins University Press, 1992); Anson F. Rainey, *The El-Amarna Correspondense: A New Edition of the Cuneiform Letters from the Site of El-Amarna Based on Collations of All Extant Tablets*, edited by William M. Schniedewind and Zipora Cochavi-Rainey; Handbook of Oriental Studies, section I: "The Near and Middle East," Volume 110 (Leiden and Boston: Brill, 2014)

17 石碑はパセルという名の軍人によってつくられた。詳細は以下を参照。Reeves, *Akhenaten: Egypt's False Prophet*, 167-168　アクエンアテンが同性愛者だったという誤った説は、J. R. Harris, in "Nefertiti Rediviva," *Acta Lrientalia* 35 (1973): 5-13 で修正されている。

18 「ファラオ中心主義」については Dmitri Laboury, *Akhenaton* (Paris: Pygmalion 2010), 236 を参照。

19 夫婦の寝床が神聖な儀式の場だったという考えについては、Laboury, *Akhenaton*, 232 を参照。

20 Stevens, Dabbs, and Rose, "Akhenaten's People"

21 廷臣たちの地所は正式な配置が決まっていたわけではなく、各自に自由に決めさせ、住居や工房が自然に発展していくのにまかせたようだ。Kemp, *The City of Akhenaten and Nefertiti* を参照。それでも Laboury, *Akhenaton*, 265 によると、アマルナの特徴はパリというよりベルサイユに近いという。

22 Reeves, *Akhenaten: Egypt's False Prophet*, 160

23 アクエンアテンの娘たちは「王の偉大なる妻」という称号を授かっているが、これが性的関係を意味しているかどうかは議論がある。ただの名前だけで実際の行為はなかったと考える研究者もいる（たとえば Gay Robins, *Women in Ancient Egypt* [London: British Museum Press, 1993], 21-27）。しかし筆者は、古代エジプトにおける結婚は宗教的な通過儀礼ではなく、性的なものだったと考える。王族にとって、男性と女性の結婚は子孫を残すための性的交合だった。

24 たとえば Marc Gabolde, *D'Akhenaton à Toutânkhamon* (Lyon, France: Université Lumière-Lyon 2, Institut d'Archéologie et d'Histoire de l'Antiquité, 1998), 171 を参照。

25 ニコラス・リーブスは、ほとんどのエジプト学者が顧みなかったこの関係を、1912年にアンリ・ゴーティエが最初に結びつけ、1973年にジョン・R・ハリスが証明したと指摘する。Reeves, *Akhenaten: Egypt's False Prophet*, 170　J.R. Harris,

にも、人びとが自分に反対することを言ったと記録している。神官の介入や、宮廷人の誤った助言も批判して、この種の出すぎた行為には祖先も悩まされたことを匂わせている。アメンヘテプ4世は、面倒な助言者に苦労していたのは自分だけではないと強調したかったのだろう。石碑に「不快な言葉」として記されている軋轢は、旧弊な神々の牙城から出てくるものだったにちがいない。結局アメンヘテプ4世は、「不快な言葉」や疑念の表明に嫌気がさして、アテン神の複合施設に注いだ時間と労力をすべて放棄したのだろう。境界碑の碑文の英訳は以下を参照。William J. Murnane, *Texts from the Amarna Period in Egypt*, Writings from the Ancient World Series (Atlanta: Society of Biblical Literature, 1995),73-81

11 ただしジャクリーン・ウィリアムソンは、その後につくられたものとちがって、単独での表現は権力を持たないことを意味していると解釈する。Jacquelyn Williamson, "Alone before the God: Gender, Status and Nefertiti's Image," *Journal of the American Research Center in Egypt* 51 (2015): 179-192

12 たとえば以下を参照。Jan Assmann, "Semiosis and Interpretation in Ancient Egyptian Ritual," in S. Biderman and B. Scharfstein, *Interpretation in Religion* (Leiden, New York, and Cologne: Brill, 1992), 87-109

13 トトメス3世はメギドの戦いをはじめとするアジア遠征の模様を、カルナク神殿の第6塔門裏の2面の壁に記録している。それによると、敵陣に直接乗りこむ狭い道と、接近戦を回避できる道のどちらを行くべきか王がたずねたところ、助言者たちは正面衝突を恐れて狭い道を選ばないよう進言した。しかし王は助言を聞きいれず、その狭い道で敵と対峙するばかりか、自分が軍勢を率いて戦いに臨むと宣言した。メギドの戦いに関するトトメス3世の逸話は以下を参照。Miriam Lichtheim, *Ancient Egyptian Literature*, Volume II: *The New Kingdom* (Berkeley, Los Angeles, and London: University of California Press, 1976), 29-35

14 アクエンアテンが新都に移った時期に関して、現在わかっていることの大半は、治世5年から治世8年までの境界碑が情報源だが、場所を決めてすぐに移転し最初の石碑をつくったのか、それとも都市が建設されるまで待ったのかは議論が分かれる。Murnane, *Texts from the Amarna Period in Egypt*, 73-87を参照。新都全体についてはBarry Kemp, *The City of Akhenaten and Nefertiti: Amarna and Its People* (New York: Thames & Hudson, 2012)を参照。

15 アマルナの墓地の考古学的調査にもとづいた報告は以下を参照。Anna Stevens, Gretchen Dabbs, and Jerome Rose, "Akhenaten's People: Excavating the Lost Cemeteries of Amarna," *Current World Archaeology*, no.78 (2016); Anna Stevens, Mary Shepperson, and Anders Bettum, "The Cemeteries of Amarna," *Journal of Egyptian Archaeology* 101 (2015): 17-34

Aesthetics?" http://www.hepture.com/Marfans.html にまとめられている。

7 Zahi Hawass, Yehia Z. Gad, and Somaia Ismail, "Ancestry and Pathology in King Tutankhamun's Family," *Journal of the American Medical Association* 303, no.7 (2010): 638-645

8 Dorothea Arnold, J. P. Allen, and L. Green, *The Royal Women of Amarna: Images of Beauty from Ancient Egypt* (New York: Metropolitan Museum of Art, distributed by Harry N. Abrams, 1996)

9 誤解を避けるために書いておくが、アメンヘテプ4世の身体と顔のゆがみは、顔見せの窓のなかで明るい光を受けた姿を貴族たちに伝えるためだと筆者は解釈している。実際にアメンヘテプ4世は、王と王妃が顔見せの窓に姿を現し、背後から太陽がのぼる様子を模した奇妙な巨大彫像をいくつも新造させている。ネフェルトイティとおぼしき像は、裸で王杖と殻竿を持ち、胸と両腕にアテン神を示すカルトゥーシュがびっしり彫りこまれている。この彫像は王冠が破壊されているが、もし無傷であったら、ネフェルトイティはエジプトの女神テフヌトとして描かれ、カルナクの女神ムトのように二重王冠をいただいていたはずだ。Nicholas Reeves, *Akhenaten: Egypt's False Prophet* (London: Thames & Hudson, 2001), 165-166. 女性の描写であることを最初に提唱したのはジョン・R・ハリスだった。J. R. Harris, "Akhenaten or Nefertiti?" *Acta Orientalia* 38 (1977): 5-10 を参照。アクエンアテン像では光と運動も表現されているという同種の発想は、Montserrat, *Akhenaten: History, Fantasy and Ancient Egypt*, 48 および Erik Hornung's *Akhenaten and the Religion of Light* (Ithaca, N.Y.: Cornell University Press, 1999), 44 を参照。

10 軋轢に関して貴族が書きのこしたものはないが、王には口頭で伝えられていたのだろう。損傷の激しい最初期の境界碑には、「耳ざわりな」「不快な」言葉に対する王の反応があいまいな表現で記されている。「高官の口から、……の口から、……の口から、あるヌビア人の口から、何人かの口から、[私の] 父をおとしめる報告を聞いたなら…… [それは] 不快なものだった……」。さらに王は、父なるアテン神の意志のほかに、都をどこに置くか誰も進言しないのはなぜかと続けている。「わが父であるアテンが、それ [すなわち] アケトアテンに関して私に助言してくれた。だがアケトアテンを遠く離れたこの地につくる [計画を] 私に伝える高官はついぞいなかった……」。さらに王の言葉は続く。「王の第1の妻が『アケトアテンに適した場所がほかにあります』と言うでもなし、私も彼女の言葉に耳を傾けるでもない。懇意の高官にしろ、遠まきの高官にしろ、あるいは侍従にしろ、国じゅうのいかなる者も、私の前で『アケトアテンに適した場所がほかにあります』と言うでもなし、私も彼らの言葉に耳を傾けるでもない……」。こうした境界石碑はおおむね王の一人称で書かれ、治世4年と治世3年とそれ以前、さらには前王であるトトメス3世とトトメス4世の治世

第4章　ネフェルトイティ

1　アメンヘテプ3世の共同統治者だった期間は研究者のあいだで意見が分かれる。わずか数年だったという説もあれば（William J. Murnane, *Ancient Egyptian Coregencies* [Chicago: The Oriental Institute of the University of Chicago, 1977], 123-169; 231-233)、少なくとも7年続いたという説もある（Jamse Allen, "Further Evidence for the Coregency of Amenhotep III and IV?" *Göttinger Miszellen* 140[1994]: 7-8)。さらには遷都後までの12年の長きにわたったとする説もある (Ray Johnson, "Images of Amenhotep III in Thebes: Styles and Intentions," in *The Art of Amenhotep III: Art Historical Analysis*, edited by L. M. Berman [Cleveland: Cleveland Museum of Art; University of Indiana Press, 1990], 26-46)。この問題に関する包括的な議論は以下を参照。James Allen, William Murnane, and Jacobus van Dijk, "Further Evidence for the Coregency of Amenhotep III and IV: Three Views on a Graffito Found at Dahshur," *Amarna Letters* 3 (1994): 26-31. 共同統治は短期・中期説を支持する研究者が大半だが、この章の意図からはずれるため、意見の分かれる話題に関して筆者は中立の立場をとっている。共同統治の期間がいずれであっても、ネフェルトイティに関して筆者が展開する主張と多くの点で矛盾はない。

2　Betsy M. Bryan, "The Statue Program for the Mortuary Temple of Amenhotep III," in *The Temple in Ancient Egypt*, edited by Stephen Quirke (London: British Museum Press, 1997), 57-81

3　Dimitri Laboury, *Akhenaton and Ancient Egypt in the Amarna Era* (Cambridge, UK: Cambridge University Press, 2017), 224を参照。

4　Claude Traunecker, "Nefertiti, la Reine sans Nom," in *Akhenaton et l'Epoque Amarnienne*, edited by Thierry-Louise Bergerto (Paris: Khéops; Centre d'égyptologie, 2005), 135-144

5　この奇抜な発想は、Laboury, *Akhenaton and Ancient Egypt in the Amarna Era*, 232を参照。

6　シリル・アルドレッドはアクエンアテン（アメンヘテプ4世）がフレーリッヒ症候群だったと考えている（Cyril Aldred, *Akhenaten, King of Egypt* [London: Thames & Hudson, 1988])。アルウィン・L・バリッジはマルファン症候群説を提唱する (Alwin L. Burridge, "Did Akhenaten Suffer from Marfan's Syndrome?" in *Akhenaten Temple Project Newsletter* no.3 [September 1995]: 3-4)。ドミニク・モントスラットは、アクエンアテンの身体変形は文字どおりではなく、男性でもあり女性でもあったアクエンアテンの比喩だったと主張する（Dominic Montserrat, *Akhenaten: History, Fantasy and Ancient Egypt* [London and New York: Routledge, 2001] を参照)。医学とエジプト学を融合させたこれらの理論は、Megaera Lorenz, "The Mystery of Akhenaten: Genetics or

34 Cooney, *Woman Who Would Be King*, 176-179

35 Lana Troy, *Patterns of Queenship in Ancient Egyptian Myth and History* (Uppsala, Sweden: Acta Universitatis Upsaliensis, 1986)

36 ハトシェプストが手本とした、セベクネフェルウら中王国の慣習に関しては以下を参照。Julia Budka, “Amen-Em-Hat IV, Neferu-Sobek und das Ende des Mittleren Reiches,” *Kemet* 9, no.3 (2000): 16-19; Dimitri Laboury, “How and Why Did Hatshepsut Invent the Image of Her Royal Power?,” in *Creativity and Innovation in the Reign of Hatshepsut*, Stuidies in Ancient Oriental Civilization (Chicago: Oriental Institute/ University of Chicago, 2014), 49-92

37 とくに以下を参照。Betsy M. Bryan, “Administration in the Reign of Thutmose III,” in *Thutmose III: A New Biography*, edited by Eric H. Cline and David O'Connor (Ann Arbor: University of Michigan Press, 2006), 101-107; Anthony Spalinger, “Covetous Eyes South: The Background to Egypt's Domination in Nubia by the Reign of Thutmose III,” in Cline and O'Connor, eds., *Thutmose III*, 344-369

38 Warburton, *Architecture, Power and Religion*; Alexandra V. Mironova, “The Relationship between Space and Scenery of an Egyptian Temple: Scenes of the Opet Festival and the Festival of Hathor at Karnak and Deir El-Bahari under Hatshepsut and Thutmose III,” *MOSAIK*, no.1 (2010): 279-330

39 Z. Wysocki, “The Upper Court Colonnade of Hatshepsut's Temple at Deir El-Bahari,” *Journal of Egyptian Archaeology* 4, nos. 2/3 (1917): 107-118

40 Howard Carter, “A Tomb Prepared for Queen Hatshepsut and Other Recent Discoveries at Thebes,” *Journal of Egyptian Archaeology* 4, nos. 2/3 (1917): 107-118

41 Christian E. Loeben, *Beobachtungen zu Kontext und Funktion Königlicher Statuen im Amun-Tempel von Karnak* (Leipzig, Germany: Wodke und Stegbauer, 2001). Karl H. Leser のウェブサイト “Maat-ka-Ra Hatshepsut,” http://maat-ka-ra.de/ の第 8 塔門にある巨大な彫像も参照。

42 Ann Macy Roth, “Erasing a Reign,” in Roehrig, ed., *Hatshepsut: From Queen to Pharaoh*, 277-284

43 Tim Murphy and Tasneem Raja, “Ladies Last: 8 Inventions by Women That Dudes Got Credit For,” *Mother Jones* (October 2013), http://motherjones.com/media/2013/10/ada-lovelace-eight-inventions-women-erasure-credit

in the Mediterranean 16 (2004): 223-237

21 Dorman, “The Early Reign of Thutmose III”; Peter F. Dorman, “Hatshepsut: Princess to Queen to Co-Ruler,2 in Roehrig, ed., *Hatshepsut: From Queen to Pharaoh*, 87-90; Keller, “The Statuary of Hatshepsut,” 158-172

22 このテキストはハトシェプストの赤い祠堂での戴冠に言及した部分に見られる。英訳は以下にもとづいている。Warburton, *Architecture, Power and Religion*, 229. 以下も参照。*La Chapelle Rouge: Le Sanctuaire de Barque D'hatshepsout*, volume I (Paris: Éditions Recherche sur les Civilisations, 2006). 彼女の戴冠はデル・エル=バハリにある数百万年の神殿と、ブヘン神殿にも描かれている（ナセル湖がつくられたあと、ハルトゥームにあるスーダン国立博物館に復元された）。

23 Warburton, *Architecture, Power and Religion*, 229-230

24 J. P. Allen, “The Role of Amun,” in Roehrig, ed., *Hatshepsut: From Queen to Pharaoh*

25 David Loades, *Elizabeth I: The Golden Reign of Gloriana* (London: The National Archives, 2003), 36-37

26 Rory McCarthy, “I Never Asked for Power,” *The Guardian*, August 14, 2002, https://www.theguardian.com/world/2002/aug/15/gender.pakistan

27 Johnathan Van Meter, “Her Brilliant Career,” *Vogue*, December 2009

28 英訳は Lichtheim, *Ancient Egyptian Literature*, Volume II, 28 にもとづいている。

29 英訳は Allen, “The Role of Amun,” 84 に拠っている。

30 Roehrig, ed., *Hatshepsut: From Queen to Pharaoh*, 99

31 建設作業の断片がわずかに残っているのみだが、以下の文献ではこの動機が示唆されている。Luc Gabolde, *Monuments Decorés en Bas Relief, aux Noms de Thoutmosis II et Hatchepsout à Karnak* (Le Caire, France: Institute français d'archéologie orientale, 2005)

32 Sethe, *Urkunden Der 18. Dynastie*

33 センエンムトという謎に包まれた人物をめぐるさまざまな説は、Peter F. Dorman, *the Monuments of Senenmut: Problems in Historical Methodology* (New York: Kegan Paul International, 1988) を参照。

11 ホルスとセトの物語に関しては、Miriam Lichtheim, *Ancient Egyptian Literature*, Volume II: *The New Kingdom* (Berkeley, Los Angeles, and London: University of California Press, 1976) を参照。

12 この英訳はJames Henry Breasted, *Ancient Records of Egypt*, volume 2 of 5 volumes (Chicago: University of Chicago Press, 1906) に拠っている。

13 新しい記念物を建てた男性たちの概要は以下を参照。Betsy Bryan, "Administration in the Reign of Thutmose III," in Cline and O'Connor, eds., *Thutmos III*

14 ハトシェプストの摂政をめぐる議論については以下を参照。Peter F. Dorman, "The Early Reign of Thutmose III: An Unorthodox Mantle of Coregency," in Cline and O'Connor, eds., *Thutmose III*; A. C. Keller, "The Joint Reign of Hatshepsut and Thutmose III," in Roehrig, ed., *Hatshepsut: From Queen to Pharaoh*

15 David A. Warburton, *Architecture, Power and Religion: Hatshepsut, Amun & Karnak in Context* (Zurich: LIT Verlag, 2012)

16 Roehrig, ed., *Hatshepsut: From Queen to Pharaoh*, 88

17 テーベに関しては以下を参照。Luc Gabolde, "Hatshepsut at Karnak: A Woman under God's Commands," in *Creativity and Innovation in the Reign of Hatshepsut*, edited by Jose Galan, Betsy M. Bryan, and Peter F. Dorman, volume 69: *Studies in Ancient Oriental Civilization* (Chicago: The Oriental Institute of the University of Chicago, 2014), 33-48

18 この碑文に関しては以下を参照。英訳はこれに拠っている。Labib Habachi, "Two Graffiti at Sehel from the Reign of Queen Hatshepsut," *Journal of Near Eastern Studies* 16, no.2 (1957): 88-104

19 1933年にカルナク神殿でアンリ・シュバリエが発見したブロックを、デボラ・シーが写した模写を参照。Kara Cooney, *The Woman Who Would Be King: Hatshepsut's Rise to Power in Ancient Egypt* (New York: Crown Publishing Group, 2014) に収録。

20 ハトシェプストと彼女の記念物に関する議論は、以下を参照。Vanessa Davies, "Hatshepsut's Use of Tuthmosis III in Her Program of Legitimation," *Journal of the American Research Center in Egypt* 41 (2004): 55-66; Cathleen A. Keller, "The Statuary of Hatshepsut," in Roehrig, ed., *Hatshepsut: From Queen to Pharaoh*, 158-172; Christina Gil Paneque, "The Official Image of Hatshepsut during the Regency: A Policital Approximation to the Office of God's Wife," *Trabajos de Egiptologa* 2 (2003): 83-98; Roehrig, ed., *Hatshepsut: From Queen to Pharaoh*; Zbigniew E. Szafranski, "Deir El-Bahari: Temple of Hatshepsut," *Polish Archaeology*

edited by Catherine H. Roehrig (New Haven and London: Yale University Press, 2006) を参照。

2 Anne K. Capel and Glenn E. Markoe, eds., *Mistress of the House; Mistress of Heaven: Women in Ancient Egypt* (New York: Hudson Hills Press, 1996)

3 Mariam F. Ayad, *God's Wife, God's Servant: the God's Wife of Amun* (London and New York: Routledge, 2009)

4 再生の仕組みは謎に包まれているが、テーベのアメンが毎日太陽神として新しく生まれるには性的興奮が必要で、それを確実にするために「アメンの神妻」が存在する。エジプト全土の神殿でも、同じ務めを果たす名目の高位女神官はいたが、アメン神殿組織の拠点であるテーベは宗教的な権力の中心地だった。他の創造神との比較は以下を参照。J. P. Allen, *Genesis in Egypt: The Philosophy of Ancient Egyptian Creation Accounts*, Yale Egyptological Studies (San Antonio, Texas: Van Siclen Books for Yale Egyptological Seminar, Yale University, 1988)

5 神殿、儀式、神官の概要は以下を参照。B. E. Shafer, "Temples, Priests, and Rituals: An Overview," in *Temples of Ancient Egypt*, edited by B. E. Shafer (Ithaca, N.Y.: Cornell University Press, 1997)

6 G. Lecuyot and A. M. Loyrette, " La Chapelle de Ouadjmès: Rapport Préliminaire I," *Memnonia* 6 (1995): 85-93; G. Lecuyot and A. M. Loyrette, "La Chapelle de Ouadjmès: Rapport Préliminaire II," *Memnonia* 7 (1996): 111-122

7 G. Elliot Smith, *The Royal Mummies, Catalogue Général des Antiquités Égyptiennes du Musée du Caire Nos. 61051 - 61100* (Cairo: Institut Français d'Archéologie Orientale, 1912)

8 Kim Ryholt, "The Turin King-List," *Ägypten und Levant* 14 (2004): 135-155

9 Text de la Jeunesse とも呼ばれるトトメス3世を王に任命する神託に関しては以下を参照。Kurt Sethe, *Urkunden Der 18. Dynastie*, Band I, Urkunden des Ägyptischen Altertums IV (Leipzig, Germany: J. C. Hinrichsche Buchhandlung, 1906), 155-176; Piotr Laskowski, "Monumental Architecture and the Royal Building Program of Thutmose III," in David O'Connor, *Thutmose III: A New Biography*, edited by Eric H. Cline and David O'connor (Ann Arbor: University of Michigan Press, 2006), 184

10 Andreas Nerlich and Albert Zink, "Leben und Krankheit im Alten Ägypten," *Bayerisches Ärzteblatt* 8 (2001): 373-376 を参照。古代エジプトにおける出産と幼少期の詳細は J. J. Janssen and Rosalind Janssen, *Growing up in Ancient Egypt* (London: Rubicon Press, 1990) を参照。

18 Callender, "Materials for the Reign of Sebekneferu"

19 W. M. Flinders Petrie, *Kahun, Gurob, and Hawara* (London: Kegan Paul, Trench, Trubner, 1890), 8

20 Callender, "Materials for the Reign of Sebekneferu," 228; Sydney Aufrere, "Remarques sur la Transmission des Noms Royaux par les Traditions Orale et Écrite," *Bulletin de l'Institut Français d'Archéologie Orientale* 89 (1989): 12-13

21 ファイユームのセベク神を選択したのは計算のうえだった。キャレンダーは、ハトシェプストが自らの王権をテーベのアメン神に結びつけたことと対比させて、セベクネフェルウが経済的、理念的な理由からファイユームのセベク神を選んだと考える。Callender, "Materials for the Reign of Sobekneferu," 236

22 Ibid., 232; Thierry De Putter, "Les Inscriptions de Semna et Koumma (Nubie): Niveaux de Crues Exceptionnelles ou d'un Lac de Retenue Artificiel du Moyen Empire?," *Studien zur Altägyptischen Kultur* 20 (1993): 255-288

23 A. H. Gardiner, *Egypt of the Pharaohs: An Introduction* (Oxford, UK: Clarendon Press, 1961); N. Grimal, *A History of Ancient Egypt* (Oxford, UK, and Cambridge, Mass.: Blackwell, 1992), 171. セベクネフェルウの統治に関連する古い学説への反論は、Callender, "Materials for the Reign of Sebekneferu," 229 を参照。

24 W. M. Flinders Petrie, G. A. Wainwright, and E. Mackay, *The labyrinth Gerzeh and Mazghuneh* (London: School of Archaeology in Egypt, University College, 1912), 54. キャレンダーは、石棺の様式が第12王朝以降のものであり、ピラミッドが再利用された可能性を指摘している。Callender, "Materials for the Reign of Sobekneferu," 229

25 Christoffer Theis, "Die Pyramiden der 13. Dynastie," *Studien zur Altägyptischen Kultur* 38 (2009): 318-319

26 Ibid., 318; 当該の石碑はマルセイユにある（no.223）。

27 R. engelbach, *Harageh* (London: British School of Archaeology in Egypt, University College, 1923)

第3章　ハトシェプスト

1 この王家の家系も研究者によって解釈が分かれる。Ann Macy Roth, "Models of Authority: Hatshepsut's Predecessors in Power," in *Hatshepsut: From Queen to Pharaoh,*

Annales du Service des Antiquités de l'Égypte 52 (1954): 443-559 を参照。

12 メトロポリタン美術館が所蔵する緑の硬砂岩の小像（MMA 65.59.1）は、キャレンダーによるとセベクネフェルウのもので、セド祭のマントと独特のかつら、猛禽とコブラの頭飾りを着用しているという。ただしセベクネフェルウであると確定しているわけではなく、メトロポリタン美術館のキュレーター、イザベル・ステュエンケルはセベクネフェルウではなく第12王朝の別の女王だと考える（personal communication, 2017)。高い頬骨と大きな耳はベルリンの彫像と同じなので、同一人物の可能性もある。猛禽とコブラの頭飾りは支配一族のものだが、女性の王あるいは王妃かどうかは異論もある。キャレンダーは、もしこれがセベクネフェルウだとすれば、頭飾りは自分の統治の象徴として新たに考案したものであり、その後アクエンアテンと共同統治を行ったネフェルトイティが平たい青い冠をかぶったのと同様、独創性を発揮したのだと指摘する。

13 この彫像は、現在ボストン美術館にある玉座に腰かけた女性の脚の像とぴったり合う。玉座側面には上下エジプトを結びつける植物セマタウイの図柄が彫られており、これは王しか使うことができないため、セベクネフェルウの彫像と考える研究者もいる。以下を参照。V. G. Callender, "Materials for the Reign of Sebekneferu," in *Proceedings of the Seventh International Congress of Egyptologists, Cambridge, 3-9 September 1995*, edited by C. J. Eyre, Orientalia Lovaniensia Analecta (Leuven, Belgium: Peeters, 1998), 227-236

14 Roland J. Leprohon, "The Programmatic Use of the Royal Titulary in the Twelfth Dynasty," *Journal of the American Research Center in Egypt* 33 (1996): 165-171

15 Julia Budka, "Amen-Em-Hat IV, Neferu-Sobek und das Ende des Mittleren Reiches," *Kemet* 9, no.3 (2000): 17

16 Callender, "Materials for the Reign of Sobekneferu," 234, figure 2; Budka, "Amen-Em-Hat IV, Neferu-Sobek und das Ende des Mittleren Reiches," 17

17 セベクネフェルウがほんとうにアメンエムハト4世の姉妹であるかどうかは、研究者のあいだで議論になっている。セベクネフェルウが用いた称号は「王の娘」だけで、「王の姉妹」は一度も使っていないことから、アメンエムハト4世は王家外の人間で、王権の正統性と継続性のためにセベクネフェルウと結婚した疑いがぬぐえないのである。ただしこの説は、女性が死んだ父王の娘であれば王位に就く基盤は万全だが、死去した王の妻では基盤が弱いという重要な事実を見おとしている。ただしRyholt, *The Political Situation in Egypt During the Second Intermediate Period, c. 1800-1550 B.C.* も参照のこと。

Egyptian Archaeology 98 (2013): 43-54

5 Elfriede Haslauer, “Harem,” in *Oxford Encyclopedia of Ancient Egypt*, edited by Donald Redford (Oxford, UK: Oxford University Press, 2000). 以下も参照。Silke Roth, “Harem,” in *UCLA Encyclopedia of Egyptology* (Los Angeles: UCLA, 2012), http://escholarship.org/uc/item/1k3553r3?querty=harem

6 この主題に関する一般向けの論文は以下を参照。Eliza Lenz, “Ten Incendiary Facts about Incest,” *ListVerse* (May 24, 2014), https://lisetverse.com/2014/05/22/10-incendiary-factsl-about-incest/

7 ファラオ時代の古代エジプトの人骨を人口学的に分析しためずらしい研究は以下を参照。Eike-Meinrad Winkler and Harald Wilfing, *Tell El-Dab'a VI, Anthropologische Untersuchungen an den Skelettresten der Kampagnen 1966-69, 1975-80, 1985* (Vienna: Verlag der Österreichischen Akademie der Wissenschaften, 1991). 要約およびエジプト人と寿命に関する議論は以下を参照。http://www.reshafim.org.il/ad/egypt/people/index.html

8 Zahi Hawass, Yehia Z. Gad, and Somaia Ismail, “Ancestry and Pathology in King Tutankhamun's Family,” *Journal of the American Medical Association* 303, no.7 (2010): 638-647

9 宦官に関する最初の記述が見られるのはホラポロのヒエログリフィカで、むろんファラオ時代よりあとである。シチリアのディオドロスも去勢に言及している（*Bibliotheca Historica*, Book I)。新王国に伝わる「2人の兄弟の物語」では、バタ神が自らの陰茎（睾丸ではない）を切りおとすが、これは宗教的な意味であり、現実世界における社会統制手段ではない。バタ神の切断に関しては、Miriam Lichtheim, *Ancient Egyptian Literature*, Volume II: *The New Kingdom* (Berkeley, Los Angeles, and London: University of California Press, 1976), 203-211 の物語を参照。

10 筆者はヘテプティに「王の妻」の称号がなくても、妻でないとはかぎらないと考える。若くて立場の劣る妻だったかもしれないし、死んだ王ではなく現王とのつながりを示す称号のほうが好都合だったのかもしれない。アメンエムハト4世が王の息子でなかったという主張に関しては、以下を参照。Kim Ryholt, *The Political Situation in Egypt During the Second Intermediate Period, c.1800-1550 B.C.*, Carsten Niebuhr Institute Publications (Copenhagen: Museum Tusculanum Press, 1997), 209-213

11 のちにヒクソスの都になったテル・エル=ダバアでは、玄武岩でつくられたセベクネフェルウの等身大の彫像が3体見つかっている。2体は座位で、ひとつはひざまずいて壺を両腕で抱えている。Labib Habachi, “Khatâ'na-Qantîr: Importance,”

30 Pierre Tallet, *Zone Minière Pharaonique du Sud Sinaï I, Catalogue Complémentaire des Inscriptions du Sinaï* (Cairo: Institut français d'archéologie orientale du Caire, 2012), 16-18, nos. 1-3

31 パレルモ・ストーンはデン王の治世を42年としている。以下を参照。Wolfgang Helck, *Untersuchungen zur Thinitenzeit*, volume 35: Ägyptologische Abhandlungen (Wiesbaden, Germany: Harrassowitz Verlag, 1987). Hsu, "The Palermo Stone" も参照。

32 Bestock, *Development of Royal Funerary Cult at Abydos*, 38

第2章　セベクネフェルウ

1 紀元前3世紀のギリシャの学者エラトステネスは、ニトクリスはテーベを6年間支配した22番目の統治者で、〈アテーナーは勝利する〉という意味の名前を持つ女王のことだと指摘している。ニトクリスとは〈ネイト神はすばらしい〉という意味なので近いものがある。だがもっと有力なのは、トリノ王名表にその名があると思われることだ。ほかの王と同様カルトゥーシュに囲まれて上下エジプトの王と記され、「2年と1月と1日」のあいだ王だったと説明がある。トリノ王名表は残念ながら断片しか残っておらず、エジプト学者は特定に余念がない。Kim Ryholt, "The Turin King-List," *Ägypten und Levante* 14 (2004): 135-155 を参照。

2 第12王朝を開いたアメンエムハト1世、第18王朝最後のホルエムヘブ、第19王朝初代の王であるラメセス1世など、強い男性が道を切りひらいた例もある。そのひとりホルエムヘブは軍人として、また政治家として優れていたが、王朝を継続できなかった。そのあとに新しい王朝を開いたのがラメセス1世である。

3 初期の王朝にそうした制度があったことを疑問視する研究者もいるが（V. Callender, *In Hathor's Image: The Wives and Mothers of Egyptian Kings from Dynasties I – IV* [Prague: Czech Institute of Egyptology, 2011] を参照）、王には数多くの妻がいて、墓所や神殿の浮き彫りに記録されている。制度あるいは組織としての「ハーレム」は論争の的で、ひとりの男性に奉仕することを女性に強いるべきではないという見解が持ちだされる。筆者はハーレムが不平等を助長することを否定するものではないが、世襲王制に利点があることも事実だろう。エジプトのハーレムはトルコや中国と異なると思われるが、妊娠できる若い女性をたくさん集め、王に子どもをもうけさせて次世代につなげる戦略であることに変わりはない。

4 古王国および中王国時代のハーレムは残っておらず、ハーレムに関係していた役人の文書に記載されているだけである。ただし新王国になると、ファイユーム盆地にメディネト・グローブと呼ばれるハーレム宮殿のような場所があった可能性がある。Ian Shaw, "The Gurob Harem Palace Project, Spring 2012," *Journal of*

19 Emery, *Excavations at Saqqara*, 108

20 人身御供になった者の名前は、墓に置かれた小さな墓標か、壁に赤い塗料で記されている。ピートリーの刊行物に収録されている墓標の一覧を見ると――名前と男女の別を示す記号がぞんざいに書かれている――多くの命が失われたことが痛切に伝わってくる。先史時代の埋葬と同様に胎児姿勢で正方形の木棺に安置された。木棺を満たすのは、人身御供を強いたことを償うかのように最後に流しこまれた清浄な白砂だ。Petrie, *Royal Tombs of the First Dynasty*, Part I, plates XXI-XXXVI

21 Petrie, *Royal Tombs of the First Dynasty*, Part I, plate IV

22 Hsu, "The Palermo Stone"

23 墓標が最初に公表されたのはPetrie, *Royal Tombs of the First Dynasty*, Part I, II。

24 Petrie, *Tombs of the Courtiers and Oxyrhynkhos*; T. E. Peet, *Cemetreries of Abydos 2* (London: Egypt Exploration Fund, 1914), 31-32; Bestock, *Development of Royal Funerary Cult at Abydos*, 48

25 このマスタバはエメリーによってサッカラ3503号墓と番号が振られている。*Emery, Excavations at Saqqara*, 139-158

26 Bestock, *Development of Royal Funerary Cult at Abydos*, 39

27 この分析に関しては以下を参照。Joyce A. Tyldesley, *Chronicle of the Queens of Egypt: From Early Dynastic Times to the Death of Cleopatra*, The Chronicles Series (London: Thames & Hudson, 2006), 26-29. ネイトヘテプに関する新発見に関しては以下を参照。Owen Jarus, "5,000-Year-Old Hieroglyphs Discovered in Sinai Desert," http://www.livescience.com/53405-wadi-ameyra-photos.html

28 Silke Roth, *Die Königsmutter des Alten Ägypten von der Frühzeit Bis zum Ende des 12. Dynastie*, volume 46: Ägypten und Altes Testaments: Studien nzur Geschichte, Kultur und Religion Ägyptens und des Alten Testaments (Wiesbaden, Germany: Harrassowitz Verlag, 2001), 377

29 これが描かれているのが通称マクレガー・ラベルである。R. B. Parkinson et al., *Cracking Codes: The Rosetta Stone and Decipherment* (New York: California Press, 1999), 74; A. J. Spencer, *Early Dynastic Objects, Catalogue of the Egyptian Antiquities in the British Museum* (London: British Museum Press, 1980), 65, object no. 460

学的調査が必要だとしている。John Galvin, "New Evidence Shows That Human Sacrifice Helped Populate the Royal City of the Dead," *National Geographic* (April 2005), http://ngm.nationalgeographic.com/ngm/0504/feature7/

9 Petrie, *Royal Tombs of the First Dynasty*, Part I を参照。

10 Bestock, *Development of Royal Funerary Cult at Abydos*, 49

11 Ibid., 34

12 Emile Amelineau, *Les Nouvelles Fouilles d'Abydos*, vol. 3, no. 1 (Paris: Leroux, 1904), 58, 104. Bestock, *Development of Royal Funerary Cult at Abydos*, 34

13 Bestock, *Development of Royal Funerary Cult at Abydos*, 56

14 ルーブル美術館のウェブサイトを参照。https://www.louvre.fr/en/oeuvre-notices/stele-serpent-king

15 パレルモ・ストーンにメルネイトの名があるかどうかは意見が分かれている。以下を参照。Shih-Wei Hsu, "The Palermo Stone: The Earliest Royal Inscription from Ancient Egypt," *Altorientalische Forschungen* 37, no.1 (2010), http://dx.doi.org/10.1524/aofo.2010.0006

16 Morris, "(Un)Dying Loyalty," 85. 葬祭周壁のまわりに埋葬されたのは男性が大多数で、墓の周囲に埋葬された従者は女性が大半だった。Morris, "Sacrifice for the State," 19. ロズリン・キャンベルが整理したアビドスの歴代王の人身御供の数は以下のとおり（個人的に入手）。

	墓	周壁	合計
ホル・アハ（アハ）	35	12	47
ジェル	318	269	587
ジェト	174	154	328
メルネイト王妃	41?	79	120?
デン	135	?	135

17 Morris, "(Un)Dying Loyalty," 85

18 Walter B. Emery, *Excavations at Saqqara: Great Tombs of the First Dynasty* (Oxford, UK: Oxford University Press, 1954)

一エジプトの最初期の王墓が数百もの墓をともなっていることから、人身御供は行われていたと考えられる。人身御供になったのは比較的健康な中年（しかもおおむね男性）が中心で、王が死ぬと従者はすべて道連れにされたようだ。キャンベルの研究は、それぞれの人物を特定し、統治者とともに埋葬されることになった経緯を探っている。彼らが死去した王の家族、とくに兄弟であることは証明できていないが、栄養状態が良好であることから支配階級に属していたと推察される。また若い男性の人身御供がめだつのは、新王の立場を脅かしかねない存在だったからと考えられる。

5 歴史研究者の多くは、欧州の長子相続制の概念をエジプト王朝の継承にもそのまま当てはめてはばからないが、記録から判断するに、残念ながら古代エジプトでは長子相続が徹底されていたわけではない。次の王をどうやって選んでいたかは、エジプト学でまだ決定的な答えの出ていない問題なのだ。王族と次代の王の選択に関しては以下を参照。Aidan Dodson and Dyan Hilton, *The Complete Royal Families of Ancient Egypt* (London and New York: Thames & Hudson, 2004)〔エイダン・ドドソン、ディアン・ヒルトン『エジプト歴代王朝史：全系図付』東洋書林、2012 年刊〕

6 第 1 王朝歴代の王の「ほんとうの」墓は、アビドスとサッカラのどちらなのか。これに関しては意見が分かれている。アビドスは王家の墓だけで、サッカラのマスタバ（ベンチ形の墓）は身分の高い貴族の墓だけだったというのが、多くのエジプト学者の考えだ。だがサッカラのマスタバにある人身御供の墓の大きさや配置を見ると、アビドスとサッカラはどちらも王家の何らかの施設のようでもあり、それぞれの墓所の性格や役割はわからないというのが正直なところだ。サッカラの墓の性格、それが王家の墓かどうかをめぐる意見の対立については以下を参照。V. Callender, *In Hathor's Image: The Wives and Mothers of Egyptian Kings from Dynasties I-IV* (Prague: Czech Institute of Egyptology, 2011), 34. 以下も参照のこと。Ellen Morris, "On the Ownership of the Saqqara Mastabas and the Allotment of Political and Ideological Power at the Dawn of the State," in *The Archaeology and Art of Ancient Egypt: Essays in Honor of David O'Connor*, edited by Zahi Hawass and Janet Richards (Cairo: American University in Cairo Press, 2007)

7 537 号墓の遺骨は膝を折り、かかとを臀部につけた状態で縛られ（Petrie, *Tombs of the Courtiers and Oxyrhynkhos* による）、大きな丸石の上でうつぶせになっていた。この体勢はとてもめずらしく、生きたまま投げこまれた可能性をピートリーは示唆している。頭を上げ、口の前に手を置いているのは、最後まで呼吸しようとした形跡だというのだ。ロズリン・キャンベルは、この点に関して Petrie に直接確認してくれた。

8 シアン化物による毒殺説を提唱したのはマシュー・アダムズだが、今後も考古

3　職場における女性に不利な評価について調べた社会学の研究を要約したニュース記事は、Kieran Snyder, "The Abrasiveness Trap: High-Achieving Men and Women Are Described Differently in Reviews," *Fortune*, April 26, 2014, http://fortune.com/2014/08/26/performance-review-gender-bias/ を参照。学生の研究評価の偏りに関するニュースレポートは、Laura Bates, "Female Academics Face Huge Sexist Bias — No Wonder There Are So Few of Them," *The Guardian*, February 13, 2015, https://www.theguardian.com/lifeandstyle/womens-blog/2015/feb/13/female-academics-huge-sexist-bias-studentsを参照。

第1章　メルネイト

1　古代エジプトの神官であり歴史家でもあったマネトは、紀元前3000年から300年までの30王朝の歴史を編纂している。くわしくはW.G. Waddell, *Manetho* (London: W Heinemann Ltd., 1940) を参照。

2　人身御供に関する情報は下記を参照。*Sacred Killing: The Archaeology of Sacrifice in the Ancient Near East*, edited by Anne M. Porter and Glenn M. Schwartz (Winona Lake, Ind.: Eisenbrauns, 2012); *Violence and Civilization: Studies of Social Violence in History and Prehistory*, edited by Roderick Campbell, Joukowsky Institute Publication 4 (Oxford, UK: Oxbow Books, 2014); *Material Harm: Archaeological Studies of War and Violence*, edited by John Carman (Glasgow, Scotland: Cruithne Press, 1997)

3　人身御供の遺体を王墓に埋葬する習慣は、メルネイトの祖父アハ王から始まった。少なくとも考古学的に確認できる規模で行ったのはアハ王が最初だ。第1王朝初代の王の埋葬では50人以上が犠牲になったほか、荷物運びや移動手段であるロバ、王の力と武勇を象徴する若い雄ライオン7頭も殺されたが、敵国の兵士が人身御供にされることはなかった。W. M. Flinders Petrie, *The Royal Tombs of the First Dynasty*, Part I (London: Gilbert & Rivington, 1900); W. M. Flinders Petrie, *Tombs of the Courtiers and Oxyrhynkhos* (London: British School of Archaeology in Egypt, 1925)

4　人身御供数百人の死亡時年齢と性別を分析した研究は以下を参照。Laurel Bestock, *The Development of Royal Funerary Cult at Abydos: Two Funerary Enclosures from the Reign of King Aha* (Wiesbaden, Germany: Harrassowitz Verlag, 2009), and Ellen Morris, "Sacrifice for the State: First Dynasty Royal Funerals and the Rites at Macramallaha's Rectangle," in *Performing Death: Social Analyses of Funerary Traditions in the Ancient Near East and Mediterranean*, edited by Nicola Laneri (Cicago: University of Chicago Press, 2007), 15-38, and "(Un)Dying Loyalty: Meditations on Retainer Sacrifice in Ancient Egypt and Elsewhere," in *Violence and Civilization: Studies of Social Violence in History and Prehistory*, Campbell, ed., 61-93.　数を正確に整理した研究はまだないが、UCLAの大学院生ロズリン・キャンベルが現在この課題に取りくんでおり、2020年に発表する予定だ。古代エジプトの人身御供に関しては異論も多く、供犠自体を否定する意見もあるが、統

原注

（ウェブサイトはその性質上、リンク切れの可能性があります）

はじめに

1　王になった女性たちの年代には約3000年の幅がある。なかには、女性が統治者になるのはある意味当然のことで、どの文明、帝国、近代国家でも、これだけ長い時間があれば6人ぐらい女性元首が出てもおかしくないと反論する向きもあるかもしれない。しかしまず最初に、そもそも地球上で、女性による支配をこれだけ受けいれた国は古代エジプト以外に見あたらない。世界のほかの地域では、女性が権力を持つことはあくまで単発の状況だ。選挙の結果、大統領や首相の座が女性に転がりこんできた、あるいは暗殺や内戦、外国からの脅威で男性が排除され女性が政治を行う道が開けた場合だ。次に、古代エジプトの3000年という時間こそが、権威主義的な体制の一部として女性による統治を組みこむというその特徴を表していると主張したい。そして最後に、古代エジプトの女性は王という最高位だけでなく、王妃、王女、女神官、女家長としても影響力を持っていたことを述べておきたい。

2　古代世界で女性が政治、軍事の最高位を公然と占めた例は、メソポタミア、レバント、アナトリア、ペルシャ、中国に見られるぐらいで、数は少なく、時代も離れている。しかも正式な称号を受けた者ばかりではない。紀元前26世紀、古代メソポタミアの都市国家キシュではクババ女王が王として国を治めていた。また紀元前9世紀の古代レバントでは、力を増していた新興のユダヤ教勢力が王政に不満を抱いて反乱を起こし、摂政もしくは女王として王家をつなごうとしたイゼベルとアタルヤ母娘が殺された（イゼベルは窓から突きおとされ、犬に食われた。アタルヤは死刑になった）。また古代ギリシャの歴史書には、不実で好色で、愛人を殺した女王セミラミスの逸話が記されている。彼女は幼い息子アダドニラリ3世の摂政を務めた。紀元前5世紀、アナトリア半島（現在のトルコ）のカリアでは、アルテミシアがギリシャの都市ハリカルナッソスの女僭主となった。彼女はペルシャのクセルクセス1世がギリシャに敗れたサラミス海戦に、ペルシャ側で参戦している。そして紀元前2世紀の中国に登場したのが呂后だ。最初は皇后として気弱な皇帝を操っていたが、皇帝の死後は皇太后となり、脅しに屈しやすい息子の恵帝を意のままに動かした。恵帝の死後はあらゆる手を講じて孫たちを玉座に据えている。その治世は16年におよび、ハトシェプストやクレオパトラと並び称される存在だ。その後中国では、7世紀に則天武后という女帝も出現した。自ら軍を指揮し、政治闘争にも身を投じた彼女たちは父権制の例外的存在として輝きを放っているが、その数は多くはない。

Chauveau, Michel. *Cleopatra: Beyond the Myth*. Ithaca, N.Y.: Cornell University Press, 2002.

Goldsworthy, Adrian. *Antony and Cleopatra*. London: Weidenfeld & Nicholson, 2010.〔エイドリアン・ゴールズワーシー『アントニウスとクレオパトラ　上・下』白水社、2016年刊〕

Hölbl, Günther. *A History of the Ptolemaic Empire*. London: Routledge, 2001.

Jones, Prudence J. *Cleopatra: A Sourcebook*. London: Haus Publishing, 2006.

Kleiner, Diana E. E. *Cleopatra and Rome*. Cambridge, Mass.: Belknap Press of Harvard University Press, 2005.

Lange, Carsten Hjort. "The Battle of Actium: A Reconsideration." *Classical Quarterly* 61, no. 2 (December 2011): 608–623.

MacLachlan, Bonnie. *Women in Ancient Rome: A Sourcebook*. London: Bloomsbury Academic, 2013.

Manning, J. G. *The Last Pharaohs: Egypt under the Ptolemies, 305–30 BC*. Princeton, N.J.: Princeton University Press, 2009.

Miller, Ron, and Sommer Browning. *Cleopatra*. New York: Chelsea House Publishers, 2008.

Plutarch. "The Life of Antony." *In The Parallel Lives*. Cambridge, Mass.: Loeb Classical Library Edition. 1920.

Pomeroy, Sarah B. *Women in Hellenistic Egypt: From Alexander to Cleopatra*. New York: Schocken Books, 1984.

Roller, Duane W. *Cleopatra: A Biography*. New York: Oxford University Press, 2011.

Royster, Francesca T. *Becoming Cleopatra: The Shifting Image of an Icon*. New York and London: Palgrave Macmillan, 2003.

Schiff, Stacy. *Cleopatra: A Life*. New York: Little, Brown and Company, 2011.〔ステイシー・シフ『クレオパトラ』早川書房、2011年刊〕

Sheppard, Si. *Actium 31 BC: Downfall of Antony and Cleopatra*. Oxford, UK: Ilios Publishing, 2009.

Tyldesley, Joyce. *Cleopatra: Last Queen of Egypt*. London: Profile Books, 2008.

Egypt 34 (1997): 41–48.
______. "The Decorative Phases of the Tomb of Sethos II and Their Historical Implications." *Journal of Egyptian Archaeology* 85 (1999): 131–142.
______. *Poisoned Legacy: The Fall of the Nineteenth Egyptian Dynasty.* Cairo: The American University in Cairo Press, 2016.
Drenkhahn, R. *Die Elephantine-Stele des Sethnacht und ihr historischer Hintegrund.* Volume 36: Ägyptologische Abhandlungen. Wiesbaden, Germany: Harrassowitz Verlag, 1980.
Freu, Jacques. "La Tablette RS 86.2230 et la Phase Finale du Royaume d'Ugarit." *Syria* 65, nos. 3/4 (1988): 395–398.
Gilmour, Garth, and Kenneth A. Kitchen. "Pharaoh Sety II and Egyptian Political Relations with Canaan at the End of the Late Bronze Age." *Israel Exploration Journal* 62, no. 1 (2012): 1–21.
Grandet, Pierre. "L'Execution du Chancelier Bay. O. IFAO 1864." *Bulletin de L'Institut Français d'Archéologie Oríentale* 100 (2000): 339–345.
Kitchen, K. A. *Pharaoh Triumphant: The Life and Times of Ramesses II.* Warminster, UK: Aris & Phillips Classical Texts, 1983.
Lesko, Leonard H. "A Little More Evidence for the End of the Nineteenth Dynasty." *Journal of the American Research Center in Egypt* 5 (1966): 29–32.
McCarthy, Heather Lee. "Rules of Decorum and Expressions of Gender Fluidity in Tawosret's Tomb." In *Sex and Gender in Ancient Egypt: "Don Your Wig for a Joyful Hour,"* edited by Carolyn Graves-Brown, 83–113. Swansea: Classical Press of Wales, 2008.
Simon-Boidot, Claire. "Canon et Étalon dans la Tombe de Taousret." *Chronique d'Égypte* LXXV, 149 (2000): 30–46.
Wilkinson, Richard H., ed. *Temple of Tausret: The University of Arizona Egyptian Expedition Tausret Temple Project, 2004–2011.* Tucson: University of Arizona Egyptian Expedition, 2011.
______. *Tausret: Forgotten Queen and Pharaoh of Egypt.* New York: Oxford University Press, 2012.
Yurco, Frank J. "Was Amenmesse the Viceroy of Kush, Messuwy?" *Journal of the American Research Center in Egypt* 34 (1997): 49–56.

クレオパトラ

Ager, Sheila L. "The Power of Excess: Royal Incest and the Ptolemaic Dynasty." *Anthropologica* 48, no. 2 (2006): 165–186.
______. "Marriage or Mirage? The Phantom Wedding of Cleopatra and Antony." *Classical Philology* 108, no. 2 (2013): 139–155.
Ashton, Sally Ann. *Cleopatra and Egypt.* Oxford, UK: Wiley-Blackwell, 2008.
Brown, Pat. *The Murder of Cleopatra: History's Greatest Cold Case.* New York: Prometheus Books, 2013.
Burstein, Stanley M. *The Reign of Cleopatra.* Westport, Conn.: Greenwood Press, 2004.

タウセレト

Altenmüller, Hartwig. "Tausret und Sethnacht." *Journal of Egyptian Archaeology* 68 (1982): 107–115.

______. "Das Präsumptive Begräbnis des Siptah." *Studien zur Altägyptischen Kulture*, 23 (1996): 1–9.

______. "The Tomb of Tausert and Setnakht." In *Valley of the Kings*, edited by Kent R. Weeks, 222–231. New York: Friedman/Fairfax Publishers, 2001.

______. "Tausrets Weg zum Königtum: Metamorphosen einer Königin." *Das Königtum der Ramessidenzeit, Akten des 3. Symposiums zur Ägyptischen Königsideologie in Bonn, 7–9.6.2001. Ägypten und Altes Testament*, 36, 3 (2003): 109–128.

______. "Das Bekenntnis der Großen Königlichen Gemahlin Tausret zu Sethos II. Noch einmal zu den Sarkophagen des Amunherchopeschef und des Mentuherchopeschef aus KV 13." In *Weitergabe: Festschrift für Ursula Rößler-Köhler zum 65. Geburtstag*, edited by Ludwig D. Morenz and Amr El Hawary, 15–26. Wiesbaden, Germany: Harrassowitz Verlag, 2015.

Bakry, Hassan S. K. "The Discovery of a Statue of Queen Twosre (1202–1194? B.C.) at Madinet Nasr, Cairo." *Rivista degli Studi Orientali* 46, nos. 1/2 (1971): 17–26.

Beckerath, J. von. "Queen Twosre as Guardian of Siptah." *Journal of Egyptian Archaeology* 48 (1962): 70–74.

Callender, Vivienne G. "Queen Tausret and the End of Dynasty 19." *Studien zur Altägyptischen Kultur* 32 (2004): 81–104.

______. "The Cripple, the Queen and the Man from the North." *KMT* 17, no. 1 (2006): 52.

Cline, Eric. *1177 B.C.: The Year Civilization Collapsed.* Princeton, N.J.: Princeton University Press, 2014.〔エリック・H・クライン『B.C.1177：古代グローバル文明の崩壊』筑摩書房、2018年刊〕

Cline, Eric, and David O'Connor, editors. *Mysterious Lands.* London: University College London Press, 2003.

Creasman, Pearce Paul. *Archaeological Research in the Valley of the Kings and Ancient Thebes: Papers Presented in Honor of Richard H. Wilkinson.* Tucson: University of Arizona Egyptian Expedition, 2013.

______. "Excavations at Pharaoh-Queen Tausret's Temple of Millions of Years: 2012 Season." *Journal of the Society for the Study of Egyptian Antiquities* XXXIX (2013).

Creasman, Pearce Paul, Rebecca Caroli, Tori Finlayson, and Bethany Becktell. "The Tausret Temple Project: 2014 Season." *Ostracon* 25 (2014): 3–13.

Creasman, Pearce Paul, W. Raymond Johnson, J. Brett McClain, and Richard H. Wilkinson. "Foundation or Completion? The Status of Pharaoh Queen Tausret's Temple of Millions of Years." *Near Eastern Archaeology* 77, no. 4 (2014): 274–283.

D'Amato, R., and A. Salimbeti. *The Sea Peoples of the Mediterranean Bronze Age 1450–1100 B.C.* London: Osprey, 2015.

Dodson, Aidan. "Messuy, Amada, and Amenmesse." *Journal of the American Research Center in*

Wysocki, Z. "The Upper Court Colonnade of Hatshepsut's Temple at Deir El-Bahari." *Journal of Egyptian Archaeology* 66 (1980): 54–69.

ネフェルトイティ

Allen, James P. "Causing His Name to Live: Studies in Egyptian Epigraphy and History in Memory of William J. Murnane." In *Culture and History of the Ancient Near East*, edited by Peter J. Brand and Louise Cooper, 9–20. Leiden, Netherlands: Brill, 2009.

Arnold, Dorothea, J. P. Allen, and L. Green. *The Royal Women of Amarna: Images of Beauty from Ancient Egypt*. New York: Metropolitan Museum of Art, distributed by Harry N. Abrams, 1996.

Bryan, Betsy M. "The Statue Program for the Mortuary Temple of Amenhotep III." In *The Temple in Ancient Egypt*, edited by Stephen Quirke, 57–81. London: British Museum Press, 1997.

Dodson, A. *Amarna Sunset: Nefertiti, Tutankhamun, Ay, Horemheb, and the Egyptian Counter-Reformation*. Cairo and New York: The American University in Cairo Press, 2009.

Harris, J. R. "Nefernerferuaten." *Göttinger Miszellen* 4 (1973): 15–17.

______. "Nefertiti Rediviva." *Acta Orientalia* 35 (1973): 5–13.

______. "Akhenaten or Nefertiti?" *Acta Orientalia* 38 (1977): 5–10.

Hawass, Zahi, Yehia Z. Gad, and Somaia Ismail, "Ancestry and Pathology in King Tutankhamun's Family." *Journal of the American Medical Association* 303, no. 7 (2010): 638–647.

Laboury, Dimitri. *Akhenaton and Ancient Egypt in the Amarna Era*. Cambridge, UK: Cambridge University Press, 2017.

Moran, W. L. *The Amarna Letters*. Baltimore: Johns Hopkins University Press, 1992.

Murnane, William J. *Texts from the Amarna Period in Egypt*. Writings from the Ancient World Series, edited by Edmund S. Meltzer. Atlanta: Society of Biblical Literature, 1995.

Reeves, Nicholas. *Akhenaten: Egypt's False Prophet*. London: Thames & Hudson, 2001.

______. *The Burial of Nefertiti?* Amarna Royal Tombs Project. Valley of the Kings Occasional Paper No. 1. Tucson: University of Arizona Egyptian Expedition, 2015. http://www.factum-arte.com/resources/files/ff/publications_PDF/The_Burial_of_Nefertiti_2015.pdf.

Stevens, A. *The Archaeology of Amarna*. Oxford, UK: Oxford Handbooks, 2015.

Stevens, Anna, Gretchen Dabbs, and Jerome Rose. "Akhenaten's People: Excavating the Lost Cemeteries of Amarna." *Current World Archaeology*, no. 78 (2016): 14–21.

Stevens, Anna, Mary Shepperson, and Anders Bettum. "The Cemeteries of Amarna." *Journal of Egyptian Archaeology* 101 (2015): 17–35.

Tyldesley, Joyce. *Nefertiti's Face: The Creation of an Icon*. Cambridge, Mass.: Harvard University Press, 2018.

Williamson, Jacquelyn. "Alone Before the God: Gender, Status and Nefertiti's Image." *Journal of the American Research Center in Egypt* 51 (2015): 179–192.

______. "The Turin King-List." *Ägypten und Levante* 14 (2004): 135–155.
Shaw, Ian. "The Gurob Harem Palace Project, Spring 2012." *Journal of Egyptian Archaeology* 98 (2013): 43–54.
Theis, Christoffer. "Die Pyramiden Der 13. Dynastie." *Studien zur Altägyptischen Kultur* 38 (2009): 311–342.
Weinstein, J. M. "A Statuette of the Princess Sobekneferu at Tell Gezer." *Bulletin of the American Schools of Oriental Research* 213 (1973): 49–57.

ハトシェプスト

Ayad, Mariam F. *God's Wife, God's Servant: The God's Wife of Amun.* London and New York: Routledge, 2009.
Carter, Howard. "A Tomb Prepared for Queen Hatshepsut and Other Recent Discoveries at Thebes." *Journal of Egyptian Archaeology* 4, nos. 2/3 (1917): 107–118.
Cline, Eric, and David O'Connor, eds. *Thutmose III: A New Biography.* Ann Arbor: University of Michigan Press. 2006.
Cooney, Kara. *The Woman Who Would Be King: Hatshepsut's Rise to Power in Ancient Egypt.* New York: Broadway Books, 2015.
Davies, Vanessa. "Hatshepsut's Use of Tuthmosis III in Her Program of Legitimation." *Journal of the American Research Center in Egypt* 41 (2004): 55–66.
Dorman, Peter F. *The Monuments of Senenmut.* London: Kegan Paul International, 1988.
Galán, José M., Betsy M. Bryan, and Peter F. Dorman, editors. *Creativity and Innovation in the Reign of Hatshepsut.* Papers from the Theban Workshop 2010. *Studies in Ancient Oriental Civilization* 69 (2014): Chicago: The Oriental Institute.
Leser, Karl H. "Maat-ka-re Hatshepsut." Last modified 2013. http://www.maat-ka-ra.de/english/start_e.htm.
Mironova, Alexandra V. "The Relationship between Space and Scenery of an Egyptian Temple: Scenes of the Opet Festival and the Festival of Hathor at Karnak and Deir El-Bahari under Hatshepsut and Thutmose III." *MOSAIK*, no. 1 (2010): 279–330.
Paneque, Christina Gil. "The Official Image of Hatshepsut during the Regency: A Political Approximation to the Office of God's Wife." *Trabajos de Egiptologa* 2 (2003): 83–98.
Pinkowski, Jennifer. "Egypt's Ageless Goddess." *Archaeology* 59, no. 5, https://archive.archaeology.org/0609/abstracts/mut.html.
Roehrig, Catharine H., editor. *Hatshepsut: From Queen to Pharaoh.* New Haven, Conn.: Yale University Press, 2006.
Ryholt, Kim. "The Turin King-List." *Ägypten und Levante* 14 (2004): 135–155.
Szafranski, Zbigniew E. "Deir El-Bahari: Temple of Hatshepsut." *Polish Archaeology in the Mediterranean* 16 (2005): 93–104.
Warburton, David A. *Architecture, Power and Religion: Hatshepsut, Amun & Karnak in Context.* Zurich: LIT Verlag, 2012.

Press, 1993.
Teeter, Emily, editor. *Before the Pyramids: The Origins of Egyptian Civilization.* Chicago: Oriental Institute of the University of Chicago, 2011.
Van Dijk, Jacobus. "Retainer Sacrifice in Egypt and Nubia." In *The Strange World of Human Sacrifice*, edited by Jan N. Bremmer, 135–155. Leuven, Belgium: Peeters, 2007.
Wilkinson, Toby A. H. *Early Dynastic Egypt.* London: Routledge, 1990.

セベクネフェルウ

Aufrere, Sydney. "Remarques sur la Transmission des Noms Royaux par les Traditions Orale et Écrite." *Bulletin de l'Institut Français d'Archéologie Oríentale* 89 (1989): 1–14.
Budka, Julia. "Amen-Em-Hat IV, Neferu-Sobek und das Ende des Mittleren Reiches." *Kemet* 9, no. 3 (2000): 16–19.
Callender, V. *In Hathor's Image: The Wives and Mothers of Egyptian Kings from Dynasties I–IV.* Prague: Czech Institute of Egyptology, 2011.
Callender, V. G. "Materials for the Reign of Sebekneferu." In *Proceedings of the Seventh International Congress of Egyptologists, Cambridge, 3–9 September 1995*, edited by C. J. Eyre. Leuven, Belgium: Peeters, 1998.
De Putter, Thierry. "Les Inscriptions de Semna et Koumma (Nubie): Niveaux de Crues Exceptionnelles ou d'un Lac de Retenue Artificiel du Moyen Empire?" *Studien zur Altägyptischen Kultur* 20 (1993): 255–288.
Fay, Biri, Rita E. Freed, Thomas Schelper, and Friederike Seyfried. *Neferusobek Project: Part I. Volume I: The World of Middle Kingdom Egypt (2000–1550 BC)*, edited by Gianluca Miniaci and Wolfram Grajetzki. London: Golden House Publications, 2015.
Habachi, Labib. "Khatâ'na-Qantîr: Importance." *Annales du Service des Antiquités de l'Égypte* 52 (1954): 443–559.
Laboury, Dimitrí. "Citations et Usages de l'Art du Moyen Empire à l'Époque Thoutmoside." In *Vergangenheit und Zukunft: Studien zum historischen Bewusstsein in der Thutmosidenzeit*, edited by Susanne Bickel, 11–28. Basel, Switzerland: Schwabe Verlag Basel, 2013.
Leprohon, Roland J. "The Programmatic Use of the Royal Titulary in the Twelfth Dynasty." *Journal of the American Research Center in Egypt* 33 (1996): 165–171.
Murnane, William J. "Ancient Egyptian Coregencies." *Studies in Ancient Oriental Civilization* 40 (1977).
Petrie, W. M. Flinders, G. A. Wainwright, and E. Mackay. *The Labyrinth Gerzeh and Mazghuneh.* London: School of Archaeology in Egypt, University College, 1912.
Ryholt, Kim. *The Political Situation in Egypt during the Second Intermediate Period, c. 1800–1550 B.C.* Carsten Niebuhr Institute Publications. Copenhagen: Museum Tusculanum Press, 1997.
______. "The Late Old Kingdom in the Turin King-List and the Identity of Nitocris." *Zeitschrift für Ägyptische Sprache und Altertumskunde* 127 (2000): 87–100.

Parkinson, R. B. *The Tale of Sinuhe and Other Ancient Egyptian Poems, 1940–1640 BC.* Oxford, UK: Oxford University Press, 1997.

メルネイト

Albert, Jean-Pierre. *Le Sacrifice Humain, en Egypte Ancienne et Ailleurs.* Paris: Soleb, 2005.

Campbell, Roderick, editor. *Violence and Civilization: Studies of Social Violence in History and Prehistory.* Joukowsky Institute Publication. Oxford, UK: Oxbow Books, 2014.

Emery, Walter B. *Excavations at Saqqara: Great Tombs of the First Dynasty.* Oxford, UK: Oxford University Press, 1954.

Kaiser, Werner. "Zur Südausdehnung der Vorgeschichtilchen Deltakulturen und zur Frühen Entwicklungbin Oberägypten." *Mitteilungen des Deutschen Archäologischen Instituts Abteilung Kairo* 41 (1985): 61–87.

Keita, S. O. Y., and A. J. Boyce. "Variation in Porotic Hyperostosis in the Royal Cemetery Complex at Abydos, Upper Egypt: A Social Interpretation," *Antiquity* 80, no. 307 (2015): 64–73.

Morris, Ellen. "On the Ownership of the Saqqara Mastabas and the Allotment of Political and Ideological Power at the Dawn of the State." In *The Archaeology and Art of Ancient Egypt: Essays in Honor of David O'Connor*, edited by Zahi Hawass and Janet Richards, 171–190. Cairo: American University in Cairo Press, 2007.

______. "Sacrifice for the State: First Dynasty Royal Funerals and the Rites at Macramallah's Rectangle." In *Performing Death: Social Analyses of Funerary Traditions in the Ancient Near East and Mediterranean*, edited by Nicola Laneri, 15–38. Chicago: University of Chicago Press, 2007.

______. "(Un)Dying Loyalty: Meditations on Retainer Sacrifice in Ancient Egypt and Elsewhere." In *Violence and Civilization: Studies of Social Violence in History and Prehistory*, edited by Roderick Campbell, 61–93. Joukowsky Institute Publication. Oxford, UK: Oxbow Books, 2014.

Pätznick, Jean-Pierre. "Meret-Neith: In the Footsteps of the First Woman Pharaoh in History." In *Egypt 2015: Proceedings of the Seventh European Conference of Egyptologists (2nd-7th June 2015, Zagreb, Croatia)*, edited by Mladen Tomorad and Joanna Popielska-Grzybowska, 289–306. Oxford, UK: Archeopress Egyptology, 2017.

Petrie, W. M. Flinders. *The Royal Tombs of the First Dynasty, Part I.* London: Gilbert & Rivington, 1900.

______. *The Royal Tombs of the Earliest Dynasties, Part 2*. London: The Egypt Exploration Fund, 1901.

Porter, Anne M., and Glenn M. Schwartz, editors. *Sacred Killing: The Archaeology of Sacrifice in the Ancient Near East.* Winona Lake, Ind.: Eisenbrauns, 2012.

Raffaele, Francesco. "Late Predynastic and Early Dynastic Egypt." Last modified 2017. http://www.xoomer.alice.it/francescoraf/index.htm.

Spencer, A. J. *Early Egypt: The Rise of Civilisation in the Nile Valley.* London: British Museum

York: Penguin Books, 2013.〔ジャレド・ダイアモンド『昨日までの世界：文明の源流と人類の未来 上・下』日経BP、2013年刊〕
Friedl, Ernestine. "Society and Sex Roles." *Human Nature* (April 1978): 100–104.
Graves-Brown, Carolyn. *Sex and Gender in Ancient Egypt: "Don Your Wig for a Joyful Hour."* Swansea: Classical Press of Wales, 2008.
Holland, Julie. *Moody Bitches: The Truth about the Drugs You're Taking, the Sleep You're Missing, the Sex You're Not Having, and What's Really Making You Crazy.* New York: Penguin Books, 2016.
Ingalhalikar, Madhura, Alex Smith, Drew Parker, Theodore D. Satterthwaite, Mark A. Elliott, Kosha Ruparel, Hakon Hakonarson, Raquel E. Gur, Ruben C. Gur, and Ragini Verma. "Sex Differences in the Structural Connectome of the Human Brain." *Proceedings of the National Academy of Sciences* 111, no. 2 (2014): 823–828.
Masters, Roger D., and Frans B. M. de Waal, "Gender and Political Cognition: Integrating Evolutionary Biology and Political Science." *Politics and the Life Sciences* 8, no. 1 (1989): 3–39.
Nelson, Sarah Milledge, editor. *Women in Antiquity: Theoretical Approaches to Gender and Archaeology.* Lanham, Md.: AltaMira Press, 2007.
Pomeroy, Sarah B. *Goddesses, Whores, Wives, and Slaves: Women in Classical Antiquity.* New York: Schocken Books, 1995.
Robins, Gay. *Women in Ancient Egypt.* Cambridge, Mass.: Harvard University Press, 1993.
Roth, Ann Macy. "Father Earth, Mother Sky: Ancient Egyptian Beliefs about Conception and Fertility." In *Reading the Body: Representations and Remains in the Archaeological Record,* edited by Alison Rautmann, 187–201. Philadelphia: University of Pennsylvania Press, 2000.
Tyldesley, Joyce. *Chronicle of the Queens of Egypt: From Early Dynastic Times to the Death of Cleopatra.* London: Thames & Hudson, 2006.
Vivante, Bella. *Women's Roles in Ancient Civilizations: A Reference Guide.* Westport, Conn.: Greenwood, 1999.
Ziegler, Christine. *Queens of Egypt: Hetepheres to Cleopatra.* Paris: Somogy Art Publishers, 2008.

古代エジプト文書（英訳）

Breasted, James Henry. *Ancient Records of Egypt*, volumes 1–5. Chicago: University of Chicago Press, 1906. https://archive.org/details/BreastedJ.H.AncientRecordsEgyptAll5Vols1906.
Lichtheim, Miriam. *Ancient Egyptian Literature.* Volume I: *The Old and Middle Kingdoms.* Berkeley: University of California Press, 1975.
______. *Ancient Egyptian Literature.* Volume II: *The New Kingdom.* Berkeley: University of California Press, 1976.
______. *Ancient Egyptian Literature.* Volume III: *The Late Period.* Berkeley: University of California Press, 1980.

参考文献

古代エジプトの女性指導者たちは、全員が歴史論争の的になっている。そうした議論のうち、本書の主張に不可欠なものや、本書を理解するために追加の説明が必要なものは「注」に入れているが、執筆に際して参照したそれ以外の情報源を以下に列挙した。大半は英語で書かれているが、ドイツ語やフランス語の文献もあり、多くはオンラインで読むことができる。学術誌に掲載された論文は、ほとんどの研究図書館が導入しているJSTORなどのデータベースからオンラインで参照可能だ。

（ウェブサイトはその性質上、リンク切れの可能性があります）

歴史一般――エジプト史およびその他

Kuhrt, Amélie. *The Ancient Near East: c. 3000–330 B.C.* London: Routledge, 1995.

Mann, Michael. *The Sources of Social Power.* Volume I: *A History of Power from the Beginning to A.D. 1760*. Cambridge, UK: Cambridge University Press, 1986.〔マイケル・マン『ソーシャルパワー：社会的な〈力〉の世界歴史 I　先史からヨーロッパ文明の形成へ』NTT出版、2002年刊〕

Shaw, Ian. *The Oxford History of Ancient Egypt.* Oxford, UK: Oxford University Press, 2003.

Waddell, W. G. *Manetho.* London: W. Heinemann Ltd., 1940.

Wilkinson, R. H., *The Complete Temples of Ancient Egypt.* London: Thames & Hudson, 2000.〔リチャード・H・ウィルキンソン『古代エジプト神殿大百科』東洋書林、2002年刊〕

______. *The Complete Gods and Goddesses of Ancient Egypt.* London: Thames & Hudson, 2003.〔同『古代エジプト神々大百科』東洋書林、2004年刊〕

ジェンダー・女性研究

Beard, Mary. *Women and Power: A Manifesto.* London: Profile Books, 2017.

Budin, Stephanie Lynn. *Women in Antiquity: Real Women Across the Ancient World.* New York: Routledge, 2016.

Capel, Anne K. *Mistress of the House, Mistress of Heaven: Women in Ancient Egypt.* New York: Hudson Hills Press with Cincinnati Art Museum, 1996.

DePaulo, Bella. "The Age of Scientific Sexism: How Evolutionary Psychology Promotes Gender Profiling and Fans the Battle of the Sexes," 2015 Review, Psych Central, https://psychcentral.com/lib/the-age-of-scientific-sexism-how-evolutionary-psychology-promotes-gender-profiling-fans-the-battle-of-the-sexes/.

Diamond, Jared. *The World until Yesterday: What Can We Learn from Traditional Societies?* New

143,150,174–175,202,215,224,300,304
ムト　11,114,131,157,165,172,207,219,274,309
冥界の書　207
メギドの戦い　308
メケトアテン　164,174
メリトアテン　148,161,168–169,171,174,303,305
メリトアテン・タシェリト　161
メルエンプタハ　190–196,301–302
メルネイト　第1章(21–51),12–13,52,62–63,75,87,108,186,208,224,239,276,279,281,320,322
メンチュヘテプ2世　203,299
メンフィス　29,38,61–62,93,98,114,154,157,172,298

ヤ行

ユダヤ　17,193,230,264,277,323
ユバ2世　272
ユリウス・カエサル　15,221–222,241–252,256,260,262,265,268,270–271

ラ行

ラー(神)　73,75,80,98,111–112,118,127,162,170
ラソティス　303
ラメセス1世　182,191,318
ラメセス2世(ラメセス大王)　182,185–190,192,194–195,207–209,211–212,302
ラメセス3世　213,215–217
ラメセス朝・ラメセス王朝　50,182–183,185–189,199
リビュア　93,191,193,240,254,259,264
リーブス,ニコラス　161–162,165,169–170,178–180,302–307
レバント　49,63,71,89–90,92–93,99,129,142,166,191–193,198,244,254,257,266,298,300–301,323
レリーフ　14,24,36,58,73,111–114,121,125–126,130,132,134–136,157–158,161,171,174,199,201,204–205,210,213,223
ローマ　20,72,99,111,119,165,221–227,230–232,235,237–275,277,281,296,298
ローマ皇帝　119,239,250,261,268,272
ローマ人　224–225,235,240,242,244,250,252,255,257,261,266–269,271,296
ローマ帝国　72,221,269–274,296

ワ行

賄賂　159

ヒエラコンポリス　28,44
ヒクソス　89,91,114,165,317
棺　22,32,36,178,180,206,302,304,315,319
ヒッタイト　177,303
人身御供　24,31–38,40–44,46,48,62,187,319–322
ピートリー，フリンダース　36,45
ビブロス　229
ピラミッド　9,10,22–23,77–80,83–84,120,129,229,315
ピラミッド・テキスト　22–23
ファイユーム盆地　61–62,76,79–80,88,126,315,318
ファラオ中心主義　158,307
フィリッピの戦い　249
フェミニズム　52,138
父権制　12,17,22–24,37–38,50,52,56,68–69,71,90,93,120,125,127,323
ブーディカ　240
プトレマイオス・カエサル・テオス・フィロパトル・フィロメトル　→カエサリオンを参照
プトレマイオス（1世）　222
プトレマイオス2世　235,255,259
プトレマイオス6世　236,296
プトレマイオス8世　236
プトレマイオス9世　237
プトレマイオス12世　231–234,237–240,244
プトレマイオス13世　240–244
プトレマイオス14世　244–248
プトレマイオス15世（カエサリオン）249,259,269
プトレマイオス家・プトレマイオス一族　224,227–234,236–237,242,244,247,251,264–265,270,272
プトレマイオス朝・プトレマイオス期　15,61,215,220,224,227–229,232,234–235,238,242,253–255,273,298
プトレマイオス・フィラデルフォス　255,259,272
不妊　59–60,70,91,96,135,141
フルウィア　253
プルタルコス　225,243,250,295–296
プント遠征　130–131,136
ヘテプティ　68,317
ヘヌトミラー　302
ベレニケ4世　237–239
ヘロドトス　9
ホルエムヘブ　175–176,303,304,318
ホルス　16,22–23,26–27,41,44–45,55,57,75–77,94,100,109,113,143,152,207,223,227,246,274,277,313
ホルス名　75,207
ポンペイウス　241,242,243

マ行

マアト（女神）　152,207
マアトカーラー　112–113
マケドニア　15,61,215,220,222–223,228,230,235,238,265,297
魔術　24,27,57,66,152,216,256,267
マネト　9,165,213,303,322
マルクス・アントニウス　15,221–222,238,249,250–269,271–273,295–296
誕生殿（マンミシ）　219
ミイラ　28,35,61,89,94,97,

トトメス4世　137,309
トトメス（王太子）　141–143

ナ行

内戦　87,153,225,241,249,252,323
ナイル川　9,21–22,25–26,28,35,38,56,61–63,67,72,80–82,85,95,111,114,116,129–131,142,146,152,155,189,191,196,223,230–232,242–243,246,272,301
（ナイル川）デルタ　28,85,89,114,142,191–192,196,198,201,242–243,301
（ナイル川の）氾濫　25,56,67,72,80–82,95,152,207,223,230
ナガダ　28,49
ナルメル　23,29,43–44,49
日食　167,254,306
ニトクリス　9–10,52–53,318
ニプクルリア　177
二女神（ネブティ）名　76
ヌビア　30,63,71,81,89,92–93,109,114,129,142,192–193,195–196,301,309
ネイト（女神）　45,49,318
ネイトヘテプ　49,319
ネフェルウラー　95,110,124–125,133–137,172
ネフェルティティ　→ネフェルトイティを参照
ネフェルトイティ　第4章（140–181）,12,14,17,122,184–185,208,224,227,274,279,281,302–306,309–310,316
ネフェルネフェルウアテン　162–163,166,169–171,302,304–306
ネフェルネフェルウアテン（娘）　164
ネフェルネフェルウアテン・ネフェルトイティ　→ネフェルトイティを参照
ネフェルプタハ　64,79
ネブケペルラー・トゥトアンクアテン　168,172–173,303
ネブケペルラー・トゥトアンクアメン（ツタンカーメン）　60,73,168–169,172–181,302–305

ハ行

バイ　198–199,201–206,209,211,214,299–300
博物館　39,74,89,103,140,162,306,312
パケト　131
バト　23
ハトシェプスト　第3章（87–139）,12,14,16,61,158,163–164,171–172,184–186,200–201,208,210,224–225,248,274,277,279,281,311–313,315,323
ハトホル　16,23,130,142,148–149,219
バビロニア　218–219,222
バビロン　229
ハヤブサ　22,29,45,57,75,94,113,115,211
パルティア　256–260
ハーレム　30–31,34,41–42,48,55–57,60,64–68,70,72,80,92,95,97,99,123–124,136,148,160–161,164,171,174,184,188,194–195,200,215–217,234,252,282,300–301,318
パレルモ・ストーン　39,44,50,318,320
ハワラ　77–79,83,120
ピ・ラメセス　192–193,195,200–201,298

66,137
第12王朝　13,22,52–55,
60–63,68,70,73–76,79,85,91,
103,108,117,131,176,315–316,
318
第13王朝　84–85,88
第15王朝　89
第16王朝　89
第17王朝　89–90,92,96,114
第18王朝　14,54,60–61,87,
90,95–96,103,117,124–125,
128,134,140,142,169–170,174,
176–178,181–184,227–228,
302,318
第19王朝　14,53–54,117,178,
182–191,201,210,214,227,
302–303,318
第20王朝　66,178,182–184,
211,213,215,218
大司祭　50,146,153–154
大ハリス・パピルス　205,211
太陽円盤　149–150,152–153,
155
太陽神　73,76,141–142,145,
148,151–153,159,167,207,277,
314
タウセレト　第5章(182–220),
12,14–17,53,117,224,225,227,
277,279,281,299,300–301
タカト　194,300
ダハムンズ　177
タルソス　249–250
誕生名　76,207,306
単独統治　53,134,136,172–
173,208,238,241,248,277,306
中王国時代　311,318
長男・長子　33,94,182,273,321
長生き・長寿・長命　33,59,64,
67,78,136,173,175,187,189–
190,195
ツァナンツァ　177,303
ツタンカーメン　→ネブケペルラー・
トゥトアンクアメンを参照
ティイ　141,143,164,216
帝国の時代　218
ディール・エル=マディーナ　204–
205,213,301
デ・ガリス・デイビス,ノーマン
171
テティシェリ　89–90
テフヌト　157,309
テーベ　62,72,88–91,93,96,
98,101,109,112,114–115,117,
125,129,141,144,154,157–158,
165,172,175,178,192,195–201,
204,207,213,215,218,230,242,
301,305–306,313–315,318
テル・エル=アマルナ　28,73,
155,172,298,304–305,317
デル・エル=バハリ　203,205,
299,312
デン　27,39–42,44–50,318,
320
デンデラ　23,219
トゥオリス　213
同性愛　157,307
トゥトアンクアテン　→ネブケペルラ
ー・トゥトアンクアテンを参照
トゥトアンクアメン　→ネブケペルラ
ー・トゥトアンクアメンを参照
トゥヤ　189
トトメス1世　91–96,104,107,
115,120,131–132,136
トトメス2世　94–96,98,
100–102,107–109,120,124,132,
136
トトメス3世　49,96–98,101,
103–104,107,109–112,114,
117–122,124–128,132–138,
175,184,308–309,314

238,242,244,254–255,259,300
神王　25,31,40,44,47,50,54–55,99,118,140,145–146,168,181,186,207,222–223,227–228
新王国時代　90,114,317–318
神格化　10,77,91,235
神官　9,26,29,58,65–66,75–77,92–94,96–99,101,106–108,112,117–119,122,124–125,128,136,141–143,148–149,151–156,160,165–167,172–173,178,184,187–189,200–202,209,219,236,281,297,303,308,314,322–323
神性　77,115,125,138,197,277
神話　22–23,26,52,57,100,258
数百万年の神殿　122,207,312
スコルピオン1世　29
スタイリャ　300
スメンクカーラー　→アンクケペルウラー・スメンクカーラーを参照
青銅器時代　72,175,302
聖母マリア　277
石碑　36–40,45,50,75,84,103,125,141,148,154,157,162,192,196–197,211,224,301,306–309,315
セケム・ネフェル　84
セケンエンラー・タアア　89–90
摂政　24–28,30,39–40,42,44–45,47–50,70,87,90,96,99,101–104,106–110,114,118,121–122,132,134–135,155,157,176–178,186,189,200–204,212,281,313,323
摂政王妃　27,39,47–48,134–135,201,203–204,281
セティ1世　179,185,191
セティ2世　194–201,203–206,214,300–301
セティ・メルエンプタハ　194
セテプエンラー　164,298
セト（神）　16,23,57,100,191,211,313
セド祭　132,148–149,151,316
セトナクト　211–213,215,281,298
セナクトエンラー　89
ゼノビア　274,295
セベク（神）　62,67,76,79–80,315
セベクネフェルウ　第2章（52–86）,12–13,87–88,108,113,117,120,126,163,171,176–177,186,208,210,224,279,281,311,315–317
セマネブウイ・メルネイト　42
セミラミス　323
センウセレト3世　63,75
センエンムウト　108,111,123,128
戦争　16,20,80,105,129,158,170,244,253,255,257,260,273,282–283
葬祭殿　120,122,125,127,129–130,134,136,144,179,185,192,194,197,217,299
即位名　76,98,112,118,162,170,180,207,212,301,303,305

タ行

第1王朝　13,27–29,31–34,38,43,49–50,55,62,75,108,187,239,321–322
第4王朝　22,63
第5王朝　23,39,63
第6王朝　22,52–53,55,60,63,

カルトゥーシュ　76,112,162,195,197,213,304,306,309,318
カルナク　109,112-115,131,133,135-136,148,153,198-199,205,218-219,306,308-309,313
紀元前1200年のカタストロフ　175
キプロス　231,237,244,246,259
キヤ　160-161
共同統治(体制)　47,78,121-122,124,135,162-164,186,237-238,245-246,306,310,316
共同統治王　88,121,123,132-133,140,161-163,166-172,176,181,185,254,256,266,302-303,306
共同統治者　53,78,122,143,163,238,241,244-245,248,301,304,310
ギリシャ　9,15,52,61,99,111,220,222,227-228,230,233-234,242,246,249,258-259,298,318,323
キリスト教　17,138,217,277
ギルヘパ　145
近親婚　57-61,64,70-71,73,90,92,96,98,135,161,174,182-183,228,234,265
クシュ　16,92,95,129,142,192-193,196
グナエウス・ポンペイウス　241
クババ　323
クレオパトラ・セレネ　254,259,271,272
クレオパトラ2世　236
クレオパトラ3世　236
クレオパトラ5世　232,234,297
クレオパトラ6世　237-238
クレオパトラ(クレオパトラ7世フィロパトル)　第6章(221-275),12,15-17,123,208,276-277,279,281,295-298,323
継承危機　39-40,54,60,70,91,101,129,163,169
玄室　36,42,45-46,178,180
古王国時代　137,318
コフィン・テキスト　22
コム・エル=ナナ　152
コルネリウス・ガッルス　270
コンス　114,152,172
棍棒頭　29,113

サ行

サッカラ　28,34,41-42,48,62,319,321
ジェト　34,36,38-43,45,320
ジェル　28,33-34,36-37,40-41,320
自殺　217,225,264,266,269,275,277,295
シプタハ　200-206,208-209,213-214,299-300
下エジプト　28-29,34,43,49,55,76,91,102,113,316,318
シャジャル・アッ=ドゥッル　209
祝祭　32,112,114,132,142,145,148-149,154
呪術　166,216
シュッピルリウマ1世　177
上下エジプト　49,55,76,91,113,316,318
称号　13,27,31,37,49,51,58,64,68,73,75-77,92,94,110,113,120,124,135,147,154,160-161,171,182-184,188,190,196,200-201,240,259,271,276,301,307,316-317,323
シリア　26,70-71,142,145,164,193,198-199,201,205,211,

暗殺　16,41,62,100,123,156,161,166,177,206,208–209,212,215–216,222,228,233,247–249,271,278,295,323
アントニウス　→マルクス・アントニウスを参照
イアフヘテプ1世　89–90
イアフメス(トトメス1世王妃)　91,108,131,134
イアフメス1世　89–90,96
イアフメス・ネフェルトイリ　89–92,108,121,184,188–189,303
イアフメス・ペンネクベト　108,128
イシス　11,16,22–24,26–27,57,100,107,109–110,128,152,227,236,246,274,277,296
イスラエル　192,208,256
イゼベル　208,256,323
イチタウイ　62,77,80,88
イネニ　102–103,106
浮き彫り　23,45,65,103,109,112,121,127,129,132,134–136,147,149,150–151,158,171,189,197,224,279,299,304,318
海の民　191–193,302
英雄崇拝論　105
エホヤダ　208
王冠・冠　35,49,98,113–115,118,120,132–133,140,150,157,178,199,207,223,228,269,309,312,316
王家の谷　14,135,175,178–179,196–197,199–200,204,206–207,299,301,305
黄金のホルス名　76
「王の偉大なる妻」　58,67–68,89,94,124–125,141,143,146–147,150,156,160–161,171,173,175–177,183,188,194–197,199,203,206,216,301,305,307
「王の姉妹」　68,107,135,185,316
「王の妻」　64,68,125,185,317
「王の母」　27,45,68
「王の息子」　31,100
「王の娘」　68,79,94,107,135,185,316
王名表　12–13,39,44–45,50,83,86,95,175,179,185,204,213,300,303,318
オクタウィア　253,262,271–272
オクタウィアヌス　249,251–253,255–256,258,260,262–273,295
オシリス　22–23,26,57,76,80,100,152,185,274,277
オベリスク　10,111–112,114,116,129,131,136,165
オペト祭　133
オルス　303

カ行

カー(生命力)　76,112,118,170
改名　154–155,163,173,175,303
カエサリオン(プトレマイオス15世)　246–248,251,254,256,259–260,262,265–266,268–270,273
カエサル　→ユリウス・カエサルを参照
カーター,ハワード　175
カッシウス・ディオ　225,242,295–296
カナン　142,191–193,301
上エジプト　28–29,34,43,49,55,60,76,90–91,102,113,298,316,318
カーメス　90

索引

ア行

アイ　147,175,176,177,178,181,185,303,304
赤い祠堂　132–133,136,312
アクエンアテン（アメンヘテプ4世）　119,154–170,174–177,181–182,185,199,303–310,316
アクティウムの海戦　263,295
アケトアテン　155–160,162–163,171–172,176,306,309
アセンケレス　303
アスワン　111–112,114,201
アタルヤ　208,323
アッシリア　72,218,222
アテン（神）　149,152–156,158,164–165,173,308–309
アトゥム　141,207,298
アハ　28,49,320,322
アビドス　28,33–35,37–38,43,45,48,62,179,185,230,320–321
アブ・シンベル　189,204,303
アマダ　204–205,299
アマルナ　155–156,172,185,303–305,307–308
アメノフィス　303
アメンエムハト1世　62,318
アメンエムハト3世　63–64,68,70–72,75–76,78–79,83
アメンエムハト4世　68–71,73,77–78,83,120,316–317
アメン（神）　92,96–98,101,112,114–117,119,130–133,136,141,152,154,158,165,172–173,207,227,306,314–315
「アメンの神妻」　92,94,101–102,107–111,114,122,124,135,137–138,186,200–201,314
アメンヘテプ1世　61,90–91,98,104
アメンヘテプ2世　137,184
アメンヘテプ3世　137,141–145,175,194,303–304,310
アメンヘテプ4世（アクエンアテン）　143–144,146–154,303,308–310
アメンメセス　195–200,202,300–301
アルテミシア　323
アルケラオス　238
アルシノエ2世　235
アルシノエ4世　244–245,251
アレクサンドリア　222,229–231,233,236–238,241–245,249,251–252,257–260,262,264,266,267–268,270,297
アレクサンドリア戦争　244
アレクサンドリアのパディバステト　270
アレクサンドロス大王　119,220,222–223,227–229,256
アレクサンドロス・ヘリオス　254,259,271–272
アンクエスエンアメン　175–178,181,185,303
アンクエスエンパアテン　161,168–169,173,175
アンクエスエンパアテン・タシェリト　161
アンクケペルウラー・ネフェルネフェルウアテン　161,304
アンクケペルウラー・メリ=ワエンレ・ネフェルネフェルウアテン・アケテンヒス　162
アンクケペルウラー・スメンクカーラー　169–175,178,180–181,185,303–305

［著者］

カーラ・クーニー

Kara Cooney

カリフォルニア大学ロサンゼルス校（UCLA）のエジプト学教授。専門は古代社会史、古代におけるジェンダーおよび経済。ジョンズ・ホプキンズ大学でエジプト学の博士号を取得。2005年にロサンゼルス・カウンティ美術館で開催された「ツタンカーメンとファラオの黄金時代」展では共同キュレーターを務めた。2009年にディスカバリー・チャンネルで放映された考古学番組〈アウト・オブ・エジプト〉のプロデュースを担当。著書に『エジプトの女王　6人の支配者で知る新しい古代史』（日経ナショナル ジオグラフィック）、『*The Woman Who Would Be King*』（未邦訳）、などがある。

［監修者］

河江肖剰

Kawae Yukinori

エジプト考古学者。1972年兵庫県生まれ。カイロ・アメリカン大学エジプト学科卒業。名古屋大学高等研究院准教授。ナショナル ジオグラフィック・エクスプローラー。ピラミッド研究の第一人者マーク・レーナー博士のチームに加わり、ギザでの発掘調査に10年以上にわたり従事。ピラミッドの構造を調査する産学共同プロジェクトGiza 3D Surveyを推進。主な著書に『ピラミッド：最新科学で古代遺跡の謎を解く』(新潮文庫)、『河江肖剰の最新ピラミッド入門』(日経ナショナル ジオグラフィック)、『世界のピラミッド Wonderland』(グラフィック社、佐藤悦夫との共著)がある。

［訳者］

藤井留美

Fujii Rumi

翻訳家。訳書は『地図の博物図鑑』『COSMOS コスモス いくつもの世界』『オオカミの知恵と愛　ソートゥース・パックと暮らしたかけがえのない日々』『レッド・アトラス　恐るべきソ連の世界地図』(以上、日経ナショナル ジオグラフィック)、『外来種は本当に悪者か？　新しい野生 THE NEW WILD』(草思社)など多数。

ナショナル ジオグラフィック パートナーズは、ウォルト・ディズニー・カンパニーとナショナル ジオグラフィック協会によるジョイントベンチャーです。収益の一部を、非営利団体であるナショナル ジオグラフィック協会に還元し、科学、探検、環境保護、教育における活動を支援しています。
このユニークなパートナーシップは、未知の世界への探求を物語として伝えることで、人々が行動し、視野を広げ、新しいアイデアやイノベーションを起こすきっかけを提供します。
日本では日経ナショナル ジオグラフィックに出資し、月刊誌『ナショナル ジオグラフィック日本版』のほか、書籍、ムック、ウェブサイト、SNSなど様々なメディアを通じて、「地球の今」を皆様にお届けしています。

nationalgeographic.jp

古代エジプトの女王
王座で新しい役割を果たした6人の物語

2023年3月27日　第1版1刷

著者　カーラ・クーニー
訳者　藤井留美
日本語版監修・解説　河江肖剰
編集　尾崎憲和　葛西陽子
編集協力　小林恵
装丁　田中久子
発行者　滝山晋
発行　株式会社日経ナショナル ジオグラフィック
〒105-8308　東京都港区虎ノ門4-3-12
発売　株式会社日経BPマーケティング
印刷・製本　中央精版印刷

ISBN978-4-86313-541-3
Printed in Japan